广视角·全方位·多品种

权威·前沿·原创

皮书系列为
"十二五"国家重点图书出版规划项目

本书为广东省普通高等院校人文社会科学重点研究基地
广州大学广州发展研究院研究成果

广州蓝皮书

BLUE BOOK OF
GUANGZHOU

2013年中国广州社会形势
分析与预测

ANALYSIS AND FORECAST ON SOCIAL SITUATION OF
GUANGZHOU IN CHINA (2013)

主　编／易佐永　杨　秦　顾涧清
副主编／涂成林　刘冬和　黄远飞

社会科学文献出版社
SOCIAL SCIENCES ACADEMIC PRESS (CHINA)

图书在版编目（CIP）数据

2013 年中国广州社会形势分析与预测/易佐永，杨秦，顾涧清主编. —北京：社会科学文献出版社，2013.5
（广州蓝皮书）
ISBN 978 - 7 - 5097 - 4621 - 9

Ⅰ.① 2…　Ⅱ.①易…　②杨…　③顾…　Ⅲ.①社会调查 - 白皮书 - 广州市 - 2013　Ⅳ.①D668

中国版本图书馆 CIP 数据核字（2013）第 098355 号

广州蓝皮书
2013 年中国广州社会形势分析与预测

主　　编/易佐永　杨　秦　顾涧清
副 主 编/涂成林　刘冬和　黄远飞

出 版 人/谢寿光
出 版 者/社会科学文献出版社
地　　址/北京市西城区北三环中路甲 29 号院 3 号楼华龙大厦
邮政编码/100029

责任部门/皮书出版中心（010）59367127　　　　责任编辑/陈　颖
电子信箱/pishubu@ssap.cn　　　　　　　　　责任校对/杜绪林
项目统筹/任文武　　　　　　　　　　　　　　责任印制/岳　阳
经　　销/社会科学文献出版社市场营销中心（010）59367081　59367089
读者服务/读者服务中心（010）59367028

印　　装/北京季蜂印刷有限公司
开　　本/787mm×1092mm　1/16　　　　　印　　张/20
版　　次/2013 年 5 月第 1 版　　　　　　　　字　　数/321 千字
印　　次/2013 年 5 月第 1 次印刷
书　　号/ISBN 978 - 7 - 5097 - 4621 - 9
定　　价/65.00 元

广州蓝皮书系列编辑委员会

《2013 年中国广州社会形势分析与预测》
编 辑 部

主要编撰者简介

易佐永 男，广东鹤山人，现任广州大学党委书记。1973 年 2 月参加工作，1975 年 11 月加入中国共产党。在职大学学历（华南师范大学政治教育专业毕业，中山大学行政管理专业研究生结业）。1973 年在广州师范学校政工组任宣传干事；1976 年在广州市教育局政治部宣传科任干事；1980 年在广雅中学任教师、团委书记；1982 年 5 月在广州市教育局任团委副书记；1982 年 8 月起在共青团广州市委任常委、部长、副书记（兼市团校校长）、书记（兼市青联主席、省青联副主席、十二届团中央委员）；1993 年任广州市委企业工委副书记；1995 年任广州市委办公厅副主任；1996 年任广州市直属机关工委书记；2001 年任广州市委党校常务副校长、广州行政学院常务副院长；2004 年任广州市民政局党委书记；2007 年 7 月任广州大学党委书记。中共广州市第六届市委候补委员，第七、八、九届市委委员；第九、十一、十二届广州市人大代表，第九届市人大常委会委员。

杨　秦 男，1976 年 2 月参加工作，研究生学历、工商管理硕士学位，现任广州市人力资源和社会保障局党委书记、局长。主要经历：1976 ~ 1998 年在空军某部队服役。历任战士、政治指导员、兰州军区空军政治部干事、军区空军党委秘书、科长、组织处副处长、团政委、旅副政委等职。1998 年转业地方。历任中国试飞员学院党委副书记，中飞通用航空公司党委书记（1999 ~ 2002 年挂任中共陕西大荔县委副书记），中共广州市委组织部巡视员、机关党委书记，中共广州市纪委常委、秘书长（2007 年兼广州市纪委、市监察局机关党委书记），广州市人力资源和社会保障局党委书记、局长。

顾润清 男，现任广州市社会科学界联合会主席、党组书记，广东省社会科学界联合会副主席，广东省政府文史研究馆馆员，广州大学、广西大学等高校客座教授，高级编辑，曾任广州市社会科学院城市研究所所长、中共广州市委宣传部理论处处长，广州日报报业集团副总编辑，曾获得广州市优秀中青年社会科学工作者、广州市优秀专家称号，有关图书和理论文章获第七届、第八届全国精神文明"五个一"工程奖。获得国家有关部门和省、市颁发的优秀成果奖多项。个人专著有《沿海开放经济简论》《中国陆桥经济》《论海州湾的综合开发》等。主持多项国家、省、市社会科学规划研究课题。

涂成林 男，湖南省岳阳人。现任广州大学广州发展研究院院长。1978年起，先后进入四川大学、中山大学、中国人民大学学习，获得学士学位、硕士学位和博士学位。1985年进入中共湖南省委理论研究室（中共湖南省委讲师团）工作，1991年调入广州市社会科学院，1993年获评聘为副研究员，1998年获评聘为研究员。曾担任广州市社会科学院院科研开发处副处长（1992），开放时代杂志社副社长，常务副主编、执行主编（1993~2002），软科学研究所所长（2003~2010），2010年4月起担任现职，兼任广东省综合改革研究院副院长等职。曾赴澳大利亚、新西兰和加拿大等国做访问学者，目前主要从事经济社会发展、科技政策、文化软实力以及西方哲学、唯物史观等方面的教学与研究。先后在《哲学研究》《中国社会科学内部文稿》《中国科技论坛》等刊物发表各类学术论文100余篇，专著有《现象学的使命》《国家软实力和文化安全研究》《自主创新的制度安排》等，主持和承担各类研究课题30余项，其中《现象学的使命》一书获得第二届全国青年社会科学成果专著类优秀奖（最高奖）等多个奖项，多篇论文和研究报告获得省、市社会科学成果奖，曾获得"广州市优秀中青年哲学社会科学工作者"称号。

刘冬和 男，出生于广州。中共广东省委党校在职研究生学历。现任中共广州市委政策研究室副主任，兼任广州市政协理论研究会副会长、广州市贸易促进委员会委员。1975年4月参加工作。曾在广州市越秀区委宣传部工作，兼任《企业家》报编辑。1986年被中共广州市委政研室录用。在政研室经济处任主要负责人期间，被聘为广州经济社会发展研究中心特约研究员，兼任该中心工业组组长，外经组组长。20 多年来，参与过广州市委、市政府许多重要政策文件的调研和起草工作，主编并参与编辑了一批有关经济、社会发展重要理论研究成果的书籍，许多理论性强、实践性突出的文章被国家级和省市级刊物登载。

　　黄远飞　男，广东龙川人。1988 年 7 月参加工作，1986 年 12 月加入中国共产党，大学学历（哈尔滨工业大学管理学院管理工程系工业管理工程专业），工程硕士（华中科技大学电子与信息工程专业），高级经济师、高级工程师。现任广州市人力资源和社会保障局党委副书记。1988 年 7 月，任广州市供销社科员、副主任科员；1994 年 8 月，任广州市社会保险基金管理中心副科长、科长；1997 年 3 月，任广州市社会保险基金管理中心副主任（1999年 8 月至 2001 年 6 月在华中科技大学电子与信息工程专业硕士研究生班学习，获工程硕士学位）；2001 年 10 月，任广州市劳动保障信息中心主任（2005 年3 月被聘为广州市劳动和社会保障局总工程师）；2006 年 2 月，任广州市劳动和社会保障局副局长、党委委员；2008 年 12 月，任广州市劳动和社会保障局党委副书记、副局长；2009 年 1 月，任广州市劳动和社会保障局党委副书记、纪委书记。广东省工会第十二届代表大会代表、市第十次党代会代表、第十二届市政协常委。

摘　要

　　《2013 年中国广州社会形势分析与预测》由广州大学与广州市委宣传部、广州市人力资源和社会保障局联合主编，作为广州蓝皮书系列之一列入社会科学文献出版社的"国家皮书系列"，并面向全国公开发行。本报告由总论篇、社会管理篇、社会工作篇、社会调研篇四部分组成，汇集了广州科研团体、高等院校和政府部门诸多社会问题研究专家、学者和实际部门工作者的最新研究成果，是关于广州社会运行情况和相关专题分析与预测的重要参考资料。

　　2012 年广州社会发展态势平稳，人民生活持续改善，普惠共享型社会保障体系日臻完善，社会养老保险事业实现了历史性跨越，城市居民养老保险与新型农村养老保险实现并轨，医疗保险实现了"同城同待遇"目标，城乡社会保障制度接轨步伐加快，各项社会保险待遇与社会救助水平持续提高，民生福利水平进一步提升。社会管理创新工作力度加大，在社会组织发展和政府购买社会工作服务两个方面加快推进。

　　2013 年，广州市将继续深化体制改革创新，将在继续办好民生十件大事的同时，继续完善公共教育体系、提高医疗卫生服务水平，在构建覆盖城乡全体居民、全民共享普惠的多层次社会保险保障体系等方面大力推进。

Abstract

Analysis and Forecast on Social Situation of Guangzhou in China (*2013*) edited by Guangzhou University, Propaganda Department of the CPC Guangzhou Committee, and Guangzhou Human resources and Social Security Bureau, is one of the blue books of Guangzhou, which are compiled into "The National Book Series" published by Social Sciences Academic Press and publicly issued all over the nation. The reports, which include four parts as general review, social management, social work, and investigtion, and have compiled the latest research from social problem experts, scholars and employees of practical departments, are an important reference both on social situation in Guangzhou and to analyzing and forecasting relative problems.

In 2012, Guangzhou has succeeded in stable social development, sustained improving on people's lives, gradually perfecting the generalized and shared social security system, a historic change on its social endowment insurance, integration of endowment insurance of city dwellers and the New-type rural social endowment insurance, fulfilling the task of "same city, same treatment" on medical insurance, fastening the integration of social security system of city and rural residents, continually promoting the level of social insurance benefits and social assistance, further enhancing social welfare, intensifying the work of social management innovation, fastening the steps of social organization development and government purchase to social service.

In 2013, Guangzhou will continue to deepen the reform and innovation on social system, to perfect the public education system, to enhance medical and health service, to vigorously promote the multi-level generalized and shared social security system covering all urban and rural residents, while at the same time to go on fulfilling the ten events on people's life.

目 录

�𝔹 Ⅲ　社会工作篇

⟋ ⟋ ⟋

⟋ ⟋ ⟋

⟋ ⟋ ⟋

⟋ ⟋ ⟋

⟋ ⟋ ⟋

⟋ ⟋ ⟋

⟋ ⟋ ⟋

⟋ ⟋ ⟋

⟋ ⟋ ⟋

⟋ ⟋ ⟋

⟋ ⟋ ⟋

⟋ ⟋ ⟋

⟋ ⟋ ⟋

⟋ ⟋ ⟋

⟋ ⟋ ⟋

⟋ ⟋ ⟋

⟋ ⟋ ⟋

⟋ ⟋ ⟋

⟋ ⟋ ⟋

⟋ ⟋ ⟋

⟋ ⟋ ⟋

⟋ ⟋ ⟋

⟋ ⟋ ⟋

⟋ ⟋ ⟋

⟋ ⟋ ⟋

⟋ ⟋ ⟋

⟋ ⟋ ⟋

⟋ ⟋ ⟋

⟋ ⟋ ⟋

⟋ ⟋ ⟋

⟋ ⟋ ⟋

⟋ ⟋ ⟋

⟋ ⟋ ⟋

⟋ ⟋ ⟋

⟋ ⟋ ⟋

⟋ ⟋ ⟋

⟋ ⟋ ⟋

⟋ ⟋ ⟋

⟋ ⟋ ⟋

⟋ ⟋ ⟋

⟋ ⟋ ⟋

⟋ ⟋ ⟋

⟋ ⟋ ⟋

⟋ ⟋ ⟋

⟋ ⟋ ⟋

⟋ ⟋ ⟋

⟋ ⟋ ⟋

⟋ ⟋ ⟋

⟋ ⟋ ⟋

⟋ ⟋ ⟋

⟋ ⟋ ⟋

⟋ ⟋ ⟋

⟋ ⟋ ⟋

⟋ ⟋ ⟋

⟋ ⟋ ⟋

⟋ ⟋ ⟋

⟋ ⟋ ⟋

⟋ ⟋ ⟋

⟋ ⟋ ⟋

⟋ ⟋ ⟋

⟋ ⟋ ⟋

⟋ ⟋ ⟋

⟋ ⟋ ⟋

⟋ ⟋ ⟋

⟋ ⟋ ⟋

⟋ ⟋ ⟋

⟋ ⟋ ⟋

⟋ ⟋ ⟋

⟋ ⟋ ⟋

⟋ ⟋ ⟋

⟋ ⟋ ⟋

⟋ ⟋ ⟋

⟋ ⟋ ⟋

⟋ ⟋ ⟋

⟋ ⟋ ⟋

⟋ ⟋ ⟋

⟋ ⟋ ⟋

⟋ ⟋ ⟋

⟋ ⟋ ⟋

⟋ ⟋ ⟋

⟋ ⟋ ⟋

⟋ ⟋ ⟋

⟋ ⟋ ⟋

⟋ ⟋ ⟋

⟋ ⟋ ⟋

⟋ ⟋ ⟋

⟋ ⟋ ⟋

⟋ ⟋ ⟋

⟋ ⟋ ⟋

⟋ ⟋ ⟋

⟋ ⟋ ⟋

⟋ ⟋ ⟋

⟋ ⟋ ⟋

⟋ ⟋ ⟋

⟋ ⟋ ⟋

⟋ ⟋ ⟋

⟋ ⟋ ⟋

⟋ ⟋ ⟋

⟋ ⟋ ⟋

⟋ ⟋ ⟋

⟋ ⟋ ⟋

⟋ ⟋ ⟋

⟋ ⟋ ⟋

⟋ ⟋ ⟋

⟋ ⟋ ⟋

⟋ ⟋ ⟋

⟋ ⟋ ⟋

⟋ ⟋ ⟋

⟋ ⟋ ⟋

⟋ ⟋ ⟋

⟋ ⟋ ⟋

⟋ ⟋ ⟋

⟋ ⟋ ⟋

⟋ ⟋ ⟋

⟋ ⟋ ⟋

⟋ ⟋ ⟋

⟋ ⟋ ⟋

⟋ ⟋ ⟋

⟋ ⟋ ⟋

⟋ ⟋ ⟋

⟋ ⟋ ⟋

⟋ ⟋ ⟋

⟋ ⟋ ⟋

⟋ ⟋ ⟋

⟋ ⟋ ⟋

⟋ ⟋ ⟋

⟋ ⟋ ⟋

⟋ ⟋ ⟋

⟋ ⟋ ⟋

⟋ ⟋ ⟋

⟋ ⟋ ⟋

⟋ ⟋ ⟋

⟋ ⟋ ⟋

⟋ ⟋ ⟋

⟋ ⟋ ⟋

⟋ ⟋ ⟋

⟋ ⟋ ⟋

⟋ ⟋ ⟋

⟋ ⟋ ⟋

⟋ ⟋ ⟋

⟋ ⟋ ⟋

⟋ ⟋ ⟋

⟋ ⟋ ⟋

⟋ ⟋ ⟋

⟋ ⟋ ⟋

⟋ ⟋ ⟋

⟋ ⟋ ⟋

⟋ ⟋ ⟋

⟋ ⟋ ⟋

⟋ ⟋ ⟋

⟋ ⟋ ⟋

⟋ ⟋ ⟋

⟋ ⟋ ⟋

⟋ ⟋ ⟋

⟋ ⟋ ⟋

⟋ ⟋ ⟋

⟋ ⟋ ⟋

⟋ ⟋ ⟋

⟋ ⟋ ⟋

⟋ ⟋ ⟋

⟋ ⟋ ⟋

⟋ ⟋ ⟋

⟋ ⟋ ⟋

⟋ ⟋ ⟋

⟋ ⟋ ⟋

⟋ ⟋ ⟋

⟋ ⟋ ⟋

⟋ ⟋ ⟋

⟋ ⟋ ⟋

⟋ ⟋ ⟋

⟋ ⟋ ⟋

⟋ ⟋ ⟋

⟋ ⟋ ⟋

⟋ ⟋ ⟋

⟋ ⟋ ⟋

⟋ ⟋ ⟋

⟋ ⟋ ⟋

⟋ ⟋ ⟋

⟋ ⟋ ⟋

⟋ ⟋ ⟋

⟋ ⟋ ⟋

⟋ ⟋ ⟋

⟋ ⟋ ⟋

⟋ ⟋ ⟋

⟋ ⟋ ⟋

⟋ ⟋ ⟋

⟋ ⟋ ⟋

⟋ ⟋ ⟋

⟋ ⟋ ⟋

⟋ ⟋ ⟋

⟋ ⟋ ⟋

⟋ ⟋ ⟋

⟋ ⟋ ⟋

⟋ ⟋ ⟋

⟋ ⟋ ⟋

⟋ ⟋ ⟋

⟋ ⟋ ⟋

⟋ ⟋ ⟋

⟋ ⟋ ⟋

⟋ ⟋ ⟋

⟋ ⟋ ⟋

⟋ ⟋ ⟋

⟋ ⟋ ⟋

⟋ ⟋ ⟋

⟋ ⟋ ⟋

⟋ ⟋ ⟋

⟋ ⟋ ⟋

⟋ ⟋ ⟋

⟋ ⟋ ⟋

⟋ ⟋ ⟋

⟋ ⟋ ⟋

⟋ ⟋ ⟋

⟋ ⟋ ⟋

⟋ ⟋ ⟋

⟋ ⟋ ⟋

⟋ ⟋ ⟋

⟋ ⟋ ⟋

⟋ ⟋ ⟋

⟋ ⟋ ⟋

⟋ ⟋ ⟋

⟋ ⟋ ⟋

⟋ ⟋ ⟋

⟋ ⟋ ⟋

⟋ ⟋ ⟋

⟋ ⟋ ⟋

⟋ ⟋ ⟋

⟋ ⟋ ⟋

⟋ ⟋ ⟋

⟋ ⟋ ⟋

⟋ ⟋ ⟋

⟋ ⟋ ⟋

⟋ ⟋ ⟋

⟋ ⟋ ⟋

⟋ ⟋ ⟋

⟋ ⟋ ⟋

⟋ ⟋ ⟋

⟋ ⟋ ⟋

⟋ ⟋ ⟋

⟋ ⟋ ⟋

⟋ ⟋ ⟋

⟋ ⟋ ⟋

⟋ ⟋ ⟋

⟋ ⟋ ⟋

⟋ ⟋ ⟋

⟋ ⟋ ⟋

⟋ ⟋ ⟋

⟋ ⟋ ⟋

⟋ ⟋ ⟋

⟋ ⟋ ⟋

⟋ ⟋ ⟋

⟋ ⟋ ⟋

⟋ ⟋ ⟋

⟋ ⟋ ⟋

⟋ ⟋ ⟋

⟋ ⟋ ⟋

⟋ ⟋ ⟋

⟋ ⟋ ⟋

⟋ ⟋ ⟋

⟋ ⟋ ⟋

⟋ ⟋ ⟋

⟋ ⟋ ⟋

⟋ ⟋ ⟋

⟋ ⟋ ⟋

⟋ ⟋ ⟋

⟋ ⟋ ⟋

⟋ ⟋ ⟋

⟋ ⟋ ⟋

⟋ ⟋ ⟋

⟋ ⟋ ⟋

⟋ ⟋ ⟋

⟋ ⟋ ⟋

⟋ ⟋ ⟋

⟋ ⟋ ⟋

⟋ ⟋ ⟋

⟋ ⟋ ⟋

⟋ ⟋ ⟋

⟋ ⟋ ⟋

⟋ ⟋ ⟋

⟋ ⟋ ⟋

⟋ ⟋ ⟋

⟋ ⟋ ⟋

⟋ ⟋ ⟋

⟋ ⟋ ⟋

⟋ ⟋ ⟋

⟋ ⟋ ⟋

⟋ ⟋ ⟋

⟋ ⟋ ⟋

⟋ ⟋ ⟋

⟋ ⟋ ⟋

⟋ ⟋ ⟋

⟋ ⟋ ⟋

⟋ ⟋ ⟋

⟋ ⟋ ⟋

⟋ ⟋ ⟋

⟋ ⟋ ⟋

⟋ ⟋ ⟋

⟋ ⟋ ⟋

⟋ ⟋ ⟋

⟋ ⟋ ⟋

⟋ ⟋ ⟋

⟋ ⟋ ⟋

⟋ ⟋ ⟋

⟋ ⟋ ⟋

⟋ ⟋ ⟋

⟋ ⟋ ⟋

⟋ ⟋ ⟋

⟋ ⟋ ⟋

⟋ ⟋ ⟋

⟋ ⟋ ⟋

⟋ ⟋ ⟋

⟋ ⟋ ⟋

⟋ ⟋ ⟋

⟋ ⟋ ⟋

⟋ ⟋ ⟋

⟋ ⟋ ⟋

⟋ ⟋ ⟋

⟋ ⟋ ⟋

⟋ ⟋ ⟋

⟋ ⟋ ⟋

⟋ ⟋ ⟋

⟋ ⟋ ⟋

⟋ ⟋ ⟋

⟋ ⟋ ⟋

⟋ ⟋ ⟋

⟋ ⟋ ⟋

⟋ ⟋ ⟋

⟋ ⟋ ⟋

⟋ ⟋ ⟋

⟋ ⟋ ⟋

⟋ ⟋ ⟋

⟋ ⟋ ⟋

⟋ ⟋ ⟋

⟋ ⟋ ⟋

⟋ ⟋ ⟋

⟋ ⟋ ⟋

⟋ ⟋ ⟋

⟋ ⟋ ⟋

⟋ ⟋ ⟋

⟋ ⟋ ⟋

⟋ ⟋ ⟋

⟋ ⟋ ⟋

⟋ ⟋ ⟋

⟋ ⟋ ⟋

⟋ ⟋ ⟋

⟋ ⟋ ⟋

⟋ ⟋ ⟋

⟋ ⟋ ⟋

⟋ ⟋ ⟋

⟋ ⟋ ⟋

⟋ ⟋ ⟋

⟋ ⟋ ⟋

⟋ ⟋ ⟋

⟋ ⟋ ⟋

⟋ ⟋ ⟋

⟋ ⟋ ⟋

⟋ ⟋ ⟋

⟋ ⟋ ⟋

⟋ ⟋ ⟋

⟋ ⟋ ⟋

⟋ ⟋ ⟋

⟋ ⟋ ⟋

⟋ ⟋ ⟋

⟋ ⟋ ⟋

⟋ ⟋ ⟋

⟋ ⟋ ⟋

⟋ ⟋ ⟋

⟋ ⟋ ⟋

⟋ ⟋ ⟋

⟋ ⟋ ⟋

⟋ ⟋ ⟋

⟋ ⟋ ⟋

⟋ ⟋ ⟋

⟋ ⟋ ⟋

⟋ ⟋ ⟋

⟋ ⟋ ⟋

⟋ ⟋ ⟋

⟋ ⟋ ⟋

⟋ ⟋ ⟋

⟋ ⟋ ⟋

⟋ ⟋ ⟋

皮书数据库阅读使用指南

CONTENTS

B I General Review

B II Social Management

B Ⅲ　Social Work

BⅣ Investigation

总 论 篇

General Review

B.1

2012 年广州社会发展形势分析与
2013 年展望

广州大学广州发展研究院课题组*

摘　要：

　　2012 年广州社会发展态势平稳，人民生活持续改善，普惠共享型社会保障体系日臻完善，社会养老保险事业实现了历史性跨越，城市居民养老保险与新型农村养老保险实现并轨，医疗保险实现了"同城同待遇"目标，城乡社会保障制度接轨步伐加快，各项社会保险待遇与社会救助水平持续提高，民生福利水平进一步提升。社会管理创新工作力度加大，在社会组织发展和政府购买社会工作两个方面加快推进。2013 年广州市将继续深化体制改革创新，将在继续办好民生十件大事的同时，继续完善公共教育体系、提高医疗卫生服务水平，在构建覆盖城乡全体居民、全民共享普惠的多层次社会保险保障体系等方面大力推进。

---

* 课题组组长：涂成林。成员：梁柠欣、栾俪云、周凌霄、艾尚乐、丘乐媛、邓良、谢建社、周利敏、钟萍。执笔：梁柠欣。

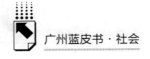
关键词：

　　民生建设　社会组织　广州

一　2012 年广州社会发展总体形势分析

　　2012 年全球经济持续低迷，国内经济下行压力增大，广州外贸出口和工业生产受到较大影响，广州经济和社会发展面临严峻挑战。面对严峻复杂的国内外形势，广州市紧紧围绕新型城市化发展和加快建设国家中心城市目标，统筹谋划发展战略，全力推动稳增长、促转型、惠民生、增后劲，大力促发展。在社会领域，2012 年广州社会发展态势平稳，人民生活持续改善，普惠共享型社会保障体系日臻完善，在社会体制的管理与创新、城乡居民社会保障一体化，以及普惠学前教育等若干重要民生领域形成了快速推进的发展态势。

（一）城乡居民收入稳步提高，物价涨幅平稳，人民生活持续改善

　　2012 年是广州经济发展面临较大困难的一年。面对严峻复杂的国内外经济形势，广州市坚持稳中求进的总基调，千方百计促进经济持续增长。2012 年，广州市实现地区生产总值（GDP）13551.21 亿元，比上年增长 10.5%。国民经济的持续稳定增长，为城乡居民收入稳步增长、生活水平持续改善提供了坚实的基础。

　　城乡居民收入水平稳步提高，城乡居民收入差距进一步缩小。2012 年以来，广州市企业的劳动力需求仍然无法得到很好满足。根据广州市劳动力市场中心的统计，尽管 2012 年广州市劳动力市场呈现求职者和招聘岗位供需两减的态势，但是全年劳动力市场的求人倍率（劳动力市场需求人数与求职人数比）依旧达到 1.59:1，比 2011 年的 1.34:1 仍大为提高，劳动力相对短缺现象依然存在，企业招工难度较大。为应对用工供给的不足、加大与劳动力输出地以及长江三角洲地区争夺劳动力的砝码，广州市大量用工单位尤其是劳动密集型企业唯有提高工资水平，直接推高了城镇居民可支配收入。据广州市统计局统计，2012 年，广州市城市居民人均可支配收入达 38054 元，同比增长

11.4%。其中，工资性收入增长达 7.9%。城市居民人均可支配收入增速高于上海（10.9%）、北京（10.8%）和天津（10.1%）。而在农村，受益于广州推行的新农村建设、都市现代农业发展战略以及推行的农民专业合作社、"农超对接"等举措，农民收入得以迅速增长。2012 年，农村居民人均纯收入达 16898 元，同比增长 14%。必须指出的是，这是 2008 年以来，广州市农村居民人均纯收入增速连续第五年快于城市居民人均可支配收入，而城乡居民人均收入比由 2011 年的 2.32∶1 进一步缩小为 2.25∶1。

消费物价处于相对低位，整体累计涨幅温和。受制于宏观经济环境影响，2012 年广州市工业生产者出厂价格指数（PPI）和购进价格指数（IPI）均呈下滑态势，同比分别下降 0.3% 和 1.6%。而广州市利用物价调节基金，大力发展平价商店（专营区），扶持种养基地和冷藏设施建设项目等平抑物价举措的积极效应也进一步放大，2012 年广州市城市居民消费价格（CPI）全年同比增长 3.0%，涨幅较 2011 年回落 2.5 个百分点，而且 CPI 的月累计涨幅基本保持在 3% 左右，消费物价水平保持相对低位平稳的态势。

消费市场保持畅旺，城乡居民消费水平继续提高。2012 年，广州市消费增速一度小幅回落。通过开展"广货网上行"、国际美食节、时尚购物节等展贸活动，通过推进天河路、北京路等十大商圈建设，大力发展电子商务等一系列扩内需、促消费政策刺激，广州市消费市场企稳回升。2012 年度全市实现社会消费品零售总额 5977.27 亿元，同比增长 15.2%，社会消费品零售总额增速高于北京（11.6%）和上海（9.0%），也高于全国（14.3%）和全省（12.0%）平均水平。城乡居民的消费结构也明显改善，消费水平明显提高。2012 年广州市居民消费品类中，建筑及装潢材料类（增长 93.6%），体育、娱乐用品类（增长 53.5%），服装、鞋帽、针纺织品类（增长 52.5%），化妆品类（增长 52.5%），五金、电料类（增长 50.4%）等满足享受、发展型商品同比增幅均超过 50% 以上，显示出广州市居民消费水平呈现不断提高的态势。

值得说明的是，2012 年以来，广州不断改善营商环境，大力发展现代商贸服务业，以电子商务为代表的新型业态表现突出，消费集聚功能与辐射功能继续增强。全年广州全市批发和零售业商品销售总额首次突破 3 万亿元，达

3.18万亿元，同比增幅达26.6%，广州作为南部中国商业中心的优势地位继续得以保持，2012年广州市已经连续第三年成为"福布斯中国大陆最佳商业城市"。

（二）就业形势持续稳定，多种措施促进创业

2012年广州经济发展面临复杂的国内与国际经济形势，在投资、消费和外需等三大需求动力均有不同程度减弱的背景下，广州市全力扩内需、促投资、稳外需。通过南沙新区、中新广州知识城等重大战略性基础设施建设，举办"新广州·新商机"推介会和"百家知名企业羊城行"等招商活动，确保了固定资产投资的稳步提升。2012年，全市固定资产投资达到3758.39亿元，同比仍然增长10.1%。通过开发新兴市场、优化外贸结构，2012年全市实现商品进出口总值1171.31亿美元，同比增长0.8%，初步遏制外贸市场因外部需求下滑、贸易摩擦不断、国内成本上升等因素的负面影响。与此同时，通过前述一系列的扩大内需、促进消费的举措，提高了广货市场占有率，推动了消费市场保持畅旺。上述扩内需、促投资、稳外需的举措，为稳定就业大局、创造更多的就业岗位、提高就业质量，发挥了积极作用。

2012年广州市大力推进劳动力通过市场实现就业，大力鼓励劳动者尤其是新毕业大学生通过创业实现就业，提高就业质量。通过推进就业与创业培训券制度，2012年全市持券培训的参加者达10.3万人，较2011年增加87.3%，有力地提升了劳动力职业技能和创业能力。通过加大创业担保、补贴政策力度，打造创业孵化平台、扩大小额担保贷款发放规模等方式促进劳动力尤其是新毕业大学生创业，截至2012年9月仅发放小额担保贷款就约达1.18亿元。由于全民创业工作措施得力、成效显著，2012年广州市被评为"全国创业先进城市"。

此外，广州市通过市场介绍就业和公益性安置等方式，促进农村劳动力转移，推动城镇就业困难群体实现就业与再就业。通过实施"2012就业援助月""就业携行计划"等举措，2012年全市有20.22万失业人员实现再就业。通过统筹城乡就业，2012年度广州市7.2万人新增农村劳动力实现从农业向第二、

三产业转移就业。据统计，2012 年广州市新增就业 33 万人，城镇登记失业率为 2.4%，全市劳动就业形势继续保持平稳态势。

（三）普惠型全民社保实现新突破，民生福利水平进一步提升

2012 年，广州市普惠共享型社保体系建设取得重大进展，主要表现在社会养老保险事业实现了历史性跨越，城市居民养老保险与新型农村养老保险实现并轨，医疗保险实现了"同城同待遇"目标，城乡社会保障制度接轨步伐加快，各项社会保险待遇与社会救助水平持续提高，民生福利水平进一步提升。

（1）广州市社会养老保险事业实现从"制度全覆盖"到"参保对象全覆盖"的历史性跨越，城市居民养老保险与新型农村养老保险实现并轨，居民养老保险初步实现了城乡制度的一体化。2012 年 8 月广州市出台了《广州市城乡居民社会养老保险试行办法》，对无就业单位的城乡居民参加养老保险，采取了"新人新制度、老人老办法"的方式，将全市参加原城镇老年居民养老保险和原新农保的参保人并入统一的、统筹城乡的城乡居民社会养老保险制度，城乡一体化的居民社会养老保险制度初步形成。各级政府通过对城乡居民参保个人缴费和集体经济缴费补助的基础上给予财政补贴、扩大特困群体参保的政府资助范围、加大制度激励力度鼓励参保等措施，推动城乡居民参加社会养老保险。截至 2012 年 11 月，全市参加城乡居民养老保险人数达到 156 万人，年度新增居民参保人员约 70 万人，城乡居民参保率达 95%。其中，60 周岁以上农村居民养老保险参保率 100%。

统一的城乡居民社会养老保险制度的实施，弥补了社会养老保险既有的只保障企事业单位职工，忽视无单位无就业的城乡居民人员的弊端，同时又克服了城镇与农村居民社会养老保险制度相互隔离的格局，标志着广州市社会养老保险制度已经实现从"制度全覆盖"到"参保对象全覆盖"的历史性跨越，城乡居民一体化社会保障体系建设迈出了新的一步。

（2）医疗保险全面实现"同城同待遇"，城乡居民最低生活保障制度接轨步伐加快。2012 年随着从化市的加入，广州市医疗保险事业全面实现了市级统筹，在广州行政区域内职工医疗保险"同城同待遇"的目标基本实现。与此同时，泛珠江三角洲地区参保人跨区域即时结算医疗费用工作也取得新的进

展。截至 2012 年底，广州已经与海南、湖南、福州、南宁、南昌、成都、昆明、佛山、肇庆等 10 个省、市建立了双向的医疗保险关系，基本实现了参保人异地就医即时报销，直接惠及占据广州外来劳动力总数半壁江山的来自泛珠江三角洲地区流动就业人员。

城乡最低生活保障制度接轨步伐加速。2012 年广州市再次提高了城乡最低生活保障标准。其中，在广州市行政区域内的城镇居民最低生活保障标准，统一提高到 530 元，凡是居住广州市行政区域内的本地城镇户籍贫困居民，均享受同等的保障待遇，广州市首次实现了全市行政区域内的城镇居民最低生活保障标准一体化。而在经济发达的番禺、南沙、萝岗区，则实现了城乡最低生活保障标准一体化，城乡贫困居民享受同等的待遇。

（3）各项社会保险覆盖面继续扩大，社会保障水平持续提高。2012 年广州市的各项社会保险覆盖面继续扩大。2012 年广州市将事业单位纳入工伤保险覆盖范畴，该年度事业单位工伤保险参保人数近 10 万人。2012 年广州市还利用财政资金或医疗救助基金部分资助或全额资助的方式，推动城乡居民尤其是特殊群体参加各类社会保险，继续扩大各项社会保险覆盖面。据统计，2012 年度广州市发放的社会保险补贴达 3.4 亿元。该年度广州市仅利用 2000 万元医疗救助基金，就资助了 11.3 万多困难群众参加城镇居民医疗保险和新型农村合作医疗保险。通过各种措施与财政扶持，广州市社会保险覆盖面不断扩大。截至 2012 年底，广州市五险（含新农合）参保（合）人数达 2782.7 万人次，比 2011 年底增加 130.6 万人次。

社会保险待遇水平大幅提高。在养老保险方面，通过调整提高，企业退休人员的基本养老金、农转居人员养老金月人均分别达 2614 元和 671 元，增幅分别达 8.3% 和 10%，广大的城乡退休人员得以分享经济发展的成果。在医疗保险方面，2012 社保年度城镇职工、城镇居民和新农合政策范围内统筹基金年度最高支付限额分别达 49.5 万元/人、20.7 万元/人和 15 万元/人，参保（合）人员住院政策范围内医疗费用报销总体平均水平分别达 84.6%、70% 和 70%。城乡医疗保险待遇水平的提高，切实减轻了参保（合）人员医疗费用负担。在工伤保险方面，工伤 1～4 级伤残职工的伤残津贴（工伤退休金）达人均 3090.6 元/月，月人均增加 312.6 元。一次性工亡补助金提高到 43.6 万元，同比增长 12%。生育保险待遇人均达 1.7 万元，待遇水平位居全国第一。

各项社会救助水平持续提高，城乡居民最低生活保障标准差距进一步缩小。2012 年广州市再次提高了城乡最低生活保障标准。其中，城镇居民最低生活保障标准从 467 元统一提高到 530 元，农村居民标准则从 377 元提高到 467.14 元。低收入困难家庭认定标准也从当地低保标准的 1.2 倍提高到 1.5 倍。城乡居民最低生活保障标准较上年度分别提高 13.49% 和 23.86%，城乡保障标准的差距进一步缩小，城乡居民最低生活保障制度加快接轨。除了发放基本生活保障金外，2012 年广州市还向困难群众发放节日慰问金和临时价格补贴共计 1.7 亿元，切实保障了困难群众的基本生活。

2012 年广州市其他各项社会救助水平也继续提高。从 2012 年 1 月 1 日起，政府集中供养"三无"困难群体人员的供养标准从每人每月 650 元提高至 900 元，全市平均五保供养标准由 608 元提高到 716 元。针对医疗费用高昂的现实，自 2009 年起广州市就建立了普惠型医疗救助制度，将医疗救助对象扩大到广州所有城乡户籍人员，医疗救助已成为广州市社会保障体系不可或缺的重要组成部分。在既有的救助范围基础上，2012 年广州市又将医疗救助最高限额调整提高到每人每年 14 万元，救助标准进一步提高。据统计，2012 全市医疗救助金累计支出近 1.3 亿元，直接受惠于医疗救助制度的城乡居民近 33 万人次，有效地减少因病致贫的群体规模。其中，共救助困难群众就医近 7 万人次，医疗救助金额 7500 多万元，切实缓解了广州市困难群众"看病难"问题，保障了困难群众医疗救助权益。

此外，2012 年广州市再次提高优抚对象抚恤补助标准，全年发放抚恤补助金 2.3 亿元，惠及广州辖区的残疾军人、军烈属、在乡老复员军人、带病回乡退伍军人等优抚对象，同时为城镇退役士兵及时落实发放一次性经济补助、自谋职业补助金达 1.4 亿元，切实保障了退役士兵的合法权益，有力地推动了退役士兵自谋职业。2012 年广州市因扎实的双拥优抚安置工作第七次荣获"全国双拥模范城"称号。

（四）财政对民生的支出加大，公共福利水平持续提高

2012 年广州市以"学有所教、劳有所得、病有所医、老有所养、住有所

居，促进城乡统筹发展"为重点，加大财政对民生的支出。2012年全市预计投入民生的支出达998.85亿元（包含社会保障和就业137.38亿元、医疗卫生72.5亿元、城乡社区事务212.97亿元）。其中，仅市本级民生和各项公共事业的投入就达385.1亿元，占市本级公共财政支出总额的75.2%，与上年度基本持平，广州市的财政已经成为名副其实的"民生财政"。财政资金持续、大量向民生领域倾斜，为医疗、教育等公共服务的推行提供了坚实的物质基础。

（1）加大投入，促进城乡医疗服务均等化。通过财政资金投入，2012年广州市实现了基本医疗保障扩面提标、推进基层卫生服务机构建设，全面实施国家基本药物制度等医疗改革目标：基本医疗保障扩面工作继续推进，新型农村合作医疗制度进一步巩固。2012年广州市继续加大对城乡居民尤其是困难群体参加基本医疗保险和新农合的资助力度，利用医疗救助基金2000万元，资助11.3万多名困难群众参加城镇居民医疗保险和新型农村合作医疗保险。新农合人均筹资标准也进一步提高到320元以上，实际人均筹资额达到390元。新农合报销标准和比例也随之提高。2012年全市参合农民住院补偿平均封顶线达到15万元以上，新农合在镇、区（县级市）和区（县级市）外的住院报销比例分别达到不低于85%、75%和50%。城市15分钟、农村30分钟医疗卫生服务圈基本形成。通过持续的投入和布点完善，广州市城乡社区卫生服务网点覆盖面持续增大。据统计，2012年全市共设置社区卫生服务中心（站）290所，覆盖全市所有街道。农村共设置35所镇卫生院、1096个村卫生站。城乡社区卫生服务机构已经覆盖99%的社区居民。这标志着在广州市行政区域内，城市15分钟、农村30分钟医疗卫生服务圈已经基本形成。随着城乡医疗卫生服务体系进一步完善，城乡社区卫生机构服务人群也持续提高。2012年，社区卫生服务机构诊疗人次比上年同期增长了11%，全市基层医疗卫生诊疗人次占全市医疗机构总诊疗人次的38.5%。基本药物制度稳步实施，城乡居民医疗负担有所减轻。2012年广州市继续推进国家基本药物制度，其中政府办基层医疗卫生机构全部实施基本药物制度，村卫生站和社会办基层医疗卫生机构正在逐步全面实施，二级以上综合医院则按要求优先配备使用基本药物。在此带动下，2012年全市基层医疗卫生机构人均门诊药品费用同比下降 8.9%，每床住院日均药品费用同比下降 12.8%。人口出生缺陷干预工程等重大公共卫生服务项目相继启动。2012 年广州市继续加大公共卫生基本服务投入，将人均基本公共卫生服务经费标准由 2011 年的 30 元提高到 40 元，免费向全市城乡居民提供 11 项 37 小项基本公共卫生服务。2012 年广州市继续实施适龄儿童窝沟封闭预防龋齿项目，惠及 7.3 万名户籍适龄儿童。与此同时，广州市还针对出生缺陷发生率偏高的问题，2012 年启动了人口出生缺陷干预工程等重大公共卫生服务项目。据统计，2012 年全市免费为 10 万户家庭提供出生缺陷干预服务，23 多万名孕产妇获得艾滋病、梅毒、乙肝筛查和出生干预服务，4.2 万名农村待孕和早孕妇女获得补服叶酸预防胎儿神经管畸形服务。人口出生缺陷干预工程的实施，有效地破解了出生缺陷发生率高的难题，提高了广州市人口素质。

（2）推进普惠型学前教育发展，学前教育改革开始破题。改革开放以来，广州市的学前教育一直维持以集体办和民办为主、公办为辅的格局，除了少量机关幼儿园外，政府对学前教育投入很少。根据广州市教育局统计，目前 1500 多所幼儿园中，公办幼儿园仅占幼儿园总数的 17%，而享受财政拨款的公办幼儿园不到 10%。由于缺少公共财政支持，非公办幼儿园呈现两极化发展态势，导致入园难、入园贵问题长期困扰广大家长，而机关幼儿获得巨额财政拨款，大多数民办幼儿园在师资、办学条件等方面与公办幼儿园相比还存在较大差距，也使得学前教育的公平性受到严重质疑。为此，2012 年广州市将普惠型学前教育发展纳入市政府十大民生实事，通过加大普惠性学前教育资助力度，改革市属机关幼儿园的管理体制，推进学前教育机会均等化。

加大普惠型学前教育的财政资助力度。2012 年，广州市财政投入学前教育专项经费达到 3.05 亿元（不含机关幼儿园经费），同比增长 1.05 亿元。其中，3 亿元用于资助普惠性民办幼儿园、对按时完成公办幼儿园建设任务的区（县级市）实施以奖代补等，具体用于学前教育学校的校舍建设和维修改造、教学设备购置等，另外，500 万元对广州市家庭经济困难儿童、孤儿、残疾儿童以及其他优抚对象接受普惠性学前教育进行资助。

增加普惠性学前教育机构学位的供给。2012 年广州市加大目前待建、在建和已建设没移交的小区配套幼儿园进行无偿移交工作力度，增加普惠性民办幼儿园的供给,规范民办幼儿园的收费行为。与此同时,2012 年广州市还改革市属机关幼儿园的管理体制,规定市属机关幼儿园 2013 年暑期以前全部移交市教育局管理,同时,从 2013 年起,公办幼儿园将采取摇珠或者抽签等各种方式,面向社会公开招生,面向社会的名额不得低于 70%。广州市机关幼儿园将成为历史。

广州市普惠性学前教育改革的破题,学前教育公益性质的初步确定,机关幼儿园的改制,民办幼儿园纳入公益资助范围,在一定程度上有助于增加学前教育资源供给,提高学前教育质量,增大教育资源的公平性,有助于缓解当前突出存在的入园难、入园贵问题。

(五)社会管理体制改革深入开展,社会组织和政府购买社会工作服务加快推进

2012 年广州社会管理创新工作进一步加强,在加快"一队三中心"建设的同时,广州市还在社会组织发展和政府购买社会工作两个方面加快推进。

(1)社会组织快速发展。广州市以行业协会直接登记为突破口,以非公募基金会登记权力下放为契机,加快社会组织发展,逐步实现了社会组织全面直接登记(除政治类、宗教类外),社会组织无须再找业务主管单位挂靠而直接向民政部门申请成立,在原有放开八大类社会组织直接登记的基础上更进一步。同时,加快社会组织去行政化、去垄断化改革,允许行业协会实行一业多会,初步打破了社会组织垄断化格局。2012 年 5 月《广州市募捐条例》正式实施,广州地区的公益性社会团体、民办非企业单位和非营利的事业单位(特别是在扶老、助残、救孤、济困或者赈灾领域的团体)获得了与官方机构同等的公募基金的合法权利。2012 年 8 月后,广州市又获得经授权下放的非公募基金会登记管理权限。这些法规、政策措施的出台,为社会组织的发展创造了良好的外部环境,激发社会组织发展热潮,新办社会组织发展迅速。

根据广州市民间组织管理局统计,截至 2012 年底,广州市实有登记注册的社会组织 4741 家,扣除撤销、取缔的组织外,比 2011 年底的 4371 家,净增加了 370 家。这些新增加的社会组织以异地商会、公益类组织为主。尤其是在 2012 年 8 月获得非公募基金会登记管理权限后,广州市就新增加非公募基

金会 5 家。社会组织数量的不断增加，尤其是非公募基金会的产生，社会组织的布局更加合理，使得慈善产业链明显拉长，活动领域日趋广泛，社会组织的民间化程度显著提升，其作用日益不容忽视。

（2）政府购买社会工作服务全面推进。2012 年是广州市大规模购买社会工作服务的一年，也是民办社工机构数量剧增的一年。该年度广州市一共投入了 2.81 亿元向民办社工机构购买社会工作服务，利用街道家庭综合服务中心开展服务工作，当年全市的民办社工机构数量也剧增到 152 家。其中，由广州市民政局和海珠区政府联合购买，委托海珠区团委统筹实施、总标价达到 1650 万元的海珠区"青年地带"青少年事务社会工作专项个案服务项目，成为广州 2012 年招投标额最高的政府购买社会工作专项服务项目。通过推行"一次性资助"及"以奖代补"方式，2012 年广州市一共投入 586 万元对 39 家民办社工机构进行资助，进一步增强了社工机构的服务能力。政府资源的持续、大规模投入，在转变政府职能的同时，也在一定程度上满足社区居民日益增长的各类专业服务需求，对解决影响社区和谐稳定的重大问题，增进社区居民的幸福感具有积极的促进作用。

（六）政府信息公开制度不断完善，施政透明度进一步提升

应当承认，2012 年是广州市政府施政透明度最为突出的一年。广州毗邻港澳，市民思想向来开放，权利意识浓厚。而作为一个媒体发达的城市，广州拥有大胆敢言、关注民生的平面媒体和网络新媒体。在不断高涨的民众权利意识和敢言的媒体作用下，在善待媒体、顺应民意的地方党政首长主导下，广州市政府信息公开制度不断完善，施政透明度进一步提升。

（1）率先设立政府常务会议后新闻即时发布制度和市政府领导新闻发布制度。2012 年 3 月，广州在国内首创市政府常务会议新闻发布制度，第一时间对外公布刚刚经市政府常务会议通过的重大决策，被视为打造阳光政府的新举措，而这一做法并形成每周一次的例行发布会制度，在国内大城市中尚属首次。2012 年间，广州市共组织召开市政府常务会议新闻发布会 39 场，发布议题超过 110 个，议题涵盖养老院建设、公办幼儿园开放、医保惠民等重大民生举措。从 2012 年 6 月份开始，广州再次创设了市政府领导新闻发布制度，固

定每个月召开一场市政府领导新闻发布会,并回答记者提问。陈建华、陈如桂、张骁、欧阳卫民、曹鉴燎、贡儿珍、王东等市领导先后作为主发布人出席并答记者提问,主题涉及"新型城市化发展""生态建设""幸福民生工程""文化和教育事业"等多方面话题。

(2)创立了单项工程咨询监督委员会和重大事项网上征求意见制度,民意在地方政府施政中地位不断彰显。2012年在对同德围地区综合整治过程中,广州市创造性地建立了由人大代表、政协委员、当地居民、专业人员、媒体等人员组成的同德围地区综合整治工作咨询监督委员会,这是广州首次在专项工程中成立专门的社会监督机构。综合整治工作咨询监督委员会在动员当地居民、沟通政府与社会民意中发挥积极的作用,同德围整治已经成为理论界研究国家和社会合作关系的典型案例。此外,广州市对关系民生与日常生活的有关重大事项实行网上征求意见制度,例如垃圾处理等关系市容、民生之事就是通过网上征求意见制度,广纳民意,寻求共识。这在增强政府施政透明度的同时,也达成吸纳民间智慧、凝聚共识的目的,这是广州2012年重大市政建设得以顺利实施,并且取得实效的最重要的制度安排。

二 2012年广州市社会发展面临的主要问题和挑战

2012年,广州市社会发展和社会建设工作在取得显著成就的同时,也面临一系列明显的、突出的问题和矛盾。这些问题包括:社会建设相对滞后,社会服务管理还不适应社会结构的深刻变化;社会组织整体结构依旧不够优化,数量少,服务能力弱,与当前的经济社会发展不相适应;关系居民的切身利益的养老、住房、教育、医疗、学前教育等问题与市民要求仍然有一定距离;城乡之间、区域之间基本公共服务均等化还存在较大差距;等等。对这些问题和矛盾必须有清醒的认识,并且在深化改革、加快发展的过程中妥善加以解决。我们就2012年广州社会面临的几个主要问题展开以下讨论。

第一,劳动争议突出,劳动关系紧张问题仍然突出。

广州位于沿海经济文化较发达的珠三角地区,地处改革开放前沿,现又正处于经济结构转型和发展方式转变的关键时期,劳动关系复杂多变,新问题和新矛盾层出不穷。现阶段在整体劳动力供不应求的形势下，广州劳动关系紧张的局面已有改善，但问题仍然突出。

根据广州市人力资源与社会保障局透露，近年来广州市每年处理劳动人事争议案件数量一直均在 4 万件以上，位居广东省第一、全国大城市第三。仅 2012 年广州市各级法院审结一审劳动争议案件就达 51816 件，约占 2012 年全国处理争议案件 151.2 万件的 3.4%，涉及保护劳动者债权 5.66 亿元。2012 年广州市的劳动争议具有复杂案件多（超过七成）、当事人诉求增多、诉请金额增大等显著特点。在地域分布上，劳动争议"高发区"除了仍然集中在劳动密集型企业居多、企业用工管理制度相对不规范、产业工人和外来务工人员较多的郊区和城乡接合部外，还有向城区的部分服务性产业转移趋势。2012 年，有据可查的、仅发生在广州市城区因为环卫工人工资福利等方面的争议而升级成为涉及 30 人以上的群体性事件就达 6 起。

第二，社会矛盾仍然处于多发期，并且出现一些新特点。

目前，广州仍然处于社会矛盾的多发期。2012 年，广州市公开报道的、涉及 30 人以上的群体性事件就包括连续性的多区环卫工集体上访事件（6 件）、"6·18"黑人群体事件、2 月份白云区城管与潮汕籍小商贩冲突事件，以及因为征地拆迁等涉农腐败而引发的群体性上访事件多起。

综观 2012 年广州市的社会群体性事件的形成原因，依旧以劳动争议为主，征地拆迁等涉农腐败和执法过程中引发的官民（警民冲突、城管与小商贩）冲突为辅。首先，经济原因依旧是群体性事件主要成因。其中，包括广州市多个行政区域的环卫工多次集体上访、聚集事件主要涉及工资、福利与安全事故等劳资纠纷问题。其次，农村基层工作者贪污受贿等涉农腐败引发村民群体性上访事件。据广州市中级法院透露，2012 年广州市立案查处的"惠民涉农"领域职务犯罪共 76 件 96 人，其中涉及土地与矿产征用案件占近半，成为犯罪集中领域，而这些案件多是由于村民的集体上访等群体性事件而拉开序幕的。最后，执法过程中官民（警民）冲突引发群体性事件。警察、城管等一线执法者在执法过程中因为态度、处置方式的失当而很容易激发矛盾，进而在微博等自媒体的介入下，不断发酵、扩展，迅速传播、影响很大。这些群体性事件规模大、影响广泛，极大地考验地方政府处理突发事件的能力。

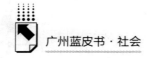

2012 年广州市的群体性事件还有一些鲜明的特点。

一是市民从旁观者角色转换到事实的参与者角色。现阶段引发社会群体性事件尤其是执法过程中激发的官民（警民）冲突中，自媒体的加入抑或说市民的广泛加入，成为广州市 2012 年群体事件十分鲜明的特点。事件源于底层的外来流动人口（包括摊贩、黑人），然而事件的发酵、扩大则因为普通市民的加入，以自媒体的手段得以不断传播、放大。换言之，群体事件的参与者既有直接的当事人双方，同时也有不是利益直接受损的特定人群，如市民。这意味着，作为围观者的市民已经不再是单纯的围观者，而是以某种方式，以自己的实际行动，加入并参与了群体性事件的建构，在某种程度上也成为事件的参与者。市民表面上作为围观者而实际上已经参与事件的建构，在某种程度投射出作为中产阶级的市民对自己生存处境的焦虑，反射的是社会最普遍、最基本的不满情绪。

二是群体性事件中凸显地域族群间的紧张关系。在 2012 年广州群体性事件如白云区潮汕籍小贩与城管冲突及"黑人事件"中，除了反映执法过程中的问题外，还夹杂着本地与外地冲突的苗头，这种因冲突而凸显的地域族群间的紧张关系，应当引起注意。作为国家中心城市的广州市，在某种意义上已经成为一个移民城市。目前一半以上的人口为非常驻户籍的外地流动人口，其中既有百万计的国内流动人口，同时也有数以十万计的外籍人员。作为非户籍人员，作为被制度性地排斥在广州当地公共福利外，无法分享广州经济发展成果的"外地人"，无法产生对广州的认同，或者说只能产生"拒斥性认同"。而作为漂泊异乡的外地人员，其共同的漂泊感、相同的生活经历和体验，使得其在广州这个异地他乡，仍然以语言、国际、肤色等标示重新建构"地域共同体"的认同，建构自己的壁垒和集体的抵抗，以对抗歧视、欺压和盘剥。在这些流动群体，希望通过这种对峙行动，把平时压抑的、郁积的屈辱、怨恨转换成为集群事件，通过闹大的方式表达其不满、呼唤社会关注进而改善其现状的诉求。

第三，人口老龄化程度不断提升，既有的养老事业难以适应需要。

根据第六次全国人口普查，广州市有户籍老年人口 121.24 万，占户籍人口总数的 14.93%，预计到 2015 年将超过 140 万人。随着生活水平的提高，人口寿命的增加，老年人口的增加不仅意味着各种养老设施的大量需求，而且意味着旺盛的精神需求。然而，广州市既有的养老服务事业难以适应需要。

主要表现在：一是既有的养老服务设施难以满足需要。第六次人口普查资料显示，2010 年广州市 80 岁以上的高龄人口超过 17 万人，相当一部分生活难以自理、家人难以照料，迫切需要院舍养老。而根据广州市民政局统计，目前广州的各类养老机构床位总数达 34036 张，每千名老人拥有床位 27 张，难以满足高龄人口的需要。来自居委会一线工作人员反映，社区内高龄老年人轮候进入养老院的时间很长，往往达 3~4 年甚至更加长。如果不是特殊人员（如精神病等），一般很难进入老人院养老。这从侧面反映了现有养老设施的严重不足。依照规划，广州市计划到 2015 年养老床位数达到 5.6 万张，实现每千名老人拥有床位数 40 张，养老机构入住率超过 80%。这些"老有所养"的规划遭遇到土地、资金等方面的资源约束。二是在既有养老服务的精神需要难以得到充分重视。"老有所乐"凸显了老年人的精神生活的重要性。在现有家庭结构下，"空巢"老人越来越多，老年人在精神上的压抑感也与日俱增。家庭住房紧张、家庭结构的变化使得年轻人在照顾老年人时遭遇巨大的物质压力和体力上的限制的同时，还加上缺乏时间与专业知识，对老年人的精神需求难以关照。仅以老年学校为例，民建广州市委员会的集体提案显示，全市各层次、各渠道所办的稍具规模的老年学校仅有 20 所，在校学员 3 万多人（次），入学人次占全市老年人口不到 3%，老年大学仍是存在"一位难求"，一个班等上一年也不见得能等到一个学位。如何发展养老服务业，满足老年人的精神需求是摆在现实的突出问题。

第四，社会组织的发展滞后于现实发展需要。

2012 年广州市的社会组织在登记注册方面已经破题，但是社会组织的发展仍然难以满足社会发展的需要①。

一是社会组织数量较少，整体结构不够合理。目前广州市 1400 万人中，有登记注册社会组织共 4741 家，平均每万人拥有社会组织数不足 3 个，还达

①　该部分资料以及后面的对策见民盟广州市委员会社会管理专门委员会《培育发展社会组织，创新社会治理模式的有关政策建议》。

不到全国的平均值3.3个，远低于国内的上海（7个）、青岛（6.5个）、深圳（4.2个）等城市，与世界发达国家每万人拥有社会组织数一般超过50个的标准，差距更加大。不仅如此，全市的社会组织结构也不合理，其中教育类民非组织高居组织总数的57.5%，而行业协会、社区与公益性社会组织数量较少、规模较小、服务社会能力比较弱，与当前的社会经济发展要求不相适应。

二是社会组织体系仍然欠缺，专业化程度仍然不足。一个完整的社会组织体系，必须形成资源筹措与项目运作的社会组织并存、各尽其职、共同发展的格局。目前数量不多的广州市的社会组织体系中，呈现服务执行机构多、而筹措资源的基金会少的格局。受制于现有资源约束，社会组织通常是执行与筹资机构合二为一，这样的结构体系不仅缺乏专业化分工，不擅长筹资的社会组织因此花费时间多、收效小，而且难以形成有效的监督与制约，影响了社会组织的公信力的培育。

三是社会组织能力建设不足。这种不足表现在：社会组织资源筹集的制度化程度低、组织治理能力与服务能力不足。在资源筹措方面，社会组织筹集资源主要通过政府购买服务与社会捐赠等两个主要渠道。从社会捐赠看，从2012年5月1日起广州市社会组织的确已经获得法律意义上的公募权，但是囿于目前社会组织公信力欠缺、治理能力不足，社会组织通过公募许可获得社会资源的规模势必较小且不稳定。而从政府购买服务渠道看，除了购买社工服务外，广州市政府购买服务工作进展缓慢，大多数社会组织（尤其是行业协会）因为得不到政府职能部门的委托，难以获得政府资源。这其中，既有政府职能部门不愿转移职能的原因，也有社会组织（尤其是行业协会）无力承担政府转移出去的职能的局限。社会组织资源筹集的制度化程度低，导致社会组织的活力难以有效激活。

在社会组织的服务能力与组织治理能力方面，由于公益性、非营利性以及运作资金的筹募性质限制，社会组织普遍难以提供有竞争性与吸引力的薪酬与福利，大部分社会组织只能依靠大量具有奉献精神的志愿者开展运作，数量较少的专职人员中也充斥着大量的离退休人员或者不能胜任原有工作要求的关系户人员，导致各类社会组织人才尤其是具有创新性的人才严重不足，导致社会组织难以开展有效的项目策划、资金筹措、项目运作等项目管理工作，造成社会组织的社会服务非专业性或者业余性突出，影响了社会组织的服务能力与治理能力的发挥。而组织治理结构的不合理、高素质人员的缺乏，也直接导致社会组织治理能力的不足，进而产生资源筹措方面的恶性循环。

四是社会组织发展的外部环境依旧欠佳。广州市依据民政部赋予的先行先试的政策，通过立法等形式，在社会组织的登记注册、资源筹措方面已经获得一定突破。但整体而言，社会组织发展的外部环境依旧不令人乐观。主要表现在：现有的社会组织定性模糊，促进社会组织发展的财税政策难以落实。非营利性是世界公认的社会组织与企业组织的最大差别，而在目前我国的法律体系中，由于没有非营利性单位的概念，对社会组织的税收优惠缺乏必要的法律依据。与此同时，目前的社会组织体系混乱，大量的实际从事营利性活动的单位打着社会组织（民办非企业单位）的旗号混迹于社会组织行列。例如，占广州市社会组织数量半壁江山的民办教育机构也以非企业单位形式登记为社会组织，实际上这些组织营利性突出。这既在无形中破坏了社会组织非营利性的整体形象，同时又在一定程度上增加了真正从事非营利性活动的社会组织获得应有税收优惠的难度。理顺社会组织体系、明确社会组织的性质、清理不符合社会组织含义的营利性组织，是今后应当注意的问题。

三 2013 年广州市社会发展态势与政策建议

2013 年是广州全面推进新型城市化发展的关键一年。根据广州市政府工作安排，2013 年广州市将围绕全面建设国家中心城市的目标和"率先转型升级、建设幸福广州"的核心任务，坚持为民，用心做事，科学把握"五位一体"总体布局，坚定不移地"稳增长、促转型、惠民生、增后劲"，全面推进新型城市化发展，努力建设低碳、智慧、幸福的美丽广州，力争全市经济社会发展再上一个新台阶。在民生领域方面，广州市将在继续办好民生十件大事的同时，继续完善公共教育体系、提高医疗卫生服务水平，在构建覆盖城乡全体居民、全民共享普惠的多层次社会保险保障体系等方面大力推进。

（一）2013 年广州社会发展的基本态势

基于 2013 年广州市政府的工作安排和我们的观察，我们认为，2013 年广

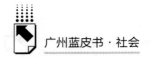

州市社会发展将呈现以下态势。

1. 覆盖城乡全体居民、全民共享普惠的多层次社会保险保障体系等方面大力推进

2013 年广州市将仍然加大社会保障制度改革的力度。在社会保障领域，2013 年广州市将围绕着完善社会救助体系建设，扩大分类救助范围，将贫困家庭未成年人、残疾人和困难家庭等群体纳入分类救济范围，同时进一步扩大法律援助覆盖面。可以预见的是，2013 年广州市的社会救助体系将获得大的发展，城乡社会救助范围进一步扩展，救助水平可望进一步提高，城乡社会保障的一体化步伐将加快。

特别要指出的是，在实施城乡居民最低生活保障制度过程中，这几年广州市有意识地加快城乡保障的并轨工作，近年来农村低保标准提高的幅度显著大于城镇居民，2013 年依旧遵循上述思路，预计 2013 年在广州市城乡低保标准的差距将进一步缩小，并可望在 2015 年前后实现城乡低保标准的一体化。

2. 基本公共服务由城市向农村推行的步伐进一步加快

基于 2013 年广州市政府的工作安排，2013 年广州市以建设"幸福社区"为目标，加快幸福社区创建，持续提升社区居民幸福感。具体而言，真正实现从行政社区向民主自治社区的转变，管理方式从"控制""服从"向"对话""协调"的转变，社区居民从"被组织""被幸福"向"自组织""自幸福"的转变，社区意识从个体意识向社区共同体意识的转变。在城市，就是要深化基层多元化服务改革创新，鼓励居民参与社区公共事务管理和公益事业，建立志愿者参与社区服务工作机制。在农村则通过推进特大镇村社会服务管理改革创新工作试点，开展镇村社会服务管理改革创新，建立健全农村基层社会服务管理体系。

可以预见的是，在此次改革推动下，不仅城镇街道、社区基础设施将进一步完善，而且农村社会服务管理体制机制将在试点的基础上进一步建立，镇村社会服务管理权责进一步理顺，农村居民将与城市居民一样享受更好更多的社会服务，公共服务由城市向农村推行，社区老年人福利服务设施进一步完善，社区居家养老得到进一步发展。

3. 社会组织可望持续发展，有关管理措施将进一步规范

根据国家的部署和广东省、广州市的工作安排，2013 年广州将继续深入实施社会组织直接登记全省社会创新试点项目，进一步推进社会组织去行政化、去垄断化改革。2013 年除了宗教类和政治类组织外，均可以自行登记注册成立，而社会组织去行政化、去垄断化改革，则可望催生出更多的组织能力强、以服务见长的行业协会、商会组织。这些举措，无疑为社会组织的进一步发展奠定基础。

可以预见的是，2013 年仍然是广州市社会组织发展迅速的一年，社会化的组织、去行政化的社会组织尤其是公益性社会组织数量将大量增加，基金会将进一步增多，社会组织种类不断丰富，结构不断优化。而 2013 年也将是广州市社会组织规范管理力度加大的一年，随着政府强化社会组织的规范化管理，尤其是强化社会组织的能力建设，社会组织将逐步由数量增长进一步转变到质量增长，社会组织的服务能力与治理能力可望进一步提升。

4. 社会群体性矛盾将进一步显现

广州的城市化和国际化进程导致了目前广州市的常住人口结构发生了重大变化，在这过程中必然会带来利益格局的重新调整。广州既有数以百万计的国内其他省市以及省内的非广州市常住户籍人口，也有数十万计的常住外籍人口。这些不同文化背景的国内外大量人口的加速流入也会带来思想文化、行为习性的剧烈碰撞。在既有制度性歧视下，不可避免引发出本地与外地、本国与外国居民之间的矛盾，一些习以为常的行政执法可能会产生一系列的群体性矛盾与冲突，过去的两年已经出现类似的案例，必须引起重视。

同时，由于《物业管理条例》的滞后，使得物业管理公司（背后往往是房地产开发商）与业主之间，围绕业主与开发商、物业管理之间的房地产纠纷等问题，可能会因为 2013 年的物业税的出台、物业管理收费、物业管理公司轮换更替等问题而进一步激化。近两年业主与物业管理公司之间的冲突事件时有发生，严重影响了业主生活，激化的矛盾很容易酿成群体性事件，必须高度重视。

（二）关于进一步促进广州社会和谐发展的若干政策建议

展望 2013 年广州社会发展态势，针对 2012 年广州社会建设和发展中存在的若干问题，为了更好地促进 2013 年广州经济社会发展，我们提出如下几个方面的政策建议。

第一，大力培育社会组织，推动社会组织发展。广州市应当利用先行先试的政策优势，通过地方性立法、推动社会组织能力建设，促进社会组织从数量向质量的发展。

首先，制定有关地方性法规，为社会组织的培育与发展创造良好的外部环境，建立与完善培育机制。广州市应当尽快制定《广州市社会组织条例》，以立法的形式：一是明确社会组织的性质、定义与分类，明确将营利性或具有营利性的组织从社会组织中予以分离，进一步明确社会组织的公益性，促使以公益性组织面目出现但实则以赢利为目的的现有机构（主要是民办非企业组织）转型，同时明确社会组织获得税务优惠的办法，为公益性的社会组织获得税收优惠提供法律支持。二是通过立法的形式，督促政府部门确定职能转移目录出台时间表，明确将社会组织能够承担的职能转移给社会组织。三是明确政府购买各类服务的办法和监督机制，明确将社会组织承接政府转移职能的经费纳入年度各级政府经常性财政预算，为社会服务组织更有效率开展工作提供保障。同时，明确社会组织的内部治理结构、行业监督与社会监督制度，以及政府日常监管制度，改变目前仅依靠政府规章管理社会组织且主要是登记注册管理的现状，克服社会组织透明度欠缺的弊端。

其次，推动社会组织的能力建设。广州市社会组织能力不足普遍存在，这是制约社会组织发展与发挥作用的主要因素。社会组织的能力建设主要包括资源动员能力与人员能力两个方面的建设。

在资源筹措方面，在现有条件下，社会捐赠仍然难以满足社会组织开展活动的需要，而政府资源依旧是获得资源的主要渠道，这即使在大多数西方发达国家，政府资源仍然是社会组织主要的资源获得方式。在资源动员能力建设方面，我们建议：一是继续完善政府购买服务制度，择机开展行业协会购买服务试点。在社会组织有关立法尚未完成之前，广州市应当继续完善政府购买服务制度，明确将政府购买服务预算纳入年度各级政府经常性财政预算。在继续总结完善政府购买专业社会工作服务的基础上，择机开展政府购买行业协会社会服务工作，为社会组织的培育创造良好条件。二是推动基金会组织的发展。基金会组织是未来社会组织发展的充电器，也是社会组织专业化发展的需要。要通过财政政策和税收政策，扶持基金会组织的发展，促进基金会的能力建设，解决现有社会组织既是筹资机构又是执行机构，分身无术、能力不足的困境。

在社会组织能力培育方面，加强专业人才队伍建设成为社会组织能力建设的重要一环。为此，应当加快社会组织人才的专业化步伐，改变社会组织人员的非专业性或者业余性状况。通过与高校联合开展学历教育、职业继续教育等方式培养社会工作人才，提高社会工作者的专业化水平。与此同时，完善社会组织的治理结构，健全将社会组织作为独立法人，落实社会组织在专职人员的入户、档案管理、工资福利、职称评定等方面的政策规定，提高社会工作者的地位和薪酬福利水平，健全社工的激励机制，鼓励更多专业化高素质的社会工作者加入社会组织的建设和发展中，形成一支稳定的社会工作者队伍。

第二，大力推进社会组织的建设，通过社会组织方式维护社会稳定。

随着广州城市化和国际化进程不断加速，国内外大量人口的加速流入，必然会带来利益格局的重新调整，也会带来思想文化、行为习性的剧烈碰撞，并由此引发不同利益群体之间的矛盾，例如围绕工资、福利与安全事故的劳资纠纷，围绕征地、拆迁引起的补偿、财产分割等利益冲突，围绕城乡居民文化碰撞的邻里纠纷，围绕业主与开发商、物业管理之间的房地产纠纷等。围绕不同群体内部利益分化产生的社会矛盾将日益增多。在信息时代，这种社会矛盾能够在各种信息平台中实现无缝隙手段传播，很容易与国际、国内复杂环境交织在一起，促使社会矛盾快速感染、集结而导致大面积、高频率爆发，导致社会冲突容易以不理性的集群行为方式出现，加剧了城市社会管理的可控性危机。在此背景下，如果要将这种社会管理危机控制在一定的可接受的范围，政府需要改变以往单打独斗的局面，与代表社会各阶层、群体利益的社会组织紧密合作，共同维护社会稳定。在现行的规定中，维权组织并不是社会组织发展的重点方向，其发展受到来自法律法规以及既有认识的影响，难以发展壮大。

我们认为，社会组织的存在是各个不同群体利益日益分化的产物，其产生具有历史的客观性。首先，要承认现代社会里利益群体分化的客观现实，承认维权类社会组织的存在是一种正常的社会现象。在社会发展过程中，必然出现社会群体的利益差异，承认社会压力群体或者不同利益集团的存在，是正确理解社会组织在社会发展过程中关系作用的起点。其次,积极引导和规范维权类社会组织,促进维权类社会组织在维护社会整体利益的前提下良性发展。例如,在部分制造业发达、外来工集聚的地区,出现了一些以同乡会等面目出现的组织,对这类组织是任其自发地发展还是在规范前提下给予法律地位,值得考虑。又如,在居民小区出现的各种业主 BBS、各类业主 QQ 群,则是在抵御开发商、物业公司对其合法权益侵犯中产生的各种业主组织,我们也需要考虑如何确立业委会的法律地位,引导业主维护自身的合法权益,以免引发社会冲突。

我们的建议是:一是开展维权类社会组织登记试点,积极探索管理经验。可以先考虑放开各类联谊性社会组织的登记,推动联谊组织在维护个体利益中的角色建设。根据广州市民间组织管理局的估计,目前广州市各类未纳入组织正式登记管理的、有活动形态、活跃的特殊组织数量,远远超过正式登记管理的社会组织和民办非企业单位数量。这些未纳入正式管理的组织,如果纳入轨道进行管理,将比放任自流、野蛮增长要好一些。

二是开展调查研究,逐步调整既有的政策和规定。在当前,建议有关部门开展调研,制定具有一定约束性的《广州市物业管理条例》,明确业主委员会的独立法人资格,平衡业主与物业开发商、物业管理机构之间的关系。同时,推动工会的改革,促使工会更加有效率地介入劳工权益保障。

三是正确规范对维权类社会组织的管理。在当前的社会矛盾突发期,维权类社会组织有其必然性,但也要加强规范管理。建议建立以组织章程为核心的法人治理机制;创建社会组织的公共信息平台,建立信息共享机制;推动社会组织的评估、考核;明确社会组织的建立与退出机制等。

第三,实施积极的银发产业政策,以积极的心态迎接老龄化社会的到来。要转变观念,将广州市的老年人口作为广州市进一步发展的基础,变负担为资源,推动养老事业的发展。为此,建议采取以下措施。

首先,实施积极的银发产业发展规划。老年人口既是经济发展的负担,同时也是经济发展的动力、源泉。我们必须意识到,未来中国的人口老龄化已经是不争的事实。老年人由于其特殊的需求,对教育、健康康复、旅游、食品等有巨大的特殊的需求。满足其独特的、多元化的需求,可以为我们既有的产业发展创造巨大的空间。我们应当未雨绸缪，通过调查研究，结合广州市的产业优势，发展出符合老龄化社会需要、在全国乃至全球均有一定优势的银发主导产业，为广州经济发展独辟蹊径。例如，针对老年人的保健需要和广州市传统中医医药发达的现实，探讨发展满足老年人需要的保健产业的发展的机会、挑战，探讨其成为主导产业的可能性。

其次，研究制定老龄化时代的社会政策。主要针对巨大的院舍养老需求与现实的资源约束所产生的矛盾，针对老年人物质需求与精神需求相互脱节的矛盾，制定合适的社会政策。相当部分老人真正需要的不是照顾起居的老人院，而是精神寄托。政府要积极研究补贴困难老年人入住养老机构办法，完善公办养老机构入住轮候制度，加快社区养老服务体系建设等具体措施。

最后，制定有效政策，引导民营企业进入养老领域。要研究制定土地、税收等政策，引导非公有制经济主体进入养老领域，研究完善非公有制主体参与养老服务的补贴办法，推进全市养老机构的建设，满足老年人口的养老需要和精神需要，最大限度地缩短老年人轮候进入养老机构的时间。目前，广州市已经有友好公寓等成功案例，可资借鉴。

（审稿：易佐永　杨长明）

Analysis on Social Development in Guangzhou in 2012 and Forecast for 2013

The Research Group of the Academy of Guangzhou Development of Guangzhou University

Abstract：In 2012, Guangzhou has succeeded in stable social development, sustained improving on people's lives, gradually perfecting the generalized and shared social security system, a historic change on its social endowment insurance, integration of endowment insurance of city dwellers and the New-type rural social endowment insurance, fulfilling the task of "same city, same treatment" on medical insurance, fastening the integration of social security system of city and rural residents, continually promoting the level of social insurance benefits and social assistance, further enhancing social welfare, intensifying the work of social management innovation, fastening the steps of social organization development and government purchase to social service. In 2013, Guangzhou will continue to deepen the reform and innovation on social system, to perfect the public education system, to enhance the level of medical and health service, to vigorously promote the multi-level generalized and shared social security system covering all urban and rural residents, while at the same time to go on fulfilling the ten events on people's life.

Key Words: Improvement of People's Wellbeing; Social Organization; Guangzhou

社会管理篇

Social Management

广州市提高社会管理科学化水平
专题调研报告

摘　要：

　　调研报告紧紧围绕广州市第十次党代会确立的"12338"决策部署，对广州市社会服务管理的现状及问题进行全面深入的调查分析，研究形成了创新社会服务管理的基本思路和对策建议。报告的主要内容和特点体现在：一是总结了社会服务管理必须实现四个转变；二是重点剖析了广州市社会服务管理中的四大问题；三是提出了具体的对策建议，为制定广州市创新社会管理、加强社会建设政策文件奠定了坚实基础。

关键词：

　　社会服务管理　创新　科学化水平

---

* 专题调研组组长：吴沙；副组长：颜小明、李建兰、杨明德、魏国华、李文耀；成员：王保森、焦道能、凌妙英、王健舜、梁少婷、邱培蕃、叶平；执笔人：焦道能、邹远良、徐德胜、李伟光、郭炳发、汪中芳、曾嵘、汤晓龙、李敏慎。

新型城市化是经济社会协调发展、同步推进的城市化，加强社会服务管理，营造和谐稳定、公平正义的社会环境，是新型城市化发展的重要内容和必要保障。根据广州市委《关于组织开展新型城市化发展学习、考察、调研工作的总体方案》要求，由市委常委、政法委书记吴沙同志牵头的新型城市化发展第十五专题调研组，就加强社会服务管理创新开展了为期4个月的调研活动。调研组先后进行了5次市外调研，召开了6次调研座谈会及专家研讨会，广泛征求有关部门意见，形成了《关于加强社会服务管理创新　提高社会管理科学化水平的调研报告》。

一　广州市社会服务管理实现四个转变

纵观发达国家和地区的先进理论和实践，对照新型城市化发展要求和广州市实际，创新社会服务管理，应实现以下"四个转变"。

1. 社会管理的理念必须由管控向服务转变

受历史传统和计划经济体制影响，我们长期以来形成了一种以强制、限制和控制为特征的管控式思维。这种管理方式，在过去人们把社会安定、解决温饱问题作为第一需求的情况下，具有一定的合理性。但随着经济社会的发展，人民群众在解决温饱问题后，对维护权益、公平正义、民生幸福的要求越来越高，这种管控思维不仅难以把社会管好，还往往带来许多社会问题甚至产生社会矛盾和风险。反思这些年一些社会问题的产生，往往不是因为我们管得太少，而是管得过多、管得过硬、管得过死。管理是手段，服务是目的，社会服务管理说到底就是通过有效的管理更好地为人民群众服务。因此，经济越发展、社会越进步，就越要突出对人的服务，越要转变政府职能，借鉴新公共管理理论建设"顾客导向"型政府的理念，加快服务型政府建设，加大对公共服务的投入力度。

2. 社会管理的主体必须由一元管制向多元治理转变

改革开放以来，市场化、工业化、城市化和信息化的深入推进带来了深刻广泛的社会变革，社会阶层产生分化，利益诉求逐渐多元，社会舆论空前发达，各种社会力量迅速崛起，这些都使得经济社会管理日趋复杂，仅靠政府单一管理，已经很难适应现实需要。同时，社会组织、新经济组织和市民群众等各种社会主体权利意识日益高涨，不再满足于被动接受管理，也要求主动参与社会管理和自我管理。在这种情况下，必须从政府作为唯一主体的单向管理走向各类社会力量等多元主体的共同治理，推进全能政府向有限政府转变，将社会管理尽量回归社会，充分激发社会团体、行业组织、中介机构、志愿者团体和市民群众等各类社会力量参与社会服务管理的热情，发挥其自我服务、自我规范和自我管理的作用，形成类似于发达国家和地区政府、社会和公众共建共享的社会服务管理模式。

3. 社会管理的重心必须由单位向社区转变

在计划经济体制下，单位体制是政府对个人进行社会管理的主要载体，单位构成社会管理的基本细胞。改革开放以来，随着市场经济体制的深入推进，单位体制被打破，越来越多的"单位人"变成"社会人"，单位的社会管理功能日益弱化，逐渐变成单纯的工作场所。社区成为人们居住和生活的最终落脚点，成为各种社会群体的聚集区、各种利益关系的交织处、各种社会资源的承载体，社区逐步代替单位成为社会服务管理的基本依托。有了社区的安定，才有社会的安定；社区幸福了，才能提高整个社会的幸福感。我们必须主动适应这一社会变革，借鉴西方发达国家和地区经验做法，将社会服务管理的重心转移到社区，理顺管理体制机制，整合、优化社区社会管理和服务资源，加大对社区基本公共服务的投入力度，强化社区自治，增强社区居民对社区的认同感，提升社区服务管理能力。

4. 社会管理的方式必须由偏重行政手段向综合运用行政、法律、市场等手段转变

在国家掌握全部社会资源的计划经济体制中，行政命令几乎是整合社会资源的唯一手段。但随着市场经济体制的逐步确立，市场机制逐步在资源配置中发挥基础性作用，因此单纯依靠行政手段来进行资源配置和社会服务管理已越来越不能适应发展要求。同时，行政化管理具有较强的主观性、随意性、阶段性和扩张性，容易导致不作为、乱作为，甚至侵犯管理对象合法权益，引发社会不稳定因素等问题。因此，在社会服务管理中，我们必须正确处理行政手段与市场手段的关系，在公共服务领域适当引入市场机制，通过公共服务供给市场化，提高服务质量；正确处理行政手段与法律手段的关系，完善社会服务管理法律法规，严格执法，强化对行政执法的司法监督，把社会服务管理纳入法治化轨道。

二 广州市社会服务管理的现状及存在的问题

近年来，广州市创新社会管理、加强社会建设工作取得了明显成效，在社会服务管理体制机制上进行了大胆探索，初步形成了具有广州特色的新型社区服务管理模式。但与新型城市化发展要求相比，还存在思想观念滞后、管理体制机制不健全等问题，重经济建设、轻社会建设，重管理、轻服务，重户籍人口、轻流动人员管理，政府包办社会管理事务等传统思维没有根本转变，社会服务管理体制机制与经济社会快速发展、城市人口结构重大变化和利益主体多元化、公民权利意识显著增强等不相适应。

（一）基层社区社会服务管理方面

1. 街道"一队三中心"建设亟待加强

（1）推进发展不平衡。截至 2012 年 6 月，全市 112 个街道组建了综合执法队，完成率 84.8%；116 个街道完成了街道政务服务中心建设任务，完成率 87.8%；132 个街道中尚有南沙区新成立的龙穴街没有建成综治信访维稳中心；97 个街道建成 102 个家庭综合服务中心并投入运作（番禺区市桥街等面积较大的街道分片设立了多个中心），完成率 74%。

（2）街道"一队三中心"运作机制有待完善。街道综合执法队运作机制还不顺畅，与区、县级市的有关执法队伍如何联动，在制度和职责上还不明晰和规范。一些部门未按"各职能部门不得硬性要求街道对应设立机构、配置专职人员，并将其作为工作考核指标"的要求，修订对街道的考核内容，使部分街道在推进"一队三中心"工作中无所适从，影响了机构、人员整合的力度和进度。科学合理的费随事转财政保障机制没有建立，街道对责权、人员、经费实行统一指挥、统一管理、统一调配的效果不理想。一些区对流动人员和出租屋管理服务中心是否纳入"一队三中心"没有明确，导致部分街道在推进过程中，进展不快，力度不大。

（3）服务场地建设资金缺口较大。目前，大部分街道需对政务服务中心、家庭综合服务中心进行场地调整和重新装修，建设经费需求很大，由于资金紧张，影响了设施建设进度。市要求每个街道至少建立1个家庭综合服务中心，但一些面积大、管辖人口多的街道只设1个家庭综合服务中心，服务半径不足，服务项目无法覆盖全街。

2. 社区居委会服务管理体制机制不顺

（1）政府各项管理工作任务均进社区居委会，社区自治服务作用难以发挥。截至2012年6月，全市有社区1500个，已成为社会和谐稳定的基本单元。目前，社区居委会日常开展的工作达140多项，但社区居委会平均只有6人左右，工作任务十分繁重。社区居委会由于承接了过多的行政事项，自治功能被严重弱化，无法发挥社区居委会作为政府与社区居民之间的桥梁和纽带作用。

（2）社区工作考核名目繁多，社会服务水平难以提升。社区居委会考核形式多样，有的采用检查考核评比的方式，按年度、季度甚至月度进行检查考核；有的则由街（镇）与社区居委会签订工作责任状，制定工作指标进行考核，导致社区疲于应付，扰乱正常工作秩序。考核评比的内容交叉、重复，标准不统一，重复劳动多，迫使社区居委会需针对每一项工作考核重新整理、归档资料，耗费大量人力、物力，没有精力与居民群众进行密切的沟通联系。

（3）专职人员考核、激励机制不健全，队伍凝聚力难增强。目前，各区（县级市）、街（镇）对专职人员的考核主要是对政府各项工作任务进行考核，使专职人员注重政府下派的工作任务多，对辖区内居民、社区的问题、困难关注较少，不利于提升社区自治水平。自1998年城市管理体制改革以来，广州市专职人员队伍整体素质有了大幅提高，截至2012年6月，全市45岁及以下的专职人员占81.1%，大专学历及以上的占74%，一大批年富力强、文化程度高的中青年专职人员走上了居委会主任、副主任的领导岗位，但专职人员队伍的激励机制尚不够健全，难以激发他们的工作热情，施展更多的才华。

（4）制度建设滞后制约了社区建设的开展。企业、市民在社区服务管理中应承担的责任与义务没有明确规定，仅靠政府及居（村）委会的力量，难以适应需要；财政管理体系尚未完全根据事权作相应的调整和配套，特别是城乡二元结构带来的对农村地区基础公共服务管理设施的投入长期偏低；对农村地区，特别是经济发达地区的社区服务管理设施缺乏统一、超前的规划建设；对一些承担公共服务的公益类社会组织，缺乏相应的优惠税收政策；等等。

3. 社区居委会人、财、物保障不足

（1）社区居委会工作和活动经费少。目前，社区居委会工作任务重，检查考评多，经费难以满足需要。同时，政府各职能部门工作任务到社区，但许多工作经费并没有实现费随事转，导致社区居委会工作经费更加捉襟见肘。

（2）专职人员工资增长和社会保障不完善。广州市社区专职人员的增资标准和操作程序不够规范，对提高队伍积极性有一定影响。大部分区、县级市按职务简单设立工资等级和职务补贴，没有建立统一的专职人员工资和福利待遇体系。在休假、购买社保、医保、住房公积金等福利待遇方面，各区、县级市存在较大差异。专职人员工作强度高、压力大且存在一定的职业风险，但缺乏相应的医疗保障机制。

（3）社区硬件配套设施建设滞后。目前，社区居委会办公用房、星光老年人之家、社区文化站等均由公建配套予以落实，面积多为 100 平方米左右，但随着社区服务管理事务的增多以及今后社区自治工作的强化，需要增加社区服务站等服务管理的场地。同时，社区服务管理的信息化程度低，基层工作效能无法有效提升。

4. 特大镇、村管理体制机制亟待调整

目前，广州市有特大镇 18 个，除从化市外有特大村 115 个。这些镇、村面积大、人口多、工业发达，如新塘镇的经济总量和人口规模超过了内地很多县甚至一些地级市，但在管理体制、机构设置和人员编制上仍按镇级配备，社会管理力量、公共服务严重不足，群众诉求难以满足，社会管理、治安压力大，迫切需要从管理体制机制上进行改革创新。

（二）流动人员服务管理方面

1. 广州市流动人员数量多，服务管理压力大

（1）流动人员总量逐年增加。近年来，广州市经济快速增长，对劳动力需求较大，吸引大量流动人员持续流入，2007 年以来年均增长率达 7.6%。截至 2012 年 5 月，广州市登记在册的流动人员 712.4 万名、出租屋 386.3 万套，流动人员总量与 800 多万户籍人口基本持平。大量的流动人员，在为广州市经济社会注入活力的同时，也给环境资源、社会管理、基本公共服务等带来巨大压力。

（2）流动人员结构和需求发生很大变化。截至 2012 年 6 月，广州市外来流动人员以 16～45 岁青壮年为主，特别是 16～25 岁"新生代农民工"占 33%，处于结婚高峰期和生育旺盛期，他们更渴望融入城市，对获得平等待遇、享受城市公共服务和精神文化生活有更高的需求。26～45 岁有家庭、有子女的流动人员达 369.5 万人，占 57%，其随行子女（16 周岁以下）共有 79.9 万人，对子女教育、医疗社保等公共服务的需求更加迫切。

（3）流动人员来源广泛、学历偏低。除本省籍流动人员 204 万人，占 31% 居首位外，其他主要来自湖南、广西、湖北等中西部地区，分别占 18%、10%、8%，且多为高中（含）以下学历，占 90%，主要居住地以出租屋为主，占 70%，大多从事劳动密集型、临时性工作，经济收入、生活来源不稳定，容易诱发诸多社会问题，给社会治安带来较大压力。

2. 流动人员管理机构编制设置不合理

（1）规格低，协调难度大。市综治办流动人员和出租屋管理处承担全市流动人员和出租屋管理的组织、协调、督促、检查、考核等工作，对口 31 个正局级成员单位和 12 个区（县级市）。由于机构规格低，协调难度大，严重影响工作落实。各区（县级市）流动人员出租屋管理办为科级单位，同样存在这个问题。

（2）编制少，任务超负荷。广州市是全省乃至全国流动人员管理任务最繁重的城市之一，但具体负责此项工作的流管处仅有 5 名行政编制，与繁重的工作任务不相适应，长期处于超负荷运转状态。与国内同类型城市相比有明显差距，如成都市有流动人员 500 多万人，成立副局级机构，配行政编制 20 名；深圳市有流动人员 1200 万，成立处级机构，内设 3 科 1 中心，有行政编制 15 名、事业编制 23 名，高配局级领导负责日常工作；东莞市有流动人员 600 多万，成立了正局级新莞人服务管理局，内设 4 科（室），行政编制 23 名、事

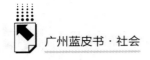

业编制 6 名。

(3) 基层管理力量薄弱。街 (镇) 流动人员和出租屋管理服务中心是窗口单位, 按照有关文件规定, 应配 3~5 名财政核拨事业编制人员, 但不少地区未配齐, 且经费不是由财政核拨, 工作人员存在后顾之忧。虽然目前广州市出租屋管理员队伍达 1.1 万名, 但按照 150~180 套出租屋配 1 名管理员的标准, 仍缺口 50%, 加上待遇低 (到手工资普遍月均 1200 元), 难以招收高素质人员, 队伍不稳定。由于资源配置不足, 造成日常巡查不到位, 流动人员和出租屋底数不清、情况不明, 管理存在盲区。

3. 经费保障体制与现实需要不相适应

从 2001 年起, 广州市改变传统的税费征管模式, 委托街 (镇) 流管中心代征流动人员和出租屋管理 "两费一税" (治安联防费、使用流动人员调配费和出租屋综合税)。代征的税费实行 "收支两条线", 除上缴中央和省之外, 按照市 10%、区 90% 的比例分成, 区分成部分的 85% 以上返拨给街 (镇)。这种经费保障体制, 较好地解决了基层经费不足的困难, 但也逐渐暴露出一些问题: ①统筹不够造成地区间经费不平衡。专项经费大部分返还街 (镇), 市、区 (县级市) 两级留成比例较小, 使市、区两级很难根据需要进行统筹调配, 造成区 (县级市) 之间、街 (镇) 之间专项经费存在明显差异, 有的区每年出租屋税费收入达数亿元, 但有的区仅为一二千万元; 有的街几千万元, 有的仅几百万元。②租金水平不同造成地区间经费不平衡。流管专项经费来源于征税, 而征税额度决定于租金水平。各街 (镇) 因地段租金水平不同, 导致经费不平衡, 城区与城乡接合部、农村地区差异更大。③税费政策调整造成部分地区经费缺口扩大。目前, 广州市已停征治安联防费和使用流动人员调配费, 加上出租屋综合税征收税率下降约三成, 对一些原本经费存在缺口的街 (镇) 影响更加明显。不少街 (镇) 为确保经费来源, 将征税作为流动人员和出租屋管理的主要工作来抓, 甚至将流管部门视为 "创收" 单位, 层层下达征税指标, 造成管理员大部分时间用于征税, 干扰了正常的服务管理工作。

4. 流动人员管理体制机制不完善

(1) "二元" 管理体制没有根本改变。目前, 户籍人口和流动人口仍属于两个不同的管理体系, 在观念上, 仍将流动人员视为 "外人", 在出台公共服务政策、配置公共管理资源时仍以户籍人口为依据，考虑流动人员不够，没有真正将其纳入实有人口统筹。在管理上，对流动人员主要采取出租屋管理、治安管理等控制性管理手段，导致流动人员对城市认同感、归属感不强，甚至诱发一些社会问题。

（2）相关法律法规滞后。我国目前有关流动人员管理的法律法规，如《户口登记条例》、《城镇暂住人口管理暂行规定》、《租赁房屋治安管理规定》等，基本上都是 20 世纪 90 年代以前制定和发布的，不适应近年来流动人员规模越来越大且需求越来越多的现实，特别是 2003 年废除收容遣送等传统管理手段后，新的行之有效的管理制度没有及时跟进到位，亟须加快这方面的立法。

（3）部门协同管理机制不完善。以流管办牵头、各部门负责的流动人员管理机制没有真正形成，具体职责分工和任务不够明确，造成职能部门推诿、扯皮现象；有约束力的职能部门量化考核办法尚未建立，日常监督不到位，难以兑现奖惩；职能部门履职情况责任追究办法缺乏，对重大案件、事件或事故进行责任倒查时，部门往往将责任推给区（县级市）或者街（镇）；流动人员和出租屋管理绩效考核没有真正与干部考察挂钩，造成流动人员和出租屋管理督导考核缺乏有力抓手。

（三）社会主体参与服务管理方面

1. 广州市社会组织总体发展水平不高

（1）数量偏少。世界发达国家和地区社会组织数量庞大，每万人拥有社会组织数一般超过 50 个，如德国为 120 个、美国 52 个、中国香港 25 个，形成多层次、广覆盖的社会组织体系。从国内看，截至 2012 年 6 月，每万人拥有社会组织数青岛为 6.5 个、上海 6.1 个、深圳 4.2 个，而广州市只有 3.5 个。

（2）能承接社会服务管理职能的社会组织占比低。在全市 4448 个社会组织中，近 40% 社团是挂靠在部门（单位）的专业性团体，行业协会仅约占 2.7%，民办非企业单位主要是民办教育类，达 57.5%，政府和社会急需的行业协会类、公益慈善类和社会服务类社会组织较少，能承接政府社会服务管理职能的社会组织不到 10%，社会组织结构不适应社会需要的问题比较突出。

（3）社会组织参与社会服务管理的能力不足。不少社会组织缺乏以章程为核心的法人治理结构和治理机制，存在组织机构不健全、内部制度不完善、民主管理不到位、财务管理不透明等问题。缺少高素质的专职工作人员，特别是项目筹划、资金筹措、运营管理等方面能力不足。少数社会组织活动不规范，有的甚至违规违纪，未能发挥应有作用。

（4）工青妇等群团组织的枢纽型社会组织作用没有充分体现。目前，广州市在构建社会组织的总体布局中，对群团组织的枢纽型作用还处在探讨阶段，对枢纽型群团组织的认定、职能定位、服务范围缺乏明确规定，其政治桥梁纽带、业务龙头和日常服务管理平台作用难以充分发挥。

2. 社会组织培育扶持和监管机制不健全

（1）社会组织培育扶持政策体系尚未建立。在税收优惠、财政资助、人事管理、社会保险、政府转移职能以及政府购买服务等方面，缺乏完善、具体、系统和刚性的政策规定。政府职能转移目录尚未建立，社会组织培育平台还不完善，难以拓展社会组织活动空间、实现社会组织的可持续发展。

（2）社会组织登记管理机关建设滞后。登记管理机关推进改革和日常登记、监管、执法、党建等工作任务越来越重，但力量薄弱、保障不足，与同类型城市相比存在较大差距，特别是区级机构建设差距更为明显。

（3）与实行社会组织直接登记相配套的监管体系不完善。社会组织登记、管理体系改革刚刚起步，亟待深化，对社会组织的准入门槛、登记程序、管理方式等方面的规定仍需进一步完善。实行社会组织直接登记后，亟须建立与之相配套的政策制度，明晰登记管理机关、业务指导单位、综合监管部门的职责，增强相关政府职能部门主动将社会组织纳入各自的业务管理、指导范围的意识。

3. 社工机构和社工队伍建设与发展需要不相适应

（1）民办社工服务机构发展不规范。社工机构管理人才紧缺，管理经验不足，尤其是财务管理制度和水平较低，大部分机构没有专职财务管理人员。民办社工机构承接的社会工作服务主要以发展性和预防性的小组和社区活动为主，而在困扰个人、家庭、社区的一些深层次的个案服务方面能力不足。目前政府购买服务尚处于摸索阶段，各种制度机制还不完善，社工机构数量增长迅速，面临激烈竞争，有的社工机构为了能够承接政府购买服务项目采取向政府寻租和压低竞标价格等不良竞争的方法。部分本来专业基础较为扎实的民办社工机构由于承接项目增多、力量分散，存在项目管理和专业服务质量下降的现象。

（2）社会工作人才队伍建设存在结构性短缺。市委市政府关于全面推进街道社区服务管理改革创新的意见要求，到 2015 年全市实现每万人中有 5 名社工。截至 2011 年底，全市有 2618 人通过社工职业水平考试，其中超过 50% 的人员分布在社区居委会，从事非社工专业工作，而在民办社工机构从事一线专业社工服务的仅有 600 人左右。专业人才层次构成不合理，较多的社工专业人才为初级，中级人才、社工督导人才、社工管理人才数量偏少。在整个社工专业人才队伍中，大部分专业人员工作经验在 5 年以下，社工专业服务能力良莠不齐，专业素质水平不高。

（四）平安广州创建方面

1. 社会矛盾和社会治安压力较大

（1）社会矛盾纠纷持续多发高发。近年来，全市排查的矛盾纠纷、办理的群众信访总量较大，呈现出各种利益诉求相互交织的局面。一些历史遗留问题难以根本解决；因劳动社保、劳资纠纷、经济债务、专业市场经营等问题导致的矛盾日趋增多；医患纠纷、涉法涉诉问题进一步凸显；农村征地补偿、村务管理、基层选举带来的问题比较突出；随着公民权利意识的增强，政治参与、文化保育、旧城保护等非物质利益诉求逐渐趋多。

（2）治安案件总量大。广州市刑事案件总量持续多年保持两位数下降，但发案总量仍然较高。特别是影响群众安全感的侵财型犯罪比较突出，电信诈骗警情大幅上升，对群众安全感造成较大的负面影响。新型网络违法犯罪活动不断出现，由于网络犯罪行为人与受害人、网络服务器往往分处不同的城市，调查取证难度大，难以及时打击处理。

2. 平安创建的基础有待加强

（1）人防物防技防网络有待完善。现有的群防群治队伍由于组建部门、经费保障不同，指挥协同管理不统一，存在各自为战、管理松散的局面。街

（镇）、居（村）自建的治安联防队伍，公安机关对其管理和指导难度大，违法违纪问题时有发生，群众认可度不高。全市推行的封闭半封闭小区建设，由于后续投入不足，不少小区封闭半封闭措施功能弱化。治安视频监控系统存在覆盖面不够广、联网不到位等问题，制约了治安视频监控系统效能的发挥。

（2）常态化的源头治理机制有待健全。虽然全市持续开展的"人屋车场"综合整治、"红棉""剑锋"等专项行动，取得了显著成效，但一些地区和部门仍停留在突击式、运动式执法整治上，还没有建立常态化的源头治理机制。对一些制假贩假、无证照经营行为，刑事处罚不够标准，行政处罚又力度不够，且由于社会诚信体系建设滞后，缺乏有效的守信激励和失信惩戒机制，导致这些问题反复发生、久治不愈，既影响市场秩序，又带来很多治安隐患。

（3）基层基础工作有待夯实。部分村实行自治管理后，对如何加强村党组织和村委会的建设指导不够，村级党组织的战斗堡垒作用没有充分发挥。平安创建工作不平衡、基础不扎实的问题还比较突出，特别是城乡接合部地区的社区、村，居住人群复杂、治安秩序混乱、安全隐患突出。

3. 维稳综治工作机制有待完善

（1）综治考核标准不够科学合理。目前的社会治安考核标准已沿用多年，考核指标设定已不适应新形势、新情况，个别标准不够客观、准确。

（2）部分社会管理事项未纳入社会治安综合治理范围。全市物业管理公司队伍数量庞大，但部分物业管理公司不注重履行治安管理责任，公安机关又难以对其有效监督，造成一些小区治安管理状况差。一些符合条件的大型企事业单位尚未纳入治安保卫重点单位进行管理，部分列管单位也未严格按照要求开展内部治安保卫工作。

（3）政法维稳综治保障不能适应现实工作需要。各级维稳综治部门承担的任务越来越重，工作压力越来越大，但机构设置、人员编制等保障不足的问题越来越突出，工作力量难以适应繁重的工作任务需要。基层政法部门案多人少的问题突出，常年超负荷运转，且与一般党政机关公务员相比，职级待遇偏低。

（4）维稳综治工作责任落实不到位。维稳综治工作实绩与干部绩效考核、晋职晋级挂钩不够紧，少数地区和部门履行维稳综治责任意识不够强、措施不够有力。对部门履职不到位的问题，监督考核和责任追究没有跟上，导致一些社会问题得不到根治。一些部门层层给基层加任务、压担子，但又没有权随责走，基层工作缺少依据，致使工作无法落实到位。

三 广州市社会服务管理创新的基本思路及对策建议

本调研组通过广泛调查研究，对广州市下一步创新社会服务管理、提升社会建设科学化水平，提出如下对策建议。

1. 创新基层社区社会服务管理

理顺街道"一队三中心"体制机制。重点理顺"一队三中心"体制机制，完善相关制度，确保信访维稳、社会治安和人口计生等社会服务管理有效落实。加快制定出台街道社区公共服务管理指导目录，明确政府公共服务管理进入街道、社区的类别和具体项目，制定各职能部门增加街道、社区服务管理工作事项的流程及审批程序，完善购买服务机制，实现"权随责走，费随事转"。

推进家庭综合服务中心建设。扩大家庭综合服务中心辐射范围，对于地域面积大，居民居住分散的街道，引导民办社工机构设立服务中心社区服务站，扩大社区服务点分布，充分利用外展社会工作等方式，使家庭综合服务辐射能力最大化，方便社区居民接受社会工作专业服务。提升家庭综合中心服务专业性，深化"个案"专项服务，做好以"个案"为主的专项服务项目申报和组织工作，为家庭综合服务中心提供转介平台，提供深层次、满足特殊需求的社会服务内容。进一步加强对社工机构及人才队伍的督导和培训，提升其专业理论水平，增强专业实践能力，促进服务中心的服务更加贴近居民需要、更加实效。

理顺特大镇、村管理体制机制。

（1）深化简政强镇事权改革。加大向特大镇的简政放权力度，根据社会服务管理职能下移原则，赋予特大镇相应的管理权限，理顺事权关系。优化对垂直、双重管理部门的管理机制，建立既有利于加强管理，又有利于增强镇党委、政府统筹协调能力的新机制。探索调整特大镇、村的管理模式，建立与之相适应的管理体制，加强机构编制、人员力量配备，解决"小马拉大车"问题。

（2）加大特大镇、村公共服务投入力度。建立与特大镇、村社会服务管理相适应的公共财政支持体系，加强统筹城乡一体的基础设施建设，参照城市街道标准，规划建设镇一级的公共服务设施，加大财政对镇、村的投入力度，缩小城乡差距。

（3）加快特大镇、村社区居委会建设。在符合建立社区居委会的地域或物业小区设立社区居委会，实现对特大镇、村居民的社区化服务管理。

2. 创新流动人员服务管理

完善流动人员服务管理体制机制。理顺流动人员和出租屋管理体制，充实管理力量。提升市、区（县级市）流动人员出租屋管理办规格，增加行政编制。分别增加流动人员超过10万人的特大型街（镇）、超过5万人的大型街（镇）流动人员和出租屋管理服务中心事业编制人数，实行财政全额拨款。按照流动人员500∶1或出租屋200∶1的比例配备出租屋管理员，科学整合工作力量。

通过加强出租屋管理推动"以屋管人"的落实。严格把好出租屋市场准入关和日常管理关，出租房屋必须符合规划用途，并具备消防、结构、治安、环境卫生等必要条件，否则禁止进入房屋租赁市场。对出租屋实行分类管理，将既不符合出租条件、屋主又不配合管理的出租屋列为"严管类"，实行"黑名单"制，张榜公布，必要时责令停止出租。推进出租屋社会化管理，落实规模以上出租屋（租住人员超过30人）屋主治安、消防、居住登记等日常管理责任，落实企事业单位凭证招工、就业登记、宿舍安全监管等责任，真正做到"谁出租、谁负责"和"谁用工、谁负责"。

加强流动人员服务管理基础建设。其一，推进社区（村）流动人员和出租屋管理服务站建设。在农村地区、城乡接合部地区流动人员超过2000人的社区（村）、产业园区（厂企）设立服务站；中心城区结合实际，整合资源，在流动人员工作、生活较集中的区域设立服务站，合理布点、辐射周边、方便群众。继续完善街（镇）流动人员和出租屋管理服务窗口、日常管理、矛盾疏导和宣传中介四项基本功能，将管理服务延伸覆盖至最基层。其二，提升信息化管理水平，构建广州市人口基础数据库。推广使用便携式信息采集和日常管理设备，建立定期读证巡查制度，进一步提高巡查效率和信息数据鲜活性。推广使用电子门禁系统和出租屋电子门牌等信息化管理手段，推进在出租屋密集区域特别是主要出入口、主要街巷、独栋出租屋建设治安视频监控系统。推进流动人员自助申报平台建设，有效拓宽信息采集渠道。构建"以图管房，以房管人"的房屋租赁管理体系，逐步实现出租屋 GIS 定位，实现城市人口的精细化、精准化管理。

3. 推动社会主体参与服务管理

进一步完善社会组织培育扶持体系。建立政府资助、购买服务等扶持机制，按照中央财政扶持社会组织参与社会服务的精神，建立全市公共财政扶持社会组织发展专项资金。制定政府向社会组织购买服务目录，完善购买社会组织服务管理办法。成立广州市社会组织发展基金会，多渠道、多方式扶持社会组织发展。开展公益项目招投标、公益创投活动，搭建公益项目展示交流平台。积极推动建立统一、合理、普惠的社会组织税收优惠政策体系。加快推进社会组织培育基地建设，形成较为完善的市、区（县级市）、街（镇）社会组织培育基地网络，使之成为培育发展社会组织的重要载体。

建立健全社会组织规范管理机制。深入推进社会组织直接登记，以开展省社会创新观察项目"广州市社会组织直接登记"为抓手，进一步降低社会组织准入门槛，简化登记程序，为社会组织成立创造更为宽松的环境。加快构建政府与社会组织间新型合作伙伴关系，按照建设"小政府、强政府，大社会、好社会"的思路，积极培育发展社会组织，通过"购买公共服务""项目化"运作等形式建立公共财政对社会组织的资助、引导和绩效评估机制，实现"管办分开"，构建政府和社会组织间新型伙伴和平等合作关系，促进社会服务专业化发展，全面有效地提高公共服务水平。健全社会组织依法监管体系，明确登记管理机关、业务指导（行业主管）部门和相关综合管理部门的监管职责，形成各司其职、各负其责、协调配合的社会组织管理体系，确保社会组织健康发展。

进一步加强社工专业人才队伍建设。加大社工专业人才培养力度，以家庭综合服务中心建设为契机，引导民办社工服务机构加大力度引进社会工作专业毕业的人才。加大财政投入，开展社工专业人才培训，提高社工专业人员素质水平。加强社会工作员的考核、登记和管理工作，将一批具有丰富社区服务经验的社会工作人员转化为社会工作员，充实社工人才队伍。加强社会工作行业管理，保护社工专业人才合法权益。充分发挥社工行业协会作用，推进社工行业自治自律。修订完善社工专业服务标准和工作规范，进一步完善社工服务项目评估机制，加强对政府购买社工服务项目的监管。指导民办社工服务机构严格落实社工专业人才福利待遇，依法查处侵犯社工专业人才权益的行为，促进社工行业健康有序发展。

4. 深化平安广州创建

夯实维稳综治工作基层基础。加强基层党组织、基层政权建设和群众自治组织建设，增强基层党组织凝聚力、战斗力和创造力，着力解决基层党群干群关系存在的突出问题。建立基层换届之后对各街镇书记、主任（镇长）的集中培训制度，坚持每年对维稳干部、联络员的教育培训，提高基层维稳干部管理服务社会、协调利益关系、化解矛盾纠纷、维护和谐稳定的能力。以创建平安广州为载体，在机关和企事业单位、集贸市场、医院组织开展"平安单位""平安企业""平安市场""平安医院"等创建活动，以局部"小平安"推动全局"大平安"。

进一步完善人防、物防、技防体系。发动社会力量参与治安防控，增强群众自愿参与社会治安的意识，组建平安志愿者队伍，根据治安实际和重大活动需要，实行等级响应、梯次投入，形成"维护治安，人人参与"的格局。积极探索以社区、村为单位，采取政府采购的形式，引入社会组织或企业承包社会治安防控工作，创新治安防控社会化路子。进一步完善社会治安视频监控系统，将市视频办作为常设机构，承担统一规划、统一建设、统一运行、统一管理等归口管理工作。强化日常管理维护，确保社会自建视频探头完好率在90%以上。全面整合视频监控资源，用三年时间将社会自建视频系统统一接入城市视频专网。建立视频监控、研判专业队伍，确保充分发挥广州市视频监控探头的实际作用。加快推进新的16万个社会治安视频监控探头建设任务，扩大城市治安防控网络的覆盖面，提升治安管理的智能化和精细化水平。

（审稿：钟萍）

Research Report on Guangzhou's Improvement of the Scientific Level of Social Management

The No. 15 *Research Group of the New-type*

Urbanization of Guangzhou

Abstract：This research report focuses on the Policy and Arrangement of "12338" decided on the 10th Party Congress of Guangzhou, and makes a deep and comprehensive research and analysis to the current situations and unsolved problems of social service management in Guangzhou, and forms the basic idea of innovation of social service management and corresponded measures and suggestions. It's major contents and features reflect on：first, summarization of the four transformations of social service management that must be realized; second, dissection on the four problems existed in the social service management of Guangzhou; third, proposition of detailed countermeasures and suggestions which set a firm basis for the policy document on innovation of social management in Guangzhou.

Key Words：Social Service Management；Innovation；Scientific Level

B.3
广州市老城区社会服务管理创新研究

张雅丽

摘　要：

　　作为典型中心老城区的越秀，社会管理改革的创新的要求高、工作压力大。越秀区勇挑重担，在社会服务管理改革创新方面先行先试，通过明晰发展思路，完善社区服务管理基础设施，发展壮大社区管理服务队伍，推进政府购买服务，增强社区自治功能，推动家庭综合服务发展等方面花大力气，取得了一定的成效。同时，越秀区在试点的过程中不断发现问题和困难，针对资源优化配置、强化社区治理机制、推动人才队伍建设、丰富社区服务内涵、完善公共服务体系等问题提出了新的见解并作出了相关探索。

关键词：

　　社会服务管理　政府职能　社区自治　新型城市化

当前，广州正处于加快转变经济发展方式和加快推进社会建设改革创新的关键时期，尤其是作为典型中心老城区的越秀区，社会管理改革的创新的要求高、工作压力大。越秀区民政局根据区委、区政府工作要求，在全局开展新型城市化发展学习调研活动，成立调研工作小组，以业务线为单位，由分管领导带领业务科室开展考察、座谈、讨论、调研，认真分析近期市民政局和区政府关于民生保障、社会建设等方面的工作要求，及时反映该局各业务取得的阶段性成果、工作中发现的问题和遇到的困难以及解决对策。现将前期的调研成果和下一步工作推进计划汇报如下。

一 社会服务管理改革创新工作现状

（一）以试点街道工作经验为借鉴，明晰社会管理服务发展思路

从建立和完善社区管理服务机制出发，积极优化人力资源配置，调动街道和社区管理服务队伍的积极性与创造性。在北京街开展基层管理体制改革，对政务服务实行前台"一窗式"综合受理，后台对收到的服务需求和申请进行分类处理、审批、跟进，并根据群众的作息时间安排街道辖内所有居委会执行错班工作机制，免去群众多跑多走的麻烦，群众办事更加方便。经过一年多的试点尝试，街道整合编外人员成效显著，提高了行政资源的使用效率，较好地化解了基层社会管理"政出多门，多头管理"的弊端，社区管理体制和机制得到不断完善。在试点街道的经验基础上，区委、区政府以居民群众最关心、最直接、最现实的利益问题为重点，从完善居民自治、拓展社区服务项目、加强社区服务管理入手，经广州市批准，成为了广州市深化创新基层社会服务管理试验区，出台了《关于印发越秀区开展"广州市深化创新基层社会管理服务试验区"建设工作的通知》（越委办〔2011〕34 号），越秀区民政局积极参与拟定全区社会管理服务改革创新的"1 + 6"文件，明确了九大体系的建设，确立了以政府购买服务，满足居民群众多元化需求为重点，以社区居民自治为方向的社区建设发展思路，下一步改革发展得到方向性指引。

（二）以"五个一"工程建设为重点，完善社区服务管理基础设施

认真贯彻落实市委、市政府关于建设"五个一"工程的工作部署，结合区情特点，积极推进"五个一"工程建设工作。目前，越秀区已建成 22 个街道家庭综合服务中心，与社区居委会互为补充，整合社区文化站、星光老年之家、康园工疗站等社区服务场地资源，采取政府购买服务的模式，运用社会工作手法，覆盖所有社区开展家庭服务、老人服务、青少年服务等社区服务工作。在全区设立公共服务站 267 个、星光老年之家 180 家、综治信访维稳工作站 277 个、文体活动室 211 个、健康计生服务室 204 个、小广场或小公园 181

个达 20 多万平方米，取得了阶段性成效，既极大地改善了越秀区社区服务的基础条件，进一步完善和强化社区服务功能，也为越秀区进一步深化基层管理服务体制机制创新奠定了硬件基础。

（三）以社工人才队伍建设为抓手，壮大社区管理服务队伍

一是抓好相关部门领导和试点人员的培育。积极组织相关部门领导和试点工作人员分批开展专题培训，加强越秀区社会工作的宣传和普及，让社会工作的概念和在现代社会管理服务中的好处深入人心，从而为进一步推动社会管理体制改革开启了头脑风暴。二是抓好社区专职人员培育。根据目前社会管理服务的改革形式，研究修订《越秀区专职社区工作者管理办法》，规范专职社工的管理；促进越秀区专职社工向专业社工转变，早在 2008 年，就已全面落实社会工作者职业资格考试的考前免费培训和经费资助，优先聘用社会工作人才加入社区专职人员队伍，促进社区服务的专业化发展。三是抓好专业社会工作人员培育。研究和制定了《越秀区关于推进社会工作人才队伍建设的试点工作方案》等系列指导性文件，推进社会工作岗位的开发和设置，为社会工作人才队伍建设提供载体。依托建立的区社会工作人才"孵化基地"，按照"服务与培养相结合""短期与长期相结合""政府与社会共同合作"的工作原则，培育和储备了一定数量的社会工作人才。

（四）以推进政府购买服务为切入点，促进政府职能转变

制定了《关于开展政府购买公共服务试点工作的意见》，在区一级社区服务中心设立政府购买服务工作部，作为项目发包主体，建立起"政府承担、定项委托、合同管理、评估兑现"的政府购买公共服务机制。通过建立工作部、购买方（政府）、服务方（中标的社会组织）三方协调机制，及时解决政府购买服务项目推进过程中遇到的各种困难。制定出台相关政策，加强政策扶持，放宽准入门槛，培育公益性、服务性的社会组织，鼓励这些社会组织开展居民需要的各类社会服务。截至 5 月底，我区有社会组织 365 个，其中社会团体 80 个，民办非企业单位 285 个。实行备案管理的社区社会组织有 14 个。全区社会组织从业人员 4767 人。在全市率先建立社会组织联络员制度，逐步形

成政府与社会组织间良性互动的长效机制。通过大力开展政府购买服务，政府和社会组织在管理服务中的分工更加明晰，共同管理社会事务的机制已初步形成。

（五）以家庭服务中心建设为推动力，提高居民生活幸福感

将家庭综合服务中心建设作为 2012 年度十大民生实事之一来抓。根据建设方案，市区共投入 4400 万元，在每条街道建设不少于 1000 平方米的家庭综合服务中心，并拟定了《越秀区街道家庭综合服务中心相关服务指标参照标准》《越秀区关于加快街道家庭中心建设的实施意见》等指导性文件，明确了服务指标，先后召开了六次工作推进会，稳步推进街道家庭中心建设工作。同时，各街道立足街情详细调查研究，拟定了《服务需求调研报告》和《运营计划书》，整合和调动各项服务资源，归类出适宜由社会组织承接的公共服务项目，通过招、投标的形式，委托有资质的社会组织、社工机构，为社区居民提供社会福利、社会公益、家庭成长、老年人服务、青少年服务、社区矛盾调处、义工服务等服务，提升社区自治能力，进一步推动了社区的和谐发展。目前越秀区已有 21 条街道已完成家庭服务中心的建设，剩下的光塔街，已经进入了招投标工作的公示阶段，待招投标完成后可完成签约，进驻社区开展服务。

（六）以建立社区公共服务站为突破口，增强社区自治功能

积极理顺社区居委会"社区党建、政务协助、居民自治"三大职能，在原来"两委一站"的基础上，开展社区公共服务站建设的探索，社区党组织、社区居委会、社区公共服务站的负责人实行交叉任职，形成"三位一体"分工不分家的社区自治管理新格局，使政府管理职能与基层群众自治在社区实现有效衔接和良性互动。一是全面梳理社区居委会工作。全面梳理出 136 项工作任务，将其划分为"政务协助、居民自治、可转介服务"三大类型，34 项归位街道各中心，11 项转介社会工作机构承接。二是对社区原有人员进行分工。部分归口社区工作站，与城管综合执法队、政务中心对接；部分归口社区自治，设立居民自治工作专职岗位，开展社区自治工作。三是厘清社区自治管理

的具体项目，建立社区居民片长、楼长的自治管理队伍架构，完善社区居委会居民自治制度化、规范化、程序化建设。

二　工作中存在的问题和下一步工作思路

民政是社会建设改革创新的前沿阵地，我们在新型城市化发展的道路上勇于探索和实践，取得一定成效，同时也遇到不少困难和阻力。

（1）越秀区地处中心老城区，低保低收入、边缘困难群众、老年人、涉军群体等各类服务对象多。以此相对的是区财政相对紧张，各类投入尚未能满足发展创新的需求。

（2）改革创新仍需进一步深化，为民服务的方式方法仍有完善和提升空间。

（3）老城地少人多，场地设施资源紧缺，社区服务管理的辐射能力有待加强。

（4）社会组织发展仍需扶持，全市社会组织普遍存在发育迟缓的问题，能够承接政府社会事务的社会组织很少，直接影响了社区服务的专业化发展。面对以上工作中的困难，下一步该局将在以下六个方面入手。

（一）加强沟通协调，争取更多的政策和资源支持

立足越秀区典型老城区的基本情况，进一步加大与市级各部门的沟通，以积极的工作态度和可行的实施方案，争取市一级投入更多的政策扶持和经费支持。积极配合全市公房置换工作，全面摸查和整理辖内空置公房资源，为社区服务场地的调整和重新分配做好准备。积极开发新的试点工作项目，争取市福彩公益金和财政专项资金的支持，全面落实好各类财政资金的使用，公开、公正地使用各类行政资源，让居民群众实实在在地享受到政府的各项惠民政策，争取上级部门更多的政策和资金倾斜。

（二）根据经济社会发展需求，优化街道社区行政资源配置

街道、社区调整是越秀区经济社会发展的一件大事，区民政局将按照有利于新型城市化建设、有利于深化社会管理服务改革创新、有利于推进幸福越秀

建设的原则，逐步完善基层行政资源的配置。下一步，越秀区民政局将从有利于提高行政效能、有利于经济社会健康发展、有利于方便群众生产生活、有利于社区服务管理的目标出发，将街道、社区行政资源的配置的相关调研工作作为当前的一项重点工作来抓，全面摸查街道、社区行政资源的配置现状，积极挖掘现行状态下存在的问题和困难，并进一步探索和研究出适合老城区经济社会发展的街道、社区设置模式。

（三）强化社区治理机制，推动创新观察项目发展

2012 年越秀区的"城市社区治理"工作被定为"全省社会创新观察项目"，越秀区民政局将充分挖掘老城区社区治理特点，逐步形成经得起实践检验的创新思路和经验。不断提高社区居委会"四自"功能，调动社区居民参与社区事务的积极性。对街道的工作对象、工作内容及社区现状进行深入调研和全面梳理，深入开展街道"一队三中心"建设，优化人员队伍，提高服务管理效能。积极探索社区组织、外来人口、驻区单位、志愿者参与社区自治的有效途径。充分利用信息化平台，提高"智慧社区"各项民政公共服务的效能，全面提升社区治理的水平。

（四）以省、市要求为蓝本，开展"幸福社区"示范点创建

组织筹备区"幸福社区"示范点建设领导小组，指导街道积极开展"幸福社区"示范点创建可行性研究，按照"基础扎实、特色鲜明、辐射带动"的原则，以"组织领导有力、社区人居环境良好、社区公共服务配套完善、社区自治体系健全"为创建标准，在越秀区群众参与度高、公共服务基础好、硬件设施完备的社区中甄选 2 ~ 3 个社区作为越秀区"幸福社区"的示范点。示范点以特色文化和特色服务为重点，进一步统筹整合资源，形成居民自治到位，社区管理完善，公共服务健全，社区治安稳定，人居环境优美，社会风尚良好，社区各项事业均衡发展的"幸福社区"。结合"幸福社区"的创建工作，全面提升"智慧社区"内涵，以实现政务服务、社区教育、居民互助、便民服务的智慧化为基础，全力配合做好基层社区服务的梳理和信息共享。

（五）丰富社区服务内涵，加大社会组织和社区服务队伍培育

加强联系沟通，牵头建立定期通报制度和联席会议制度，建立区社会组织信息网，进一步扶持一批优质的行业组织、社会团体、中介机构。完善区级"公共服务枢纽中心"建设，促进社会组织的发展。继续完善社会组织孵化平台，促进社会组织的培育、发展和规范。加强政府与社会组织之间的工作沟通协调，大力培育发展社区公益性、服务性、互助性社会组织，加强对社会组织骨干、社区能人的培育和对社会组织机构的孵化。进一步规范专职社工的管理，定期开展岗位技能和专业知识培训，为居民提供更高效、更高质的社区服务。充分发挥区级社会工作人才孵化基地的作用，结合社会组织的培育发展和政府购买社会服务的推进，积极规划和开发社会工作岗位，探索社工登记备案制度，大力推动全区社会工作人才队伍的引进、培育和储备。

（六）以让群众得到更多实惠为目标，构建完善三大公共服务体系

一是完善综合救助服务体系。进一步完善以城镇低保为基础，医疗救助为重点，临时救助、流浪乞讨人员救助和社会互助为补充的综合性社会救助体系，保障困难群体的基本生活。及时做好新低保标准和新低收入困难家庭认定标准的宣传工作，指导街道和社区做好提标前的摸查统计工作，严格对照新的救济标准，对符合新标准的困难家庭做好受理、审核工作，全面做好低保人群调标工作。

二是深化社会化养老体系。根据国家及省、市关于"社会养老服务体系建设年"的部署，全面推动养老服务的纵深发展。构建具有越秀特色，与老城区人口老龄化进程相适应的适度普惠型社会养老服务体系。

三是构筑慈善服务体系。吸纳更多热心公益事业，有能力的社会人士加入慈善会。全面推进"慈善互助年"活动的开展，开展"十大互助项目"，为困难群众提供更全面的帮扶。充分发挥区、街慈善超市的作用，组织各类型慈善义捐、义卖活动，加快社会捐赠和居民需求的对接，进一步

加大慈善文化宣传和政策优惠力度，吸引更多社会力量参与到社会互助之中。

（审稿：杨长明）

Research on Management of Social Service in the Old Districts of Guangzhou

Zhang Yali

Abstract: In the old centre district of Guangzhou, the innovation of social management in Yuexiu District requires a higher standard under heavy pressure. However, with no fear of the heavy tasks, Yuexiu District takes advanced steps on the innovation of social service management and achieved some effects by means of specifying thoughts of development, perfecting the infrastructure of community service, growing the team of community service, promoting government to purchase service, enhancing autonomy of community, improving the development of comprehensive family services. And at the same time Yuexiu District has gradually found the problems and difficulties in its management, and presented its new view and research on those corresponded issues such as optimal allocation of resources, community governance mechanism, team growing, enriching the connotation of community services, and perfecting public service system.

Key Words: Management of Social Service; Function of Government; Autonomy of Community; New-type Urbanization

B.4
广州市荔湾区社会管理改革创新研究报告

叶锦祥

摘　要：

　　广州市荔湾区积极推进社工人才队伍建设和街道"一队三中心"等社会管理改革创新，取得了一些成效，然而在推进社会管理改革创新中还存在一些问题。通过对问题的分析，为了进一步推进荔湾区社会管理改革创新，提升社会管理科学化水平，要在以下几个方面做出努力：推进社会管理理念创新；推进政府职能的转变和创新；加强行政执法体制改革试点工作；推进社会组织管理创新；推进社工人才队伍建设工作；推进社会矛盾化解工作创新；推进社会稳定风险管控工作创新；推进社会治安重点工作创新；推进虚拟社会管理创新；推进民生保障的创新。

关键词：

　　社会管理　改革　创新

在加快转型升级，走新型城市化发展道路，建设"文化荔湾、低碳荔湾、智慧荔湾、幸福荔湾"中，作为荔湾区委开展城市化发展学习、考察、调研工作的第七调研组，紧扣调研主题，通过"三大活动"：大学习，积极参加新型城市化建设、加强社会管理创新的学习和培训；大走访，既走访荔湾区街道和基层单位，又远赴宁波、无锡、南通、南京，走街串巷，深入街道、社区、单位、企业、群众中了解情况，掌握第一手资料；大座谈，召集开展各个不同项目的专题座谈，广纳专家和来自基层干部群众的建言。客观分析荔湾区在社会管理中的情况，提出推进荔湾区社会管理创新的主要对策。

一 近年来荔湾区在加强和创新社会管理上的经验探索

近年来，荔湾区以科学发展观为指导，坚持经济建设与社会建设两手抓、两手硬，在加快经济发展中加强社会建设，在惠民利民中创新社会管理，为新形势下社会管理创新工作积累了宝贵经验。2012 年 4 月区委、区政府下发的《中共广州市荔湾区委广州市荔湾区人民政府关于加强社会建设的意见》，进一步促进荔湾区社会管理工作更上一个新台阶。

1. 街道社区服务管理全面推进

全区 22 条街道完成"一队三中心"机构组建及人员整合；荔湾区荣获"全国社会工作人才队伍建设试点示范区"称号；16 条街道基本完成"一街一品牌、一社区一特色"创建工作。

2. 社会保障服务体系不断完善

城镇登记失业人员就业率达 71.81%，创建市、区级创业基地 30 个，成功申报创业项目 10 个。为全区低保、低收入困难家庭发放救济金、临时物价补贴及各类医疗救助 7093 万元。实施区内特困群体帮扶和党内关爱扶助，完成计划目标的 105%。

3. 社会事业全面进步

区财政支出投入民生领域资金达 41.73 亿元，新增 6.74 亿元，增长 19.3%。顺利通过义务教育规范化学校终期督导验收，高考再创佳绩；顺利完成基层医疗卫生机构综合改革；荔湾区代表团蝉联市运会团体总分第一名；荣获"第六次全国人口普查先进集体"和"全国老龄系统先进单位"等称号。

4. 平安和谐荔湾建设扎实推进

大力开展"冬季百日行动""清网行动"等专项行动；坚持做好信访和人民调解工作；加大对"三无"刑释解教人员和社区服刑人员帮扶力度；全面开展"三小"场所和出租屋等消防安全隐患大整治；荔湾区连续六次荣获"广东省双拥模范区"、连续七次荣获"广州市双拥标兵区"荣誉称号。

5. 政府自身建设成效明显

加快推进以简政强区为主要内容的事权改革，承接事权下放 57 项，在全

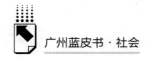

市率先开展行政执法体制改革试点。启动 300 多个事业单位分类改革工作。区政务服务中心"一站式"办事大厅建成并投入使用，政务服务满意度居全市第一。

二 荔湾区社会管理存在的问题

尽管荔湾区社会管理工作取得了一定成效，但与新形势的要求相比，还存在一些亟待解决的问题，需要在今后工作中加以认真重视和解决。

（一）社会管理模式与形势发展不适应

目前，荔湾区基层的社会管理模式依然与广州甚至国内其他城市一样的，就是"街居制"管理模式。在这种管理模式下，街道办事处作为城市基层政府派出机构，往往把主要精力放在抓经济、搞创收上，将大量社会管理任务交给居委会，客观上滋生了"衙门化"倾向，对社会管理"有力无心"；居委会作为群主自治组织，每年承担政府职能部门下达的工作任务多达 200 余项，"行政化"色彩严重，加之工作人员年龄结构老化、整体素质不高、工作经费匮乏、办公条件简陋等原因，对社会管理"有心无力"。所以，这种社会管理模式与荔湾区开展新型城市化发展道路，落实广州市"西联"战略任务，致力打造具有资源配置、经济辐射、城市布局、社会事业辐射等多功能的"广佛之心"的发展形势是不相适应的。

（二）需求多元化与社会服务管理水平不协调

2005 年荔湾区与原芳村区合并以来，典型的旧城区与"城中村"结合，加之近年来随着市场经济的发展，在城区拆建过程中，出现了大量商品房辖区，原国有企业社区也逐渐被"蚕食"，大量的异地务工人员聚居在"城中村"，旧城区在拆建中变得日渐零落。在这种大环境下，同一个社区就会出现高楼大厦与低矮平房并存，当地居民与异地务工人员杂居情况，而居住在同一个社区的人员由于受到种种因素影响，他们的需求是多元化的或者是相差甚远的。社区民众需求的多元化给开展社会管理工作带来了很大难度，而且以目前社会管理服务对象以当地居民为主的情况下，这种情况有可能还有延续下去或者暂时难以解决。

（三）群体意识增长与意见表达机制不协调

社会在不断发展，新兴社会阶层和利益群体逐渐形成群体意识，不同利益群体之间的冲突不可避免，冲突一旦发生，街道办事处和社区以及有关职能部门马上被推倒风口浪尖，但现行体制下，很多问题他们是处理不了或者是无权处理的，但往往一些小问题处理不当，就会引发社会的不稳定。像城市管理部门与小贩的关系、当地居民与外来务工人员的关系、业主与物业管理公司的关系以及一些特殊的经济联社与外嫁女的关系，等等，从目前荔湾区的情况来看，这些问题还将在一段时间内影响着全区的社会稳定，这也反映出荔湾区的意见表达或利益诉求的渠道不够畅通。

（四）社会组织发展与监管机制落后不协调

目前，荔湾区社会组织有 500 多家。社会组织的迅猛发展，给负责监管的职能部门——区民政局带来了巨大的压力。区民政局负责管理社会组织的部门是社会组织管理科，存在无经费、无人员、无办公场所的"三无"情况，它只是加挂在社会事务管理科，也就是说，社会事务管理科要兼职完成每年 500 多家社会组织的逐一上门年检工作。这种情形对荔湾区的社会组织的发展十分不利。

（五）政府职能转变有待进一步加强

多年来，政府职能转变一直是个热门话题，但现在仍然没有很好地实现转变，很多地方包括荔湾区，仍然存在"大政府、小社会"的现象：一方面事无巨细政府都要管，这就造成了群众有什么不满意都要找政府、怪政府，而政府往往又力不从心，在实际工作中事情太多又管不过来；另一方面，政府的大包大揽推行的一些措施和政策，出发点是好的，但有时缺乏事先的调研和征询意见，群众未必领情，往往出现吃力不讨好的情况。所以，我们政府是要"点菜"给群众吃，还是让群众自己"点菜"将会是政府职能转变过程中值得好好研究的问题。

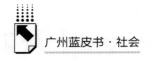

三 推进荔湾区社会管理创新的主要对策

（一）推进社会管理理念创新

在工业化、信息化、城市化、市场化、国际化的大背景下，加强社会建设，创新社会管理，创新理念是前提。必须把以人为本、服务为先，寓管理于服务之中，努力实现管理与服务的有机统一。作为社会管理的核心，把服务优先作为贯穿社会管理的红线，把社会建设特别是民生工程作为社会管理的根本，把强化基层基础作为社会管理的突出内容，把资源整合作为社会管理的有效办法，把信息化建设作为社会管理的有力支撑，把项目化推动作为社会管理的重要手段，把人民群众满意作为社会管理的目标追求。

（二）推进政府职能的转变和创新

学习与借鉴南京、南通、无锡、宁波、深圳和佛山市顺德区等地的行政管理体制改革经验，转变政府职能，不断探索进行行政审批制度改革、社会体制综合改革、城市综合执法改革；努力打造社区扁平化管理网格化服务和智慧信息化平台建设；进一步完善和健全"一队三中心"的机制。厘清公益服务、咨询统计、技术评定、考核评价等四项需转移的政府职能，厘清公共事业、企业服务、社区服务、专业技术、人力资源和社会保障服务、政府信息化、机关后勤化7类需购买的社会服务，然后再进一步细化若干项目，组建包括专家、政府各职能部门领导和社会组织组成的第三方评审小组进行审查，以公开招投标的方式购买社会服务。转变政府职能，做好"减法"，将政府不该管、管不好的，通过社会组织和社会自律、自治、自担风险等形式实现管理的事项，构建小政府、大社会和好社会。

（三）加强行政执法体制改革试点工作

根据市编委《印发〈关于荔湾区行政执法体制改革试点工作的指导意见〉的通知》文件精神，荔湾区被省、市定为进行行政执法体制改革试点区。为完成试点工作任务，有效整合荔湾区涉及改革的 12 个专项行政执法机构，拟组建荔湾区综合行政执法局（以下简称大执法局），制定了《荔湾区行政执法体制改革试点工作方案》。目前，大执法局的筹备工作在有条不紊地进行，区编办已经向市编办报送了《关于组建荔湾区综合行政执法局的请示》，一旦市编办批复后，大执法局的组建工作就可以启动。

（四）推进社区服务管理创新

1. 推进社区网格化建设

2012 年，荔湾区 22 条街道全面推行社区网格化服管理务。根据本街的人口、地理结构和街道、派出所、社区工作人员的实际情况，把社区划分为若干责任网格，将人、地、物、情、事、组织全部纳入网格进行管理。整合街道社区工作人员和各种协管员力量，沉下网格中，作为网格管理服务人员，实行"多网合一，一网多格；一格多员，全员参与；同格同责，同奖同罚"；以社区党建推动社区网格化建设，实现社区管理的扁平化、精细化、高效化和社区服务的全覆盖、全天候、零距离。在总结经验的基础上，拟建立社区网格化的智慧服务管理信息化平台，从而使服务、管理、执法形成一体化。

2. 推进社区组织化建设

健全完善以社区党组织为核心，社区居委为主体，社区服务工作站为中坚力量，社区群团组织、社区志愿组织、社区便民商业组织以及其他组织为配套的社区组织体系。切实增强社区居委组织居民开展自治、协助社会管理、提供公共服务的能力。提高社区党组织书记和社区居委主任"一肩挑"和"两委"成员交叉任职的比例。创新发展社区社会组织，鼓励社区居民组建红白事理事会、和谐共建理事会、合唱团、舞蹈队等，政府通过购买服务、以奖代拨、提供经费补贴等形式给予扶持，推动政府主导与公众参与的有效衔接和良性互动。

3. 推进社区信息化建设

按照科学规划、统筹安排、分步推进的要求，推进社区管理信息化、公共服务信息化、商业服务信息化，力争建立覆盖全区的社区信息综合服务网络。建立社区人口、辖区单位基础数据库，提供与公安、计生、社保等部门专项数据库的数据，力求共享接口，实现数据统一管理、动态更新。建立社区信息化管理平台，加强信息管理软件建设，推动社区事务工作的标准化、规范化、流程化。建立社区信息化服务平台，将法律援助、家政服务、文化教育、医疗服务、公共事业消费等内容纳入其中，形成信息与物流的有效互动。推进智能化住宅小区（楼宇、家庭）建设。

4. 推进社区服务化建设

深化街道、社区服务管理改革创新工作，构建新型街道、社区服务管理体系。抓好"一街一品牌、一社区一特色"创建工作。逐步推广"一居一站"试点建设工作经验，以社区"议事"形式，促进社区居委会自治功能的发挥。

（五）推进社会组织管理创新

1. 推动社会组织健康有序发展

坚持积极引导与依法管理并举，建立健全统一登记、各司其职、协调配合、分级负责、依法监管的社会组织管理体制。加快去行政化进程，逐步将社会组织业务主管单位调整为业务指导单位。积极培育、发展社会组织，特别是公益性、慈善性的社会组织，通过行业协会、商会、慈善会、文化活动联谊交流性质群团组织，推进社会组织的发展和壮大。建立社会组织负责人管理、资金管理、年度检查、重大活动报告、信息披露、诚信奖励、查处退出等制度，完善内部治理结构，健全诚信自律机制。同时，工、青、妇、残、科技等部门和街道要在社会组织的培育、发展、管理上，提供必要的组织、场地等方面的支持。

2. 发挥社会组织积极作用

推进政社分开、管办分离，鼓励各种社会组织参与公共服务。围绕城乡居民基本生活服务需求，引导社会组织提供多层次、多样化社会公益服务。推行政府向社会组织购买公益服务项目，支持社会组织为居民提供养老助残、慈善帮困、就业援助、教育培训、科技文体和法律咨询等服务。构建枢纽型社会组织工作体系，强化工、青、妇等群团组织的社会服务功能，培育、发展类似香港社工局和保良局性质的社会组织和慈善机构并充分发挥其作用，团结、联系、吸纳更多各类社会组织参与社会建设。

3. 完善社会志愿服务体系

弘扬志愿精神，激发公众参与志愿服务热情，推动志愿服务事业发展。开展志愿服务研究与培训，开辟志愿服务新领域。推行"社工＋志愿者"模式，培育发展社区志愿者组织，建立联动发展机制，推动大型赛会志愿服务成果转化，促进志愿服务事业发展常态化、制度化。

（六）推进社工人才队伍建设工作

1. 进一步加强社会工作人才队伍建设

着力完善社会工作岗位设置和社会工作人才配置机制，加强对社会工作专业人才的培养、使用和管理，力争到2015年，全区实现每万人中有5名社工，初步形成适应社会管理服务需要与社会事业发展相协调的初级、中级、高级社会工作人才梯次结构和面向各类有需要的人群提供专业服务的社会工作人才分布格局。着重在创新民政、司法及工青妇残等领域开发设置岗位，实行社会工作岗位资格聘任制度，力争到2015年，上述领域公益服务性事业单位社会工作岗位设置比例达到岗位总量的20%，全区公益服务性社会组织社会工作岗位设置比例达到岗位总量的25%。

2. 建立健全社会工作常态化宣传体系

建立社会工作宣传的长效机制，例如，每年举办一次为期一周的社工节，积极搭建展示社工助人自助理念和风采的平台。引导社会公众、激发社工共同参与社会工作，不断提高公众对社会工作的知晓度和认同感。

3. 加强对社工组织承办政府购买项目的跟踪、指导和规范管理

重点是对政府购买服务项目的考察、评估，督促社会组织必须按政府所规定的服务对象、服务标准、服务项目开展服务工作。政府对社工服务机构进行考核评估，并根据项目开展的情况和考核评估的结果划拨经费。

4. 加强政府与社会组织的合作，充分发挥社区居委会的作用

居委会工作与社工机构工作有相似也有不同，相比于社工机构而言，有着深入了解社区居民尤其是弱势群体、边缘群体的实际状况和需求的特点。加强居社合作，可以在信息方面互相交流，在管理方面取长补短，在硬件设施上互相调剂，帮助社工机构顺利开展社区服务工作，了解社区民情。与此同时，社

工机构通过专业化管理和服务，使居委会干部从大量繁杂的事务中脱离出来，使居委会干部真正成为政府服务群众的桥梁，居委会的自治能力大大提升。从而，使居委会与社工机构相融、相协、相补。

（七）推进社会矛盾化解工作创新

1. 完善社会矛盾化解组织体系

构建党委、政府统一领导，综治部门组织协调，人民调解、行政调解、司法调解、仲裁调解既各自发挥作用又相互衔接配合的社会矛盾化解组织体系。借鉴南通市大调解机制的成功经验，不断完善社区、街道、区三级大调解工作平台和大调解机制。

2. 健全多层次、多元化社会矛盾化解机制

加强人民调解，发展壮大人民调解组织，在企业改制、征地拆迁、劳动争议、教育医疗、环境保护、安全生产、食品药品安全、知识产权、交通事故等领域，建立行业性、专业性调解组织。加强司法调解，把调解优先原则贯穿于执法办案中，探索建立全程、全员调解，建立"援调对接""检调对接""公调对接"机制。加强行政调解，探索在公安、人社、卫生、国土、工商、民政、建设等部门建立行政调解机构，配备专兼职人员。加强仲裁调解，指导仲裁机构建立完善仲裁调解工作机制和制度，发展仲裁调解队伍。

（八）推进社会稳定风险管控工作创新

1. 进一步建立健全群众利益诉求表达机制

一是继续深化推进区委、区政府领导干部挂点街道、社区、企业单位联系群众工作制度，领导干部带头深入基层调查研究，及时了解掌握社情民意，第一时间为基层群众、一线企业单位解决实际困难问题。二是建立政府与社会的民意沟通机制，切实加强领导干部开门接访、带案下访、上门走访、重点约访等制度，坚持信访制度，变上访为下听、下询、下调；畅通不同阶层、不同群体的利益诉求渠道，让社情民意及时进入政府决策视线，及时解决群众合理诉求。三是进一步健全完善人大代表联系选民、政协委员联系群众工作制度，定期主动走访群众，主动当好群众的知心人和代言人。四是进一步拓宽社情民意

表达渠道，继续推动在社区居委设置群众意见箱、公布群众诉求热线电话等群众诉求表达意见平台建设，鼓励街道、社区开设服务型网站，积极利用博客、微博、网上社区等渠道，加强在线交流和沟通协商，把"面对面"和"键对键"有机结合，通过微博、QQ 群等方式畅通群众意见表达渠道，让辖区居民群众足不出户反映利益诉求，足不出户解决困难和问题。

2. 进一步完善重大决策社会风险评估机制

坚持把重大事项社会稳定风险评估作为出台重大决策的前置程序和必备条件，建立"党委统一领导、政府组织实施、职能部门具体负责、维稳机构指导检查"的评估工作组织指导体制和运行机制，要逐步扩大评估范围，要建立健全重大决策听证、公示以及责任追究等制度，切实提高评估和科学决策能力。同时，对评估中掌握可能激发矛盾，可能引起集体上访、群体性事件的苗头隐患，研究解决办法、寻求破解对策，不能使问题扩大，矛盾升级，防止因决策失误或建设项目仓促上马引发社会不稳定问题。

3. 进一步完善矛盾纠纷排查、预警、调处机制

一是继续推进"四个重点"大排查、大评估工作机制。充分发挥"领导包案制""信访代理制"和党代表、人大代表、机关干部参与信访接待等机制，充分运用人民调解和公职律师参与法律援助等手段，把社会矛盾纠纷化解在基层，消除在萌芽状态。二是依托基层党组织，充分发挥社会组织特别是各类行业协会的优势，引导、督促其建立专业调解组织或咨询机构，积极参与各类社会矛盾纠纷的排查化解工作，充分发挥相互联动的"大调解"工作机制，及时解决影响较大的突出问题，化解久拖难决的突出矛盾。三是根据荔湾区各类矛盾纠纷多发的特点，从区层面上，整合区维稳、公安、调处、劳动、建设、卫生、城管、水务农业等部门资源力量，建立健全专门处置化解企业改制问题、征地拆迁纠纷、劳资纠纷、医患纠纷、经济联社村民利益问题、涉法涉诉案件等行业性、专业性调解小分队，第一时间妥善化解各类浮于面上的矛盾纠纷。四是研究建立公职律师与荔湾区矛盾纠纷较突出的经济联社结对服务办法，在为联社村民提供法律咨询、维护合法权益等方面发挥其积极作用。此外，还要不断总结荔湾区诉前联调工作经验，进一步完善诉前联调机制，努力实现矛盾纠纷诉前解决。

4. 进一步完善群体性事件应急处置工作机制

一是要不断完善地区应急处置总体预案。进一步完善《荔湾区处置群体性事件和大规模暴力犯罪事件应急处置工作预案》，结合各时期群体性事件的发展趋向，不定期组织应急成员单位，开展不同群体、不同时间和地点、不同"维权"方式的实战演练，及时总结经验、查漏补缺，进一步优化工作预案，切实增强针对性、实用性和科学性，切实提高处置群体性事件的组织指挥、协同作战、快速反应能力。二是不断完善事前信息预报预警机制，深入推进千人维稳信息员队伍组建工作，健全相关配套工作制度，进一步拓宽信息员网络建设和收集渠道，切实提高内幕性、行动性、倾向性等情报信息的收集量、研判量、预警量，实现全区重大群体性事件预报预警率达100%。三是不断创新应急处置工作机制。深入推进处置非法聚集活动、企业改制历史遗留问题、劳资纠纷、征（收）地拆迁纠纷、环保和城市管理不稳定问题、综合执法纠纷、医患纠纷、经济联社不稳定问题、少数军队退役人员不稳定问题、少数民族纠纷、外籍人员群体性纠纷、媒体网络群体性事件等十二个专项维稳工作组的组建工作，健全细化专项重大不稳定问题处置工作方案，进一步整合全区资源力量，全面构建党委政府统一领导、政法维稳部门组织协调、职能部门各负其责、社会各界共同参与的应急处置工作格局。

（九）推进社会治安重点工作创新

1. 建立数字化社会治安防控体系

以基层党政机关、企事业单位和群众自治组织为依靠，以公安机关为主力，以信息化建设为抓手，从2012年底开始，利用两年时间，建设专群结合、点线面结合、现实社会和虚拟社会结合、人防物防技防结合、打防管控结合的立体化、数字化的社会治安防控体系。其中，各类人口信息管理系统、行业场所管理系统、危爆物品管理系统、视频监控系统、警用地理信息系统等全部建成并应用于实战。

2. 提升综治信访维稳平台效能

继续推进企事业单位综治信访维稳工作室建设，不断拓展平台建设范畴；完善综治信访维稳平台运行长效机制；进一步发挥"六联"机制作用，努力实现"六提高六减少"工作目标。推进诉前联调工作，完善诉前联调工作联席会议制度等各项制度，既坚持"法院为主"，又落实"多方参与"，明确联调责任，形成工作合力，努力将矛盾纠纷化解在基层、解决在诉前。

3. 加强流动人口的服务管理

一是按照"重心下沉，工作前移"的思路，整合资源，在流动人员工作生活较集中的区域建设服务站，并不断完善服务站功能。二是建立异地务工人员之家或服务中心，为异地务工人员免费提供阅读、文化娱乐、锻炼等活动，组织消防安全、劳动就业等法律法规咨询及健康诊疗。三是推进社区化、社会化、事务化服务。按"管控少数，服务多数"的原则，对多数遵纪守法的异地务工人员，要纳入社区服务范畴，对列入重点管控的异地务工人员，落实针对性防范管理措施。四是不断完善针对异地务工人员的激励政策，将异地务工人员中的优秀人才引入荔湾，留在荔湾。

（十）推进虚拟社会管理创新

社会服务管理要与时俱进，要借用网络媒体架设与广大民众沟通的平台，运用舆论监督推动现代社会的民主、依法、科学有效的管理。建立宣传部牵头，政法、维稳、综治及有关部门参加的联席会议制度，加强网上舆情动态信息收集，着力提高网上发现、控制、处置社会矛盾的能力，同时培养一批能向民众解读行业管理政策、具备公信力和感染力的体制内"意见领袖"，加强对社情民意的收集和研判。

（十一）推进民生保障的创新

满足基本民生，保障底线民生，下大力气解决热点民生，促使民生资金花好用好，促进民生项目选好办好，进一步加大民生保障的投入力度，着重在积极扩大就业、健全社会保障体系，完善社区便民服务，提高社会救助水平、教育均衡化水平、医疗保障水平，推进安置房建设，改善出行、居住环境，开展助残民生工程、文体惠民工程等方面探索创新民生保障的新机制。

Research Report on Innovation and Reform of Social Management of Liwan District of Guangzhou

Ye Jinxiang

Abstract: Some progress has made on promoting social service team building and street "one team, three centers" social management reform in Liwan District of Guangzhou, while some problems still exist in the innovation and reform. After an analysis to all these problems and in order to further promote the innovation in Liwan District, some efforts should be made including innovation of social management in the district, reforming governmental function, reinforcement of pilot projects of administrative system reform, innovation of social organization management, social service team building, innovation the work of social conflicts resolution, innovation the management of social stability, innovation of social security, innovation of virtual society, and innovation of welfare maintance.

Key Words: Social Management; Reform; Innovation

B.5
广州市越秀区以社会管理创新
助推产业转型升级

——以人民街为例

叶文辉

摘　要：

　　广州市越秀区人民街深刻认识到产业要素日益低端化，人居环境恶化给城市发展带来的束缚，进一步明确转型升级中的任务和责任，在政策和规划制定过程中积极妥善协调各方利益冲突和矛盾，围绕改善民生福利推动产业转型升级，不断凸显街区金融、文化、商旅特色，大力培育和发展各类型社会组织，逐步形成政府、企业、居民共同参与的城市发展格局。

关键词：

　　产业转型　社会管理　社会服务　升级改造

　　新型城市化发展道路要求积极应对经济粗放增长、社会矛盾凸显的危机，努力实现"率先转型升级、建设幸福广州"的目标。越秀区委、区政府为此提出了要走"精明增长"之路，强调中心城区要充分发挥文化、科技优势和强化综合服务功能，在有限空间里用智慧来增长。人民街地处越秀传统产业集聚的老城区，要实现"精明增长"，须充分依托越秀探索新型城市化道路的契机，将产业转型升级、城区更新改造、历史文化保护、改善社会民生有机结合，围绕社会管理"五个创新"，助推产业转型升级。

　　人民街位于越秀西南片区，为珠江北岸东西长、南北短的狭长街道，面积近1.02平方公里。辖区内商业气氛浓厚，人流密集，有26个传统专业批发市场，各类娱乐场所 53 个，截至 2012 年 5 月，登记在册出租屋 2465 栋、9280 套（其中住宅 4404 套、非住宅 4876 套），流动人员 12037 人。存在批发市场多、娱乐场所多、出租屋多的特点，商业布局从马路一直延伸到内街巷。该街也是一条文化底蕴十分丰厚的街道，全街共有市级以上文物保护单位 9 项，文化资源种类丰富：有广州的外滩长堤，历史悠久的天字码头，孙中山先生创办的中国第一家中央银行，有中国现存最完整、最大的天主教教堂——石室圣心堂；有爱群大厦、海珠大戏院等近现代优秀建筑；还有升起了广州解放第一面红旗的东亚酒店，广州解放纪念石像等。与此同时，也有着低保人群、老年人、残疾人、空挂户多的特点，低保户、低收入户数在全区排在第二（共有428 户），在改善民生方面的需求十分迫切。

一　产业低端化带来的问题分析

1. 传统发展模式带来的环境代价和管理成本巨大

长期以来，由于沿袭传统的商业模式，且未经系统的规划改造，导致人民街地区产业要素日益低端化，人居环境恶化，社区群众的幸福感、归属感不强；专业市场、娱乐场所、出租屋密集，住改仓、商住混合现象较为普遍，消防隐患严重；专业市场传统的"三现"交易模式，配套设施的先天不足，给周边交通、物流带来巨大压力；专业市场的繁荣带来大量外来人口，社区老龄化与空心化并存；此外，旧城改造、劳资、医患纠纷、暴力抗法、治安复杂等问题较为突出，社会管理压力大、成本高。

2. 低端产业无序聚集阻碍了文化引领功能的发挥

人民街地区作为老广州的外滩，地处拥有众多优质历史文化资源的珠江北岸，但由于低端产业的混乱聚集，造成该地区基础设施不堪重负、交通拥挤、治安混乱，片区原有的历史、文化、区位特色正日益淡化。文化引领是越秀区实现"精明增长"的重要战略，人民地区具有文化底蕴浓厚、文化要素聚集的优势，本应成为文化引领的高地，却成为低端发展的洼地。只有加快产业转型，才能实现区委区政府提出的"复兴具有岭南特色历史文化街区"的发展要求，才能突出该地区独有的历史文化和商业文化优势，把握契机，重塑街区文化形象。

3. 产业低端化造成高端产业要素的"挤出效应"

产业的低端密集发展，不仅挤占了原有的发展空间，而且逐渐形成低端化的发展环境。其主要特点是交通拥挤、发展层次不高，生活、生态环境不好，配套设施和服务低档化发展。低端的发展环境难以吸纳高端要素，也无法为高端企业提供足够的生长空间。同时，高端要素的产业化，还需要广阔的产业腹地和产业链延伸空间。而在现有发展环境下，高端、新兴产业的聚集性、根植性不足，难以实现新兴产业、技术、人才与地区原有产业基础的有机融合。传统产业停滞不前、新兴产业发展受限，地区产业品牌、产业价值无法得到提升和发展。

二 产业转型升级滞后的原因分析

1. 观念原因

近年来，在经济社会快速发展过程中，社会组织的形态和社会阶层结构发生了重大变化，不同社会阶层之间的利益摩擦和冲突增多，经济建设与社会建设不均衡发展的问题凸显。这些问题在人民街也表现突出，由于经济发展与社会发展之间内在联系认识不足，未能主动适应经济社会的发展要求，更新社会管理服务理念，导致社会管理和服务滞后于产业发展的要求；传统产业以其自发的形式聚集发展，产业链长、利益多元，但在社会服务管理上，对于不同利益诉求间的矛盾协调不足；对于迅速成长起来的以非公有制为代表的新生社会组织，在服务的理念、方法等方面仍有欠缺；社会服务型组织培育不足，社会力量的开发利用不够，等等。此外对于产业缺乏有效引导和调控，产业转型的滞后也加剧了社会服务管理的压力，经济发展与社会管理未形成良性循环。

2. 规划原因

人民街辖区内的专业市场基本上是几十年前自发形成的，大多是利用原有的厂房、仓库、闲置工地甚至民居开设的，缺乏统一的发展布局规划，停车场、仓储、装卸货区、绿化空间等必要设施严重不足；专业市场在发展过程中，多采用摊位制的经营模式和传统的交易方式，自发向周边衍生，见缝插针，成行成市，管理粗放，经营模式单一，造成了在狭小的地域空间里聚集发展的现状；在推动产业转型中，由于功能定位摇摆不定，对专业市场去留问题争论不休，对地区发展缺乏整体的统筹、引导和协调，传统专业市场至今仍未摆脱低水平、低档次的经营定位，难以适应现代城市发展的需求。

3. 时机原因

人民街地区的产业转型颇受关注，但是转型之路并不顺畅，其中重要的一个原因是没有遇到好的时机。由于未经过系统的城区改造，随着传统产业的积聚增长，资源承载有限、环境容量不足、交通拥挤等问题日益突出，而这些问题仅仅依靠阶段性的整治很难得到破解，专业市场转型面临的瓶颈无法得到突破。因此，虽然有好的愿景，未有重点项目的落地、产业转型主题的注入、城市规划的配套支持，产业转型很难有突破性的进展，而广州民间金融街的落户，为人民街的产业转型创造了契机。

4. 利益原因

围绕产业转型升级的命题，近年来区、街多次组织有关部门、行业商会进行研讨，然而，所提出的方案设想很难得到实施。除了上述所说的因素外，还在于原有复杂的利益格局带来的诸多阻力。深厚的历史积淀和强大的市场力量形成了传统批发商贸业的聚集，由于配套利益保障机制和倒逼机制的缺乏，商家主动转型的动力不足，如果强行搬迁，既不符合市场规律，还容易引发社会矛盾和维稳风险。因此，产业转型要把握时机，协调好各利益主体间的矛盾，探讨共赢的合作机制，破除不合理的既得利益格局。按照市场规律和人居生活的需求，将新产业功能逐步置换现有商贸仓储功能，将城市更新与社会经济发展、社区历史文化保护等融为一体，实现商业业态水平与社会管理能力的整体提升，让企业、居民的满意度、幸福感得到增强。

三 以社会管理创新助推产业转型升级的思路

1. 突出"发展观念"创新，明确转型升级中的任务和责任

人民街的传统产业发展模式已经造成了沉重的环境负担和社会成本，需要以社会服务管理创新突破机制和环境制约，走新型城市化之路，提升居民生活幸福感。首先，要充分认识产业转型升级与社会管理的互动关系。一方面，产业转型升级是新型城市化的核心动力，为社会发展，尤其是为社会服务、社会福利、社会保障提供经济支撑；另一方面，社会管理通过提供各种基本社会公共服务，为市场竞争中的弱势人群提供保障，能有效解决市场失灵。社会管理创新本质是以人为中心，有助于减少利益冲突，化解社会对立情绪，增强社会凝聚力，为产业的转型升级营造良好的发展环境。因此，产业转型升级与社会服务管理是互为支撑的，不能将两者相割裂来看待，要走出传统重经济、轻社会或者将两者断然分开甚至对立的思想误区。其次，要明晰产业转型中的政府角色。在产业转型中，要充分尊重市场规律，发挥市场"无形之手"的基础性作用，政府既要解决市场失灵，又不能代替企业成为市场主体，既不能"越位"，也不能"缺位"，必须强化政府的社会管理功能和公共服务功能，通过发挥引导、规范、营造、监督的职能，促进产业健康发展。政府在推动产业转型中的主要职责在于营造良好的软硬环境，包括合理的城市空间规划、配套基础设施建设、优质的社会服务管理、维护社会公平正义等。最后，推动产业转型要围绕改善民生福利的终极目标。产业转型升级一方面要依靠人的转型升级，人才、知识优势为产业转型升级创造条件；另一方面也要服务于人的幸福需求，推动产业转型应围绕改善社会民生的终极目标。作为人民街，社会管理必须从群众反映最强烈的交通堵塞、消防隐患、噪声扰民、治安隐患等问题入手，以提升居民幸福感为目标，调动社会各方共同参与，以社会管理助推转型升级，以产业发展保障民生福利，构建服务居民与服务企业良性互动、社会管理与产业转型比翼齐飞的发展格局。

2. 突出"发展定位"创新，凸显街区金融、文化、商旅特色

建设广州民间金融街是市委、市政府从走新型城市化发展道路、推动产业转型升级的高度进行的战略部署。首先，我们要深刻理解民间金融街建设对于人民街发展的意义。广州民间金融街落户长堤大马路，使越秀区再次站在了金融创新与产业升级的潮头，也为人民街的发展带来了新机遇。借助金融的杠杆，将加速民间资本与实体经济的融合，带动先进的资本、管理、技术、人才等资源向以中小企业为主的实体经济集聚，形成产业升级的微观基础，撬动新一轮高端产业的大发展。因此，民间金融街的建设，以主题注入的模式，为城市的更新改造和产业转型升级带来契机，有利于街区定位、城市环境、社会民生的整体提升。其次，我们要积极参与，主动配合、热情服务。结合广州民间金融街"一轴、两街、多区"的规划布局，积极配合做好空间置换、文化挖掘保护等工作，协调推动辖内8个拆迁和闲置地块的有效利用，加强配套设施建设，优化城市功能结构布局，突出地区独有的历史、文化区位优势，将文化元素融入项目建设，打造商旅文化品牌，提升综合景观。在积极推动金融产业、总部经济等价值集约型产业和人才引进，配合各级部门做好金融风险防范的同时，着重培育社区社会组织，丰富社区公共服务供给，促进会计、律师、物业、家政等服务行业以及民间金融商会的发展。最后，我们要乘势而上，助推周边专业市场的升级改造。积极配合相关部门，以金融服务为带动，加强专业市场与民间金融街的对接。一是推动"企业化＋电子商务"模式的建立。积极培育品牌企业，促进摊档经营向公司化发展，推动专业市场由流量经济向税源经济的转型，以企业化现代管理理念及信息化经营手段，将传统的"三现"经营模式，转化为电子商务模式；二是创新批发产业的交易模式。积极开展拍卖、招标、期货等现代交易方式，将连锁经营、代理、配送等新型流通形式引入批发市场，提高交易层次和效率，使专业市场向展贸中心转化。三是形成"倒逼"机制，推动特色商业街与金融服务区、岭南历史文化街区的融合。强化市场监管，弱化物流功能，推动行业品牌总部以及民间金融等配套服务行业的聚集，推动传统专业市场向特色商业街转化。

3. 突出"利益机制"创新，妥善协调各方利益冲突和矛盾

伴随着产业的转型，必然引起利益关系和利益格局的调整。新型城市化发展理念要求我们用系统的视角来看待发展面临的问题，在推动产业转型升级中，政府要充分发挥利益引导、协调作用，实现产业的联动发展、社会各方的力量协同。一方面，着重推动产业间的共赢，形成不同利益主体间的互惠支持关系。对于人民街，传统专业市场的人气和口碑，为商务服务等高端产业的引入发展创造基础；金融等商务服务业的发展有利于环境的优化、人口结构的调整，可带动专业市场走向精品化、特色化；文化旅游产业的开发和发展，将从整体上促进产业品牌和街区形象的塑造和提升。作为属地街道，将充分认识产业的共生发展规律，清晰发展定位，通过促进民主协商、专业策划，凸显各行业在产业转型升级中的优势，促进产业间的共赢。另一方面，要注重建立和完善利益的表达、协调和保障机制。街道将充分发挥协调沟通作用，依托地区各专项管理协会、行业协会等组织，建立健全地区联席会议制度，完善街道、社区征集群众意见网络，搭建多种平台，形成便捷通畅的利益诉求表达机制；在充分掌握各方利益诉求的基础上，积极探索对不同利益群体都有利的合理公平的利益引导、约束、调节和补偿机制，找准和阐明转型升级与各方利益诉求的契合点，争取企业、居民对转型升级的主动支持和参与，形成转型升级的合力；在处理辖区内历史违法建设纠纷、医患纠纷、劳资纠纷等热点难点问题上，坚持依法行政，加强风险研判和防范，形成反应灵敏、运作有力、执行高效的工作链条，健全权益保障机制，强化维权维稳力度，及时有效化解矛盾，维护好各利益群体的正当权益。

4. 突出"治理模式"创新，形成政府、企业、居民共同参与的格局

产业转型对老城区的巨大考验主要来自发展环境的考验，对于人民街来说尤其如此。为此，将围绕转型升级的要求，坚定克难攻坚的决心，以解决问题为导向，创新治理模式和举措，争取为加快转型创造良好环境。一是针对出租屋管理漏洞，提升从源头治理违法行为的能力。针对"住改仓"现象普遍、出租屋安全隐患严重的现状，以加强出租屋管理为重点，结合"三打两建"工作要求，整合各部门资源，加强与出租屋业主、物业公司的联合，从源头加强对制假售假、欺行霸市以及商业贿赂等违法行为的查处，营造良好的市场环境，促进优胜劣汰，诚信经营。二是针对行业监管漏洞，提升政府监管与行业自治的能力。针对一德路海味干果专业市场食品安全监管难等问题，结合专业市场向特色商业街转型的要求，在积极发挥行业协会的服务、自律、监督作用的同时，为其参与社会管理搭建平台。借助一德路食品安全质量检测室等专业机构，加强行业管理，营造诚信、公平的市场环境，促进企业及时调整生产经营方式，主动适应转型要求，形成政府监管、行业自治、业主负责三者相结合的长效管理模式。三是针对交通秩序、城市管理难点，提升数字化、精细化管理能力。针对城区拥挤、交通物流混乱的现状，在加强配套建设的同时，积极协同有关部门及各商会、协会建立规范的物流管理体系，对机动车乱停放及非机动车非法营运等行为进行有效管理；结合"一队三中心"建设、智慧社区建设工作，进一步优化队伍结构，通过资源下移、改善待遇、完善设施、加强考核，形成更有效的部门配合机制，提升精细化、数字化管理水平。四是针对社区流动人员聚集的现状，提升服务管理社区化、社会化水平。发动出租屋主、用工单位、中介机构、社会组织等社会力量参与流动人员管理服务，通过优质便利的服务管理，以及丰富多彩的社区活动，促进流动人员融入社区生活共同体，共同参与社区公共事务的管理，共享地区转型发展的成果。

5. 突出"服务体系"创新，大力培育和发展各类型社会组织

产业转型发展离不开优质社会服务的支撑，在认真落实好政府各项惠民政策的同时，将着重发挥好社会、公众的力量，培育和发挥社会组织的作用，创新社会服务公众参与机制，为企业、居民提供优质服务。首先，完善专业市场中介组织体系。大力推动行业内部、专业市场内部各类行业协会、商会等市场中介组织的建立和发展。以广州市海味干果商会为试点，探索行业组织在转型升级中的积极作用，加快传统产业与民间金融街的有机结合，促进专业市场提升经营档次、交易模式。加快引进和培育典当行、拍卖行、会计师事务所、小额贷款公司等组织，为各类市场主体提供优质服务。其次，培育和发展社区社会组织。结合街情特点，积极搭建社区社会组织成立和发展的平台，为成长中的社区社会组织协助解决场地、经费等困难，为社区社会组织参与社区服务和民生工程提供指引。如针对辖内外来人口、社区矫正和刑释解教人员多等特点，鼓励有关社会组织进驻并提供特色服务，与社工服务机构合作，开展社区矫正专业服务，2012年还面向辖内商会筹集10万元社会资金设立社区矫正、刑释解教特困人员帮扶基金，为社工机构深化社区矫正专业服务提供保障。最后，坚持党建引领，推动群团组织参与社会管理创新。一方面，以党建为龙头带动，充分调动国有企业、"两新"社会组织，在社会管理与产业转型中发挥作用。围绕企业转型升级过程中遇到的问题，充分发挥党组织的优势，深入开展调查研究，发动党员群众建言献策，积极主动与企业管理层进行沟通，协助解决企业转型升级遇到的困难；同时，积极搭设平台，签署共建协议，拓展共建项目，为企业履行社会责任、参与社会管理搭设平台；开展党员领袖"四能工程"，发挥党员在社会管理、产业转型中的先进作用。另一方面，重视群团工作，充分保障群团组织在推进社会管理创新中的有效参与，为其开展工作和活动创造条件、解决困难、提供保障；加强基层党组织、群团组织、"两新"组织的联动，扩大影响力，形成代表广泛、号召有力、齐抓共管的社会化组织和工作新格局。

（审稿：栾俪云）

The Innovation of Social Management of Yuexiu District of Guangzhou Promotes its Industrial Transformation and Upgrade

—An Example of the People's Road

Ye Wenhui

Abstract：Has a deep understanding on the limits to the development of city brought by gradually down grading of elements of industry and living environment, the People's Road of Yuexiu District of Guangzhou specified its tasks and duty in the industrial transformation and upgrading, which actively and smoothly reconciled various inflicting interests, and focused on improving welfare to promote industrial transformation and upgrading, and highlighted its financial, cultural, business and tourism features, and vigorously cultivated all kinds of social organizations, therefore formed a city development pattern with government, enterprises and residents all involved.

Key Words：Industry Transformation；Social Management；Social Service；Upgrading

B.6
地税部门服务社会管理创新的
实践与思考

广州市地方税收研究会课题组*

摘 要:

广州地税局积极探索税收服务社会管理,创新税收管理方式,促进"税管"和"社管"相结合;强化税收社会职能,促进"治税"和"治安"相结合;推进税收服务社会化,促进"纳服"和"社服"相结合。在取得成绩的同时,仍存在不少亟待解决的问题和挑战,如税收政策扶持力度与社会组织发展要求尚有差距;税收职能作用发挥与社会民生改善要求尚有差距;营造税收环境秩序与社会公平正义要求尚有差距;应对涉税舆情能力与社会平安稳定要求尚有差距。最后从税收政策、税收调控、管理服务和涉税舆情等方面提出具体可行的建议和对策。

关键词:

地税 社会管理 创新

社会管理是政府和社会组织为促进社会系统协调运转,对社会系统的组成部分、社会生活的不同领域以及社会发展的各个环节进行组织、协调、监督和控制的过程。社会管理的基本任务包括协调社会关系、规范社会行为、解决社会问题、化解社会矛盾、促进社会公正、应对社会风险、保持社会稳定等方面。加强和创新社会管理,是党中央深刻分析我国经济社会发展形势,从党和国家事业发展全局出发确定的一项重大战略任务,也是新形势下全面落实科学发展观的客观要求。社会管理将成为当前和今后一段时期内各级政府和部门的

---

* 课题组人员:孙洪、谭玉明、王雄武、唐铁建、陈杰辉、杨凯、何卫红、杨文涛、谢云。

工作重点。地税部门作为重要的执法部门和公共服务部门，与地方经济社会发展密切相关，与广大人民群众特别是纳税人联系紧密，肩负着经济管理和社会管理双重职能。因此，如何加强和创新社会管理，服务科学发展，构建和谐税收，是地税部门面临的重大责任和光荣使命。

一　地税部门服务社会管理创新的探索和实践

近年来，广州地税积极探索税收服务社会管理的思路举措，着力创新观念、主动作为，履行职责，该局建局 13 年来累计组织税收收入 5917.2 亿元，为广州市贡献一般预算收入 3248.4 亿元，为地方加强社会管理和促进民生改善提供了坚实的财力支撑。与此同时，该局还积极在服务社会管理创新方面作了一些有益的实践和探索，主要做法体现为"三个结合"。

（一）着力创新税收管理方式，促进"税管"和"社管"相结合

广州市流动人口和常住人口比例接近 1∶1，流动人口众多、流动性强，成为社会管理的难点。广州地税主动创新税收管理方式，实现税收管理与社会管理的有机结合、优势互补。在思想观念上，跳出"就税论税""就征管抓征管"的狭隘认识，确立服务经济发展与服务社会管理并重的理念，把税收执法、管理和服务置于整个社会管理大环境下开展。在工作格局上，2008 年牵头推动市政府出台《广州市综合治税工作管理规定》，以政府规章形式明确了规划、国土、房管、工商等 30 多个部门协税护税职责，并在全市 160 多个街道（镇）设立个人出租房屋、个体工商户委托代征等协税护税机构，推动构建党政牵头、税务主导、多方参与、信息共享的综合治税全新格局。在管理平台上，以搭建社会协税护税平台为抓手，牵头多部门参与到社会管理工作中。一是个人出租房屋税费委托管理。从 2001 年开始，委托全市各街道（镇）的出租屋管理服务中心办理个人出租房屋纳税申报、税款征收、发票开具等业务，把大量的"有业游民"转变为"有业居民"，建立了"以屋管税""以屋管人"新机制。二是个体工商户税费代征管理。从 2009 年开始委托街道（镇）协助开展个体工商户等零散税源的税务登记、税费征收、下户核查等涉

税管理，把零散经营的"个体"纳入社会管理的"群体"中。三是外籍人员公安地税协作管理。与公安部门建立外籍人员协作机制，规定外籍人员办理居留许可或签证申请时必须提供相关纳税证明，从源头上管住外籍人员。通过税收管理与社会管理的有机结合，广州地税零散税源税收收入实现大幅增长，管理力量得到极大增强。如广州市个人出租房屋税费收入从2000年的800多万元增长到2011年的12.3亿元，增长150倍；税收管理员的人均管理零散税源户从原先直接管理1000多户增长到间接管理4000多户，越秀区、天河区、海珠区等经济强区甚至达6000~8000户。

（二）着力强化税收社会职能，促进"治税"和"治安"相结合

广州地税注重强化社会管理的职能作用，推动依法治税与社会治安相辅相成、互为促进。主要体现在：一是提供社会治理的财力保障。在通过委托代征等模式借助基层组织管理优势强化税收征管的同时，依托财政返还、补助等方式，扶持基层组织的发展壮大。比如个人出租房屋代征税款纳入财政管理，实行一定比例的专项经费返还给街道，目前广州市个人出租房屋税收收入占街道代征税费收入比重达到90%以上，为街道、社区提供了稳定的经费来源，基层开展综合治理的经费得到充足保障，社会管理机构和人力资源得到迅速发展壮大。二是促进社会民生的公平正义。该局着力完善社保费征收机制，从2000年开始接手社保费征收，社保费收入从当年的67.6亿元，增长到2011年的572.8亿元，基本实现城镇职工、城镇居民、"三农"和外来人员全覆盖，推动社会保障体系不断健全；着力促进社会公平正义。认真落实个人所得税费用扣除标准提高、扶持就业创业、福利企业等税收优惠政策，切实减轻中低收入阶层税负，同时加大高收入群体税收管理力度，大力打击各种涉税违法行为，营造公平公正的税收环境。三是加强社会维稳的协作配合。广州地税与公安部门建立外籍人员管理分工协作机制，通过涉税信息交换、税收监控等手段约束"三非"（非法入境、非法居留、非法就业）外籍人员在华居留时间、出入境等，敦促他们合法经营、依法纳税，并对小北路、矿泉街等涉外人员集中聚集的区域联合开展专项检查，最大限度地减少了"三非"外籍人员带来的社会维稳压力，确保涉税矛盾纠纷均能第一时间化解在基层、消除在萌芽状态。

（三）着力推进税收服务社会化，促进"纳服"和"社服"相结合

为更好地解决纳税服务需求无限性和地税部门服务有限性矛盾，广州地税将纳税服务融合到社会管理大局中，与社会服务相结合，实现税收专职服务与社会兼职服务的融合互补，体现为"三化"：一是服务主体多元化。在税收宣传、政策解释、纳税辅导、税收维权等方面积极引入社会组织、行业协会或专家学者参与实施。近年来，广州地税在全国范围内征集社保费宣传用语，向全社会征集税费宣传海报，组建专家学者、高校学生、社会专业人士参与的纳税服务志愿者队伍等，广泛吸收社会力量参与纳税服务，取得了良好的效果。二是服务范围社区化。广州地税将纳税服务阵地进一步拓展延伸到街道、社区、企业等基层一线，通过个人出租房屋、个体工商户委托代征，把办税服务厅"搬"到街道、社区，增加了服务点数量，扩大了服务覆盖面；通过打造税费宣传示范街、示范社区、示范企业等，开展税收宣传进学校、进企业、进机场、进社区、进电梯等活动，寓管理于服务之中，将服务送到纳税人、缴费人身边。三是服务方式有偿化。通过多种方式充分利用社会组织提供的有偿服务，进一步提高纳税服务的质效。对可以完全委托社会承担的服务实行外包或出资购买，如税收宣传资料的制作外包等；对只能部分委托的服务采取资助、补贴或者合作形式，如广州地税以经费返还的形式委托街、镇开展出租房屋、个体工商户税费代征和服务工作；对不能委托的服务采用引入方式，如以劳务派遣方式引进协税员充实前台服务力量。

二 地税部门服务社会管理创新的问题和挑战

尽管地税部门在服务社会管理创新上做了不少探索和努力，也取得了一定的成绩，但与社会管理发展的形势要求相比，仍然存在着不少亟待解决的问题和挑战。主要表现在以下四个方面。

（一）税收政策扶持力度与社会组织发展要求尚有差距

推动社会组织发展壮大是加强和创新社会管理的一个重要内容。近年来，

中央、省市相继出台加快社会组织发展的系列举措，比如广东省明确规定除法律法规规定需前置审批的之外，全省社会组织可直接向民政部门申请登记，将社会组织的业务主管单位改为业务指导单位，社会组织可直接向民政部门申请成立，无须业务主管单位前置审批，为社会组织的壮大和发展提供了制度保障。在广东省当前社会组织大发展的前提下，税收政策的扶持却滞后于社会组织的发展，主要表现在以下几个方面。

1. 社会组织取得相关收入享受税收优惠过难

根据《中华人民共和国营业税暂行条例》以及财政部、国家税务总局《关于非营利组织企业所得税免税收入问题的通知》（财税〔2009〕122号，以下简称"122号文"）相关规定，社会组织提供社会服务取得的收入应按规定缴纳营业税和企业所得税。比如广州市2007年开办的广州市康智乐务中心是一家民办非企业性质的残疾人服务机构，主要服务于广州市成年的轻、中度智障人士，因应智障人士特点采用保洁职业作为康复手段，是智力残疾人实现就业的主要途径。但与健全人公开就业（独立工作）不同，智力残疾人由于在智力上的缺失，影响了他们的工作能力；智力残疾人没有完全民事行为能力，需要他人辅助，大部分智力残疾人未能达到公开就业。因此，虽然该中心的主要收入来源于政府购买他们的保洁服务，但由于该中心没有为智障学员购买社会保险，也没有支付最低标准工资，其做法不符合财政部、国家税务总局《关于促进残疾人就业税收优惠政策的通知》的规定，导致该中心未能享受减征营业税税收优惠，其取得的政府购买服务收入按照"122号文"的规定应征收企业所得税。这些无疑给该类机构造成了一定的经济负担，也在一定程度妨碍了该类机构的发展。

2. 非营利组织免税资格认定的标准过严

财政部、国家税务总局《关于非营利组织免税资格认定管理有关问题的通知》（财税〔2009〕123号，以下简称"123号文"）规定：工作人员工资福利开支控制在规定的比例内，不变相分配该组织的财产，其中工作人员平均工资、薪金水平不得超过上年度税务登记所在地人均工资水平的2倍，工作人员福利按照国家有关规定执行。按照国外的一些经验，"非营利"并不意味着组织的员工实行低薪，事实上许多世界著名的非营利组织在薪酬上并不亚于跨国公司。例如在我国非公募基金会是资助型，资助型的基金会自己不做项目，而是请其他与所做项目有关的公司对项目进行运营管理，所以管理人员可以很少，但是需要专业人员，工资相对和市场接近。如果按照"123 号文"的规定，有可能导致部分非营利组织找不到优秀的管理人员，不利于非营利组织的发展和规范管理。

3. 民办学校享受的税收优惠政策过少

2004 年 4 月 1 日起实施的《中华人民共和国民办教育促进法实施条例》第三十八条规定："捐资举办的民办学校和出资人不要求取得合理回报的民办学校，依法享受与公办学校同等的税收及其他优惠政策。出资人要求取得合理回报的民办学校享受的税收优惠政策，由国务院财政部门、税务主管部门会同国务院有关行政部门制定。"但财政部、国家税务总局一直没有出台"要求取得合理回报的民办学校"享受税收优惠的政策，基层税务机关无法执行，一定程度上制约了民办学校的发展。

（二）税收职能作用发挥与社会民生改善要求尚有差距

当前地税部门的职能作用更偏重于经济职能方面，服务社会管理的职能作用尚未充分发挥，从改善民生角度出发加大税收扶持的力度仍不够。特别是目前税收政策对民生改善的扶持主要体现在促进创业就业、扶持弱势群体等方面，但针对性和力度仍然有所欠缺。主要体现在以下三个方面。

1. 针对高校毕业生就业税收政策有待完善

目前的就业税收优惠政策主要包括下岗再就业税收优惠政策、残疾人就业税收优惠政策、自主择业的军队转业干部税收优惠政策、扶持城镇退役士兵的税收优惠政策、随军家属就业税收优惠政策等。但是就业人群中比例较大的普通高校毕业生（自主创业除外）却没有专属的就业税收优惠政策。在税收政策上专门针对高校毕业生的目前只有"对持《就业失业登记证》人员从事个体经营的，在三年内按每户每年 8000 元为限额依次扣减其当年实际应缴纳的营业税、城市维护建设税、教育费附加和个人所得税"的规定，对高校毕业生实现公共就业，从事智力密集型、技术密集型产业等，没有专属的税收优惠政策。

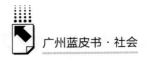

2. 促进残疾人就业税收政策有待优化

国家《关于促进残疾人就业税收优惠政策的通知》降低了申办福利企业的准入门槛，实现了福利企业投资主体的多元化，但同时规定"可退还给福利企业的增值税或减征的营业税的具体限额，以当地最低工资的6倍确定，但最高不得超过每人每年3.5万元"，由于该定额并没有随着工资和物价水平的提高而提高，在客观上造成新政策的优惠程度和吸引力不如老政策。以广州市为例，试点前的2005年广州市福利企业平均可享受增值税和营业税减免额为3.47万元/人（残疾职工，下同），2007年"92号文"调整有关政策后为2.48万元/人，2008年为1.57万元/人，2010年为2.3万元/人，总体呈逐年下降态势。与此相反，福利企业安置残疾职工的平均成本（以工资和社保费计算）却在逐年递增，2005年为14950元/人，2006年为17316元/人，2007年为18432元/人，2008年为21300元/人，2010年上升到28000元/人，如果把企业付出的其他成本计算在内，那么企业投入的成本则更高。根据相关数据显示，广州市福利企业的户数已经从2006年的66家减少到目前的35家，减幅为47%，安置的残疾人数也从最高峰时的4000多人下降到目前的1175人，广州市福利企业呈逐年减少的趋势，除了由于企业受内、外因素影响经营状况欠佳自然淘汰外，也与企业安置残疾人的成本过高，使税收优惠政策失去了其原有的吸引力有一定关系。

3. 劳务报酬所得减除费用标准有待提高

近年来，我国的物价水平发生了翻天覆地的变化，工资、薪金所得减除费用标准已经从800元调整到目前的3500元，但劳务报酬所得的减除费用标准自1980年以来一直没有变化。有悖于经济发展规律。此外，随着我国经济的发展，灵活就业人员在不断增加，《个人所得税法》工资、薪金所得减除费用修订后，对于没有工资收入、只有一处劳务报酬所得项目且收入较低的人，确实在一定程度上存在税负偏重的问题。

（三）营造税收环境秩序与社会公平正义要求尚有差距

所有纳税人的地位都是平等的，税收负担在国民之间的分配也应该公平合理，这是税法的基本原则之一，即税收公平原则，它与建设社会公平环境的理念是完全契合的。地税部门可以通过税收杠杆来促进社会公平。从目前的情况看，在营造社会公平环境的力度上，地税部门的职能作用发挥还存在一些不足，主要体现在以下三个方面。第一，促进公平的税收法治环境亟待完善。比如执法尺度和流程尚未完全统一，不同区域纳税人之间的法治水平不一致；日常税收管理仍然存在盲区，对高收入人群税收监管存在手段不多和不到位的情况，开展专项检查和税务稽查难以全面深入，打击涉税违法行为成效的持续性有待加强，容易出现税负不公平现象，等等。第二，促进公平的税收管理环境亟待完善。当前，地税部门有限的管理和服务资源无法满足日益增长的社会管理需要。特别是随着征管业户的不断增多和社会管理职能的不断增加，税收管理人员工作压力大，加强税收管理的广度和深度受限，难以全面深入地强化税收管理。国外发达国家针对纳税行为的复杂性和管理资源的有限性，大力推行专业化管理，并取得成效。他们侧重在税收管理分工的优化中寻找效率，强调战略管理、方向管理和重点管理，对不同性质纳税人设置分类标准，以此配备不同的管理资源，征管机构设置趋于专业化合扁平化，地税部门人力资源趋于集约化。第三，促进公平的纳税服务环境亟待完善。随着纳税需求的多元化和高端化，纳税服务水平有待进一步提升，特别在提供公平公正的基本纳税服务上仍然还需要不断努力。国家税务总局已经将纳税服务与征收管理定位为地税部门的两大核心业务，但部分税务人员虽然认识已经有所提高，思想上并没有完全转变。而在西方各国，已经实现了从管理型向帮助式服务转变。他们相继推出了服务优先的税收管理理念，实现了税务机关在税收征管中由主导变为引导，纳税人被动遵从到主动纳税的转变。例如，在美国就设有独立于税务征收机关，专门为纳税人提供帮助的服务机构——纳税人援助服务处，其主要职责是维护纳税人的权利和解决纳税人在纳税中的有关问题，以保证纳税人对税收的有关问题通过正当渠道得到公正和迅速解决。

（四）应对涉税舆情能力与社会平安稳定要求尚有差距

随着社会公众法治和维权意识日渐提高，社会已然进入了一个"税感时代"，税收问题的"燃点"低、触点广。尤其是在当前，税收改革深入推进、税务干部队伍管理任务日益繁重的新形势下，广州地税部门还负责征收社保费等与民生密切相关的费金，税收领域和社保费的热点、难点和深层次问题逐步显现。广州市地税局近两年涉税涉费信访案件达到300多宗，因税收、社保费问题引发的群访突发事件20多宗300多人次，面对的社会维稳压力日趋加大。特别是随着各种新兴媒体力量的兴起，比如微博的诞生，使得地税部门随时要应对负面涉税舆情，面临的社会管理风险日益增大，维护社会和谐稳定的任务更重、压力更大，对地税部门应对涉税舆情的能力提出了更高的要求。主要表现为：一是涉税舆情事件不断增多的应对压力。2011年，与广州地税相关的涉税舆情数量总体上较2010年大幅增加，共发现涉及舆情事件共39宗，其中特别重大舆情事件3宗，重大舆情事件1宗，一般舆情事件35宗，税务工作越来越成为社会关注的焦点和热点。二是新兴媒体舆情日渐增多的应对压力。互联网的发展让信息迅即甚至呈几何级数传播。一件小事经过互联网的传播发酵往往迅速演变成网络热门事件，引起围观，造成极大影响。以广州市地税局为例，2011年传统媒体（平面媒体、电视台、电台等）报道舆情事件为17宗，网络媒体（包括网站、社区论坛和微博等）发布舆情事件22宗，来源于后者的舆情事件已经超过前者。三是涉税舆情内容日趋广泛的应对压力。从广州市地税局近年的涉税舆情内容来看，既有涉及民生的社保问题、民众对税收政策的错解，也有对征管处理的不理解、对税务机关和工作人员服务态度质量的不满，还有虚假政策或信息的不实报道、系统引发的故障问题等，对地税部门回应和应对舆情提出了更高、更全面的要求。

三 地税部门服务社会管理创新的对策和建议

面对社会管理创新的新形势和新任务，地税部门必须进一步转变思维观念，将服务社会管理创新作为税收的一项重要职能，主动参与社会管理，创新方式方法，积极探索地税部门服务社会管理创新的新路子。

（一）增强税收政策的导向性，助推社会组织发展

应尽快完善现行税收优惠政策，优化税收政策的扶持导向、加大对社会

组织发展的税收扶持力度。建议如下：一是增加社会组织享受税收优惠的内容范畴。例如对于社会组织取得的政府购买服务收入，其来源于购买主体部门预算安排的公用经费或经批准使用的专项经费，具有一定财政补助性质，建议考虑到该资金的性质和用途，明确对社会组织取得的政府购买服务收入免予征收企业所得税。二是放宽社会组织享受税收优惠的认定条件。针对非营利组织人员工资标准的认定过低问题，建议对非营利组织的工作人员平均工资、薪金水平适当放宽或者对资助型的基金会专业人员的工资作出特殊规定，推动非营利组织聘请高水平的专业人员，以促进非营利组织的发展。三是完善社会组织享受税收优惠的政策体系。建议提请上级税务机关尽快制定"要求取得合理回报的民办学校"税收优惠政策，帮助民办学校减轻税收负担、轻装上阵，激发民间资本投资教育的积极性，推动民办教育的长足发展。

（二）增强税收调控的针对性，扶持社会民生改善

要从改善社会民生角度出发，积极发挥税收职能作用，主要从三个方面努力。一是强化筹集收入职能，提供改善民生的财力保障。抓好组织税收收入，既要应收尽收，提高组织收入的质量，也要坚决落实优惠政策，涵养税源，推动税收与经济的协调发展、良性互动，确保税收收入的可持续增长，同时做好社保费等关系民生的费金征收，为地方加大民生设施建设，增加教育、医疗、社会保障等投入提供强有力的财力支持。二是强化税收调控职能，减轻民生发展负担。进一步优化现行涉及民生的税收优惠政策，比如出台鼓励企业安置高校毕业生就业的税收扶持政策，对高校毕业生实行公共就业，从事智力密集型、技术密集型产业给予税收优惠；建议国家授权各地按照当地每年的最低工资标准的 6 倍逐年确定福利企业的减（退）税额，取消 3.5 万元上限，并建立减（退）税额的自然增长机制；适时调整劳务报酬所得的减除费用标准，降低低收入者的税负，确保劳务报酬所得和工资、薪金所得在纳税上的平等。三是强化调节收入分配职能，缩小社会贫富差距。积极落实税收优惠政策减轻弱势群体、低收入人群的税收负担，扶持他们更好地改善生活，同时加强高收入群体税收监管，完善年收入 12 万元以上人员的明细申报工作，建立相应的

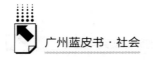

资料库，实行动态监控，同时加大限售股转让等监管力度，堵塞高收入人群的税收漏洞，通过税收手段缩小社会贫富差距。

（三）增强管理服务的创新性，营造和谐公平环境

坚持把依法行政作为税收工作的基本原则。大力实施依法治税战略，严格按照法定权限和程序行使职权，使税法得到有效执行和普遍遵从，加大打击涉税违法行为的工作力度。同时，注重创新税收管理服务方式，以新载体新形式促进社会公平正义。提出如下建议和设想：一是着力引导税务中介机构发展。以"社会化管理"理念为引导，把一些事务性工作从税务机关转移到税务中介机构，将税务机关的主要精力放在税源监管上，一方面解决地税部门管理资源不足的问题，另一方面加强对税务中介机构的指导和监管，引导其健全业务体系、拓宽业务范围，增强从业人员素质，帮助纳税人依法纳税，实现地税部门、中介组织、纳税人三方共赢。二是着力搭建"税融通"平台。当前中小企业面临融资难，制约其发展，其中信用问题是制约融资的关键。"税融通"就是将地税部门每两年进行的纳税信用等级评定与中小企业的信用和融资发展问题结合起来，由政府来出具公正的信用评价，解决中小企业信用难鉴定的问题，搭建了银税部门助力中小企业发展的桥梁。既能够帮助中小企业解决融资难的问题，又能倡导依法诚信纳税意识，营造依法诚信纳税的良好氛围。三是着力推进"安全纳税"。"安全纳税"即地税部门通过引入税收风险管理理念，利用自身占有的税收信息和资源优势，帮助和引导企业积极自我纠正，有效防范纳税风险。地税部门过去往往只专注于行政人员的执法风险。但现实情况是，行政行为的成立需要有行政主体与行政相对人两方面才能够成立，所以税务风险不仅仅包括执法风险，还包括纳税人的纳税风险。帮助纳税人规避纳税风险，实现安全纳税，这可以改变单纯以地税部门执法管理为出发点的传统思维模式，促进由地税部门强征到纳税人遵从的根本性转变。

（四）增强应对舆情的主动性，维护社会平安稳定

应对涉税舆情，既要强化被动防范，做好舆情预警、防患于未然，更要主动应对，建立有效机制，把握主动权，及时引导与妥善处理。一是树立强烈的

舆情意识。当前的社会正处于转型期，政府工作人员很容易成为社会舆论的敏感人群。因此，在日常工作中要加大舆情教育力度，教育税务干部注意职业身份，小心言谈举止，提升服务素质，增强防范与应对涉税舆情的能力。二是建立高效的舆情管理机制。各级地税部门应制定舆情监控与应急处置管理制度，包括组织领导、舆情分级、舆情监控与舆情处理等。增强舆情应对能力。通过制度的规范，完善舆情处置程序，健全舆情处置机制，加强舆情监控，快速、稳妥地处理舆情引发的危机。建立舆情应对的工作机制和指引，更加有效地防范和化解涉税舆论危机所带来的损害与威胁。三是把握媒体舆论的主动权。适应新型媒体的发展特点，通过开通官方微博、博客等形式加强与社会舆论的交流，把新型媒体与传统媒体进行更好的结合，及时主动公开政务信息，努力提高舆论引导水平，实现地税部门、媒体与纳税人的"三赢"局面。四是搭建畅通的交流渠道。畅通信访与投诉的渠道，建立健全社会稳定风险评估、群众利益诉求表达、矛盾纠纷排查调处等工作机制，妥善化解涉税矛盾，及时消除负面舆情隐患，维护社会稳定。

（审稿：王朋）

The Practice and Thinking in the Innovation of the Management of Serving Society of the Department of Local Tax

The Research Group of the Academy of Guangzhou Local Tax

Abstract：The Department of Guangzhou Local Tax has vigorously explored its social management of tax revenue service, innovated its management style on tax revenue, harmonized "the management of tax" and "the management of society", strengthened its social function on tax revenue, integrated "the governing of tax" and "the governing of social security", socialized the service of tax revenue, and

combined "the service for taxpayer" and "the service for society". While at the same time, there are still some unsolved problems and challenges, including the gaps in policy support on tax and the need of enlarged social organizations and in the function of tax and the need of improving of social welfare, and in public sentiment on tax and the need of social stability and security. Some detailed and practical suggestions and countermeasures are presented form the aspects of tax policy, tax regulation and balance, tax management and public sentiment on tax.

Key Words: Local Tax; Social Management; Innovation

B.7
广州公共服务设施配套建设的
问题与对策研究

廖绮晶　黄韶冰　黄鼎曦　叶嫦君　杨恒　何慧敏

摘　要：

　　本文以城市公共服务设施为研究对象，通过国内外各大城市的案例分析为研究方法，阐述了在新型城市化建设道路中广州公共服务设施的现状与存在的问题。最后通过吸取先进城市的经验以及 2012 年以来广州公共服务设施方面开展的工作提出在规划、建设和管理方面进一步完善公共服务设施配套的对策。

关键词：

　　公共服务设施　配套建设　新型城市化

一　研究背景

　　城市公共设施是城市居民生产、生活等活动中不可缺少的重要物质保障，主要是由市政投资建设完成、为城市及城市居民提供全面的公益项目和配套设施。按功能共分为：教育设施、医疗卫生设施、文化娱乐设施、体育设施、商业设施、行政管理与社区服务设施、社会福利与保障设施、社会福利与保障设施以及市政公用设施八大类，同时根据基本服务属性的不同，又分为公益性公共服务设施和经营性公共设施两类。公共服务配套设施尤其是公益性公共服务设施的建设是构建和谐社会的重要基础，为市民营造一个设施完善、安居乐业的生活环境，这对于提高市民生活质量、扩大就业、提升市民幸福感、促进和谐城市建设都具有重要意义。但随着社会普遍日趋富裕、市民闲暇时间的增多、生活品质的不断提高等因素，我国长期沿用的计划经济时代确定的公共服务配套设施配套规模与模式已经越来越不适应城市日新月异的发展。

2012年底，广州市第十次党代会提出"12338"战略部署，并提出"率先转型升级、建设幸福广州"，走经济低碳、城市智慧、社会文明、生态优美、城乡一体、生活幸福的新型城市化发展道路。根据广州市委、市政府的统一部署，从完善、落实城乡规划出发，优化推进城乡社区公共服务设施建设，构建优质均衡的公共服务体系成为了城乡规划工作的重点。广州市规划局立即组织对广州市公共服务设施配套建设的存在问题、相关先进城市的经验进行了研究，并在此基础上对完善市公共服务设施配套建设提出若干建议，以借此推进社区（包括城市居住区、村庄）公共服务设施建设，加强移交和监管，打造社区幸福生活，建设美丽乡村。

二　广州市公共服务设施规划建设管理现状及存在的问题

近年来，广州市在加强公共服务设施规划、建设和管理方面进行了不懈努力和探索，成效显著，但仍存在一些问题。主要如下：

1. 总体配套水平偏低、分布不均

一是总体水平与先进城市差距较大。目前十区公共服务设施用地（扣除商业用地）仅占城市建设用地的7%左右，而新加坡和中国香港地区已分别达15%和12%；缺少龙头"月亮型"的文娱、旅游、食街等设施。二是空间分布不均衡。优质公共服务资源在中心城区过度聚集（如越秀、荔湾、天河、海珠四区集中了全市60%以上的医疗床位），新城区和副中心产业功能发展较多，而教育、医疗、购物、文化等基本生活公共配套服务功能未及时跟进，导致旧城区人口过度聚集、新区"宜业不宜居""钟摆式"交通等问题，多中心网络型城市空间布局较难形成。同时，部分旧城区社区公共服务设施破旧、老化。三是城乡差距显著。全市的村公共服务设施用地仅有3.72平方公里，占村建设总用地不到2%。四是配套方式有待创新。广州市的居住区公共服务设施配套大多仍采用设于住宅裙楼的"小配套"或小区内部零散商铺的模式，邻里中心、公共中心等服务综合体较少。

2. 配建设置标准实时更新修订不及时，与新型城市化发展要求不匹配

2005 年施行的《广州市城市规划管理标准与准则》（居住区公共服务设施设置标准），至今已近 7 年，滞后于发展需要，新的《广州市社区公共服务设施设置标准》尚在修订当中。

3. 政府的主导作用和属地责任未充分发挥

一方面，以往居住区公共服务设施配套过于依赖开发商和社会资金的作用，政府在提供公共物品中的主导、主动作用未充分发挥，容易造成社区及以上级公共服务设施配套（"大配套"）的滞后或不足；另一方面，对于公共服务设施建设项目在空间上的安排缺乏引导措施和机制，优质公共服务设施资源（尤其是三甲医院床位、优质中小学学位）在中心城区仍不断集聚，而都市区外围、新城区和副中心则配套滞后，与城市空间发展战略的要求不一致。例如在广州市，外围新区产业功能发展较多，而教育、医疗、购物、文化等生活公共配套服务功能未及时跟进，公共服务体系与人口分布错位，新区人气不足，"宜业不宜居"，中心区人口不降反增，如 2000 年越秀区（含原东山）常住人口密度为 2.4 万人/平方公里，2010 年增至 3.4 万人/平方公里。同时，固定资产投资仍主要投放在中心城区，从 2006 年到 2011 年，越秀、天河、海珠三区的固定投资从 789 亿元上升至 1669 亿元，占全市比率从 46.5% 上升至 51.2%，而南沙、花都、番禺三区总额虽然从 459 亿元上升至 628 亿元，但占全市比率却从 27.1% 下降至 19.2%。

4. 代建设施移交滞后、监管不到位，建设模式有待创新、完善

按照以前的模式，由开发商承担建设住宅小区公共服务设施义务的模式对于加快公共服务设施建设发挥了很大的作用。但由于广州市未通过立法对公共服务设施建设、移交和监管作出系统规定和严格监管，部分不良建设单位通过各种理由、方式拖延建设甚至破产不建，或者建成后不移交、挪为他用，使公共利益受损。

在广州市番禺区华南板块，有众多大型楼盘聚集，但教育、医疗、交通等公共服务不健全，尤其是公共配套设施中重要的教育资源配套问题一直存在。有许多小区的小学、幼儿园等公共设施已经建成，却一直因推迟移交等原因，而闲置不招生。还有一些开发商在教育配套上少建或缓建，不少楼盘已经开发到最后一期了，还没开始建设配套学校。甚至有些开发商为了节省经费，建出了一些规模达不到要求的新"麻雀学校"，抑或是把学校建在铁路边、公路干线边、高压线下等"鸡肋"地块里，交差了事。总之，因缺乏有效监管以及政策与法规的保障直接导致的贵族学校众多，未能完全履行对小区适龄学童"一费制"义务教育的责任，配套重叠，造成广州公共设施重复建设或漏项建设的情况较为严重。

5. 总体空间布局亟须完善，主城区公共服务中心聚集但主导特色不强，外围生活服务性设施配套滞后

广州市主城区公共服务中心空间上高度聚集，发育度高，但功能高度混杂。过于密集的中心体系分布使各中心区空间区位相似，服务半径相似，各自特色不突出。而承担城市日常生活服务职能的公共设施空间分布不均，则主要集中在中心城区。外围地区缺乏综合配套服务型的公共中心，服务质量较低，公共设施服务匮乏，难以满足市民"宜居"需求。从而使得大量的公共服务需求仍然要回到主城区得以满足，造成交通瓶颈地区堵塞和城市效率下降等问题。同时影响了主城区人口和城市功能的疏解，对新城建设的拉动作用明显不够，不利于城市空间的战略拓展。使得各市级中心仍要承担大量的基本服务职能，影响了更大的高等级辐射力度的发挥。

三　相关先进城市的经验

目前，在我国天津、上海、深圳、杭州等城市都已制定了关于住宅、居住社区或城中村公共服务设施管理的规定，广州市规划局通过对以上城市的调查，发现其均以"规划优先、同步建设、无偿移交"为基本原则，各职能部门按照分工依法管理。同时，新加坡、香港等城市在公共服务设施建设方面也有成熟的经验，通过研究总结，发现各地管理具有以下特色。

1. 将公共服务体系建构与城市发展空间战略相结合

公共服务设施配套水平、质量等不仅关系市民的居住生活便利程度，还关系城市的综合承载力和可持续发展能力。新加坡、香港、上海等先进城市都将公共服务体系、公共中心体系的建构与城市空间发展战略相结合，注重通过公共服务设施、公共交通设施与居住项目的同步或者适度超前建设，建设"宜业宜居"的新城或者城市副中心，拉开城市格局，不仅有效地解决了新区公共服务设施配套滞后、人气不足等问题，还有力地拉动了新区建设，推动多中心城市空间结构的实现。

作为特大城市的上海，由于外部严峻环境的倒逼和自身发展瓶颈的约束，既给上海城市发展带来了复杂性和不确定性，同时也提供了重要的历史机遇。上海面临着实现"四个率先"和加快建设"四个中心"的双重任务，在"十二五"规划中，明确提出以"创新驱动、转型发展"为发展主线，引领当前全市社会经济发展的全局，探索大都市空间战略路径。为实现建设"四个中心"即国际金融中心、航运中心、贸易中心、国际经济中心和社会主义现代化国际大都市的发展目标，提出了"坚持以人为本，切实保障民生"的一条基本能原则。即以保障性住房和公共设施建设为重点，大力发展社会事业，提高基本公共服务保障能力和均等化水平，营造使用便捷、保障有力的城市公共服务体系；构筑多元住宅供应体系，主办形成橄榄型居住结构，同时使城市住宅发展总体布局应保持与城市空间战略拓展方向相一致。通过规划手段引导公共服务设施与住区建设同步协调，合理布局。

新加坡的城市发展规划采取二级体系，分别为战略性的概念规划和实施性的开发指导规划，因开发指导规划更为详细和具有针对性，现已逐步取代总体规划，成为现行的法定规划。开发指导规划根据概念规划的原则和政策，针对各分区的发展条件，制定区划用途、交通组织、基础设施建设、环境改善等方面的开发指导细则，对城市开发活动极具指导意义。在公共服务建设方面，做到划分等级，明确公共设施服务范围。将全国分为 5 个区域，并进一步细分为55 个规划区，其中有 23 个规划区为相对独立的新镇，设置为镇中心，是相对平衡的独立功能区，人口规模 15 万～20 万人。在镇一级基础上，划分邻里单元，设置邻里中心，人口规模约为 1 万～2 万人。区—新镇—邻里中心各级公共服务设施均有明确的服务范围，布局均等，且相对集中，与各轨道站点结合较好。在各自服务范围内，公共设施位置可以在下层次规划中进行动态协调，即保证弹性又保证了落实的均衡性和可操作性。同时，为集约用地，在高等级公共配套设施建设中，采用立体复合的建设模式，打破传统的单一占地模式。分级制的公共中

心在拉开城市格局，拓展城市功能，集聚人气方面划分方面卓有成效。

2. 在建设主体方面，更强调政府的主导作用和属地责任

新加坡、苏州、成都的"邻里中心"及香港的公益性服务设施项目，均由政府（或国有企业）负责，由政府投资建设并运营。

新加坡密切结合其初始社区的特点和时代发展的需要，脱胎于"邻里单位"思想的"邻里中心"。顾名思义，是指邻里单位中的公共中心，包括商业、公共机构（医疗、图书馆、教堂等）、开放空间和一部分住宅。其实际已是一个分层配套的居住社区公共活动中心概念，依其服务范围从大到小，包括区域中心、镇中心、居住区中心及其各自周围的其他配套设施。对不同级别的邻里中心确定不同的规划指标，提供更多的社区公共活动空间，促进人际融合，构成城市文化的基本单元；以政府行为制订规划和审批设计，以企业行为组织住宅开发的配套建设；规划界定邻里中心的服务范围，在市场有效的前提下确定了邻里中心设施的有效市场范围，以创造最大规模的社会、经济综合规模效益。随着广州市城市化水平的日益发展，众多新建居住区的日常管理中的许多政府行为转变为按现代居住要求进行经营的群众自治行为。这对公共设施配套提出了空间上的新要求，在配置规划上也面临新的挑战。

在我国和新加坡两国政府合作开发的苏州工业园区内，其居住建设规划充分吸收了新加坡新镇规划的思路，首次尝试开发建设居住邻里。园区共分为三个居住镇区，设立镇中心，规模约为 3 万~10 万户。在镇区内又划分多个4000~8000 户的邻里，设立邻里中心，服务半径为 500 米，集中了主要的社区公共服务设施，由专门的机构负责建设。邻里中心包含若干 300~700 户的组团，组团内一般不设或只设极少的公共设施。通过引入合理的商业配套和生活配套，8 分钟距离内的邻里中心让市民以家为乐园，规划设计丰富的园林景观，配置充足的健康设施，打造了人本交流的大平台，是探索新型社会服务模式的产物，其"有序、规范、配套"的模式特点，为我国住区公共服务设施建设提供了良好的借鉴意义。

天津、上海、深圳等市都按照建设项目的类型来规定建设主体，且规定了由区政府主导建设的项目类型，充分发挥区政府的积极性和能动性。如天津规定独立选址的非经营性公建，由区县建设行政主管部门使用公建配套费投资建设，建成后无偿向区县有关部门移交。上海坚持以区为主，各建设基地所在区政府是建设基地市政及公建配套设施建设和管理工作的第一责任人，实行目标责任制管理。

3. 在管理机制和财政支持方面，创新建设机制和财政支持模式等

针对公共服务设施资金筹措困难等问题以及新区、城中村等公共服务设施配套薄弱问题突出的地区，上海市制定了加强新区大型居住社区公共服务设施建设的一系列配套激励政策，并引入了国有企业集团对口建设的新机制，如《关于免收经济适用住房城市基础设施配套费的通知》、《上海市人民政府办公厅转发市商务委关于进一步搞好社区商业建设意见的通知》（沪府办发〔2009〕42号）、《上海市人民政府印发关于推进本市大型居住社区市政公建配套设施建设和管理若干意见的通知》（沪府发〔2009〕44号）、《上海市住房保障和房屋管理局关于加强新建住宅小区公建配套设施方案审核的通知》（沪房管财〔2010〕71号）等；深圳则引导辖区股份合作公司开展城中村公共配套设施建设工作，按照"政府主导、市场运作"的原则，大力推动集体股份公司发挥资金、信息优势，结合区政府下拨的基础设施和公共服务设施的专项资金引入物业管理，引导辖区股份合作公司从管理层面上完成城中村由"村"向"城"的转变。可见，上海市与深圳市均对公共服务设施实行专项资金支付、补贴等制度，以加快公共服务配套设施的建设。苏州、成都则实行由国有独资企业开发、运营邻里中心的创新机制，兼顾公共利益和经济利益。这些创新机制和举措均取得了较显著的效果。

4. 在制度建设方面，各地针对最突出的问题进行规范

天津市为规范新建住宅配套非经营性公建的建设和管理，科学合理配置和建设公共服务设施，保障居住区服务品质，根据有关法律法规规章和技术标准，制定《天津市新建住宅配套非经营性公建建设和管理办法》（津政办发〔2012〕29号）对新建住宅配套非经营性公共服务设施的建设和管理作出了相关规定；上海对大型居住社区建设基地的市政公建配套设施建设和管理制定了政策文件，形成了《上海市人民政府印发关于推进本市大型居住社区市政公建配套设施建设和管理若干意见的通知》（沪府发〔2009〕44号）；深圳由各区根据不同情况分别制定公共服务设施的管理规定，如福田区针对城中村的市政基础设施和公共配套设施建设专项资金管理等方面作出规定，由区政府印发

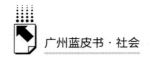

了《深圳市福田区关于支持城中村市政基础设施和公共配套设施建设专项资金管理的暂行办法》，以加强城中村建设，提高城市化水平。

四　2013 年广州公共服务设施规划、建设和管理的初步探索

针对存在的问题并结合国内外先进城市的经验，广州市规划建设系统的有关部门开展了不少探索性工作，已取得了初步成效。

1. 从规划编制着手加强公共服务设施的落地

广州市在规划编制过程中，对强化社区公共服务设施规划建设进行了不懈努力和探索。

在宏观战略规划方面，广州从 2000 年战略规划即提出"加强城市公共服务设施和基础设施建设，完善各项配套设施，提升城市的生活品质"的城市规划战略目标。2009 年进行战略规划修订，广州市又进一步提出了"从安居到宜居"规划策略，强化城乡公共服务体系建设。针对 2010 年和 2020 年的两版城市总体规划成果，均深入进行公共中心体系专题研究，以建设宜居城市的指导思想对公共中心体系层级结构、公共服务用地和设施的规模、指标和空间布局提出清晰的指引。

在详细规划方面，通过控制性详细规划全覆盖和精细化城市设计，克服以往"重物轻人"的短板，满足宜居城市的要求，对居住区级配套设施作进一步完善。结合居住人口分布与居住结构，合理布局各项生活配套设施。在部分重点地区的城市设计和控规编制中探索学习新加坡的做法引入"邻里中心"的概念，在原有的片区级、居住区、小区级公共设施服务体系的基础上增加了基层的邻里单位层级，形成"8 分钟的步行生活服务圈"，做到便民利民、提高社区居民的生活质量和城市的环境质量。

在乡村地区公共服务设施规划方面，结合《美丽乡村试点建设工作方案》的实施，制定完成《广州市农村建设规划编制工作方案》和《广州市美丽乡村示范村庄规划纲要》，对乡村公共服务配套设施规划建设的标准、类型、布局和实施建设方式进行进一步细化落实，并依据上述文件开展新型城市化村庄

规划的修编工作。

2. 实施"一平台、一标准、一规章",提升和完善公共服务设施建设管理水平和设置标准

2009 年,广州市规划局开展了《广州市社区公建配套设施 2008 年现状及规划信息调查及数据建库》编制工作,将现状及审批的社区公共服务设施纳入规划管理信息统一平台中,为规划管理和决策提供技术支持。

2012 年 3 月,广州市规划局启动《广州市城乡居住区(社区)公共服务设施设置标准》(修订)工作,针对标准滞后的问题,按照当前配套要求和远景发展需求,对公共服务设施设置标准予以更新,下一步将提交市法制办审查后作为《广州市房地产开发项目配套公共服务设施管理规定》的附件一并施行。

2012 年 7 月 1 日起施行的政府规章《广州市城乡规划技术规定》对居住用地内的公共服务设施的设置和建设时序作出了明确规定(第二十四条)。

3. 完善公共服务设施规划、建设、验收移交和监管管理

早在 2010 年 2 月 21 日,广州市建委就制定《广州市房地产开发项目配套公共服务设施建设移交管理规定》并开始施行,对公共服务设施建设移交进行了规范。2013 年广州市建委正在起草政府规章《广州市房地产开发项目配套公共服务设施管理规定》,对配套公共服务设施从规划,到土地出让,建设、移交和使用等环节进行全面的规范,并明确规定政府相关部门管理职责、法律责任。

五 对完善广州市公共服务设施配套建设的若干建议

2013 年,广州市委、市政府已明确提出要把民生幸福作为城市发展的最高追求,从更高的战略高度对全市公共服务设施配套建设提出了更高的要求。我们建议,在推进广州新型城市化"1 + 15"政策文件以及相关重点工作的基础上,在结合相关先进城市经验和广州今年来的实践,要以下几个方面进一步强化对完善广州市公共服务设施配套建设。

1. 按照属地政府牵头负责的模式,贯彻落实"123"城市发展战略和政策文件,推进优质均衡的公共服务设施建设

广州市最近完成的《广州市城市功能布局规划》,已于 2012 年底通过市委常委会扩大会议审议。该规划明确了"优化提升一个都会区、创新发展两个新城区、扩容提质三个副中心"的城市发展战略,将建构优质、均衡与人口分布相适应的公共服务体系与城市发展空间战略相结合,优先落实六大功能区的 12 类 165 项基础性民生设施的量化目标(含"大配套""小配套"和市政基础设施等),鼓励引导中心城区教育、医疗、文化和体育等各类优质资源向两个新城区、三个副中心覆盖延伸。上述量化目标已纳入广州市新型城市化"1 + 15"政策文件之十一《中共广州市委广州市人民政府关于加强规划引领节约集约用地的实施意见》中,并制定了相应的鼓励、引导和限制措施,明确由所在的区(县级市)政府牵头、各部门配合组织实施。广州市规划局拟在以后工作中,将实施新型城市化发展战略的"1 + 15"政策文件的工作要点任务分解落实和责任目标考核,积极发挥属地政府的主导和主动作用,切实保障上述公共服务设施的落地实施,努力促使广州市的公共服务配套布局和水平在 2015 年迈上一个新台阶。

2. 加快规章和技术标准的制定,优化配套标准,完善代建移交制度

应进一步配合市建委、市法制办推进《广州市房地产开发项目配套公共服务设施管理规定》的制定,以对配套公共服务设施从规划,到土地出让,建设、移交和使用等环节进行全面的规范,并明确规定政府相关部门管理职责、法律责任,切实加强对房地产开发项目配套公共服务设施的建设、移交的监管;同时,尽快完成《广州市社区公共服务设施设置标准》的修订,制定与新型城市化发展要求相适应的、覆盖城乡的公共服务设施配建标准。

3. 出台配套政策,创新建设模式和财政支持机制

要借鉴上海、苏州、深圳等的经验,按照"政府主导、市场运作,以区为主、市区联手"的原则,由市建委牵头,会同规划、国土、发改、财政等部门制定《关于推进社区公共服务设施规划建设和管理的若干意见》,针对目前广州市公共服务设施的薄弱环节和地区,大胆创新建设模式、财政支持机制和给予政策倾斜。具体建议:一是针对公共服务设施配套薄弱的两个新城区、三个副中心以及都市区外围的番禺区、白云区等,在强调属地政府牵头负责的同时,加强市级部门的统筹协调,优先安排上述地区的公共服务设施相关建设资金和开办资金,对于新区紧缺的社区卫生、基础教育等设施,可考虑由市级财政给予一定的补贴或奖励。二是积极创新建设模式，对于独立占地、投入较高、建设难度较大的公共服务设施，推行"双主体模式"（政府组织推动，主力银行金融支持），发挥"政府—银行—企业—市场—社会"五方的权能，保证公共服务设施的落实；其他公共服务设施，延续建设单位代建后移交的模式，但可以考虑在建成并移交后，建设单位可以申请退回相应面积的配套费，或者财政上给予一定额度的补贴。三是在白云新城等已按邻里中心的创新模式来规划公共服务设施配套的地区，考虑借鉴苏州工业园的建设模式，形成"8分钟步行生活服务圈"，探索由国有企业建设、运营的模式推进。

参考文献

《广州市城市功能布局规划》。

李盛：《新加坡邻里中心及其在我国的借鉴意义》，《国外城市规划》1999 年第 4 期。

吕传廷、杨明、黎云、何磊：《广州市公共中心体系的空间规划策略》，《转型与重构——2011 中国城市规划年会论文集》，2011。

朱喜钢：《城市空间集中与分散论》，中国建筑工业出版社，2002。

上海市规划和国土资源管理局：《"创新驱动、转型发展"背景下上海大都市空间发展战略的认识与思考》，五城市规划工作交流会，2012。

张大维：《城市社区公共服务设施规划标准与实施单元研究——以武汉市为例》，《城市规划学刊》2006 年第 3 期。

（审稿：蒋年云）

Research on the Problems and Policies for Constructing Public Facilities in Guangzhou

Liao Qijing, et al

Abstract：This paper studies on public facilities in cities, which sets forth temporary situations and problems of the public facilities of Guangzhou in her new-

style Urbanization process through comparisons with other big cities both domestic and abroad, and then concludes some countermeasures to perfect the planning, constructing, and management of the public facilities in Guangzhou after drawing experiences from the advanced cities and the work of public facilities constructing of Guangzhou this year.

Key Words: Public Facilities; System Constructing; New-type Urbanization

B.8
广州市越秀区提升街道城市管理
水平专题研究报告

——以农林街为例

何庆婷

摘　要：

城市环境的整洁、和谐、有序，是新型城市化建设的必然要求，也是街道工作的重要抓手和重要着力点。如何构建科学发展、以人为本、集约高效的城市管理工作格局，是当前街道城市管理工作的重要落脚点。广州市越秀区农林街从城市管理基础工程、城市管理主体责权、城市管理工作机制、城市管理运行环境入手，全面阐述当前街道城市管理水平客观存在的问题，并提出在新型城市化发展理念下提升城市管理水平的研究对策。

关键词：

城市管理　城市建设　新型城市化发展

城市管理是社会管理的重要组成部分，构建科学发展、以人为本、集约高效的城市管理工作格局，推动城市环境更加整洁、和谐、有序，是新型城市化建设的必然要求，也是街道工作的重要抓手和重要着力点。

一　制约城市管理工作的突出矛盾和问题

近年来，农林街围绕创建国家文明城市、国家卫生城市、国家环保模范城市，狠抓城市管理和城区环境治理，大胆创新工作理念和工作模式，形成了一

套行之有效的管理机制，辖区内市容环境大幅度好转，城市管理水平进一步提升。但是，整体而言，农林街城市管理工作中还存在不少矛盾和问题，突出表现在以下方面。

（一）城市管理基础工程不够完善

1. 城区基础设施建设较为滞后

农林街地处老城区中心，辖区内街巷、社区及居民楼栋建成年代较早，辖区路网、水电管线、排涝设施、化粪池等市政和居民生活基础设施规划、建设、维护、修缮或更新等较为滞后。此外，随着城区经济社会发展，辖区停车设施捉襟见肘，车辆乱停乱放现象日益严重，从调研情况看，农林街28条内街内巷中就有20条存在严重的乱停放现象，既影响城市市容秩序，同时也带来较大的消防安全隐患。

2. 城市市容环境整体水平有待提升

主要表现为区域环境参差不齐，内街内巷及老旧社区环境存在明显短板、卫生保洁工作不到位，卫生死角清理不彻底、居民公共环境和卫生整洁意识差，乱丢乱扔乱吐现象多，商铺门前"七包"责任制不落实，责任区域环境不能及时有效整治等方面。

3. "两违""六乱"现象易反弹

主要表现在对城区"两违""六乱"查控、整治和震慑力度不够，辖区内新建违建难以彻底遏制，历史违建清拆阻力较大，辖内街巷特别是中山医路、农林下路和新南路等重点地段和重要节点乱摆卖、乱堆放和占道经营问题仍比较突出等。

（二）城市管理主体责权不够明晰

1. 管理主体责、权、利不统一

随着市、区两级事权大量下放，街道属地管理职责不断强化，街道管理工作任务越来越重、标准越来越高、压力越来越大，而相应的管理权限及经费等却未同步划转，造成责、权、利不对等、不统一，一些工作任务因保障不到位难以及时有效落实。

2. 管理主体职责划分不够明晰

清晰界定管理职责是实现高效管理、常态管理和精细管理的必要条件。当前，部门与街道在城市管理职责划分上还存在一定程度上的主次不明、责任不清、任务重叠等问题，有些本应由职能部门负责的事务（如路灯照明、电信线缆管理等专业性很强的管理领域），最终由街道承担，导致街道该管的工作管不到位，影响了城市管理工作整体效能。

3. 社会主体的职责发挥不明显

城市管理是一项综合性的社会系统工程，需要构建各方权责明晰、协调联动、全社会齐抓共管的发展格局，但当前城市基层管理仍然较多依赖政府管理职能发挥，辖区内机关团体单位、生产经营实体和居民群众的城市管理主体意识不强、职责不清、参与不积极，城市基层管理的社会力量作用发挥不明显。

（三）城市管理工作机制尚不健全

1. 日常管理机制不完善

当前，城市基层管理工作面临诸多新矛盾、新问题，比如路面"走鬼"集团化、少数民族特殊化、清拆两违复杂化、乱摆乱卖机械化等，但城市管理整体上局限于传统的"治脏、治乱、治差"模式，仍然沿用"严防死守、突击强化"等老一套办法，头痛医头、脚痛医脚，城市管理长效化机制不完善，管理科学化、制度化、规范化、精细化体现不明显，实际工作中信息不对称、处置效率低、管理漏洞多等问题不同程度地存在。

2. 执法联动机制不健全

由于城市规划、建设、管理分离导致的条块分割、部门壁垒长期存在，城市管理执法与公安、工商、质检、国土、安全生产监管、食品药品监管、环境监察等相关部门执法体系在执法工作理念、手段、方式、目标和任务等方面不一致甚至相互矛盾，联合执法实现常态化、宽领域、广覆盖等方面仍存在诸多挑战，执法难以形成合力、取得实效。

3. 考评监督机制不健全

完善考评监督体系是确保城市管理效果的根本保障。由于街道与各职能部门没有建立相互监督机制，造成实际工作中监管脱节，遇到棘手问题相互推诿，"齐抓共管"有时变成了"谁都不管"，给街道城市管理工作带来许多问题和困难。同时，街道城市管理考核机制也不健全，管理目标责任不够量化，考评激励手段单一、缺乏吸引力，导致一些城管工作人员积极性不够高、作用发挥不够好，制约了街道城市管理工作的整体水平。

（四）城市管理运行环境亟待优化

1. 政策配套不完善

现代城市管理着眼对城市问题的综合治理，离不开城市规划与建设的同步发展，需要制定和完善一系列配套政策措施才能有效推进。当前，城市基层管理工作中，管的方面、堵的方面政策要求已经非常严格，但围绕如何从源头根治城市病、如何进一步完善城市功能、如何强化城市管理疏导、如何破解城市建管矛盾等方面相关政策配套却很滞后，导致城市管理与社会进步、城市发展和居民群众的需求不统一，城市基层管理工作遭遇重重阻力，甚至陷入恶性循环怪圈。

2. 法规制度不健全

城市管理面对的问题绝大多数是城市发展进程中久治不愈的顽症，但由于城市管理法律法规不够完善，缺乏制约执法对象的强制手段，导致城市管理工作中抗法者有恃无恐，各类暴力抗法事件时有发生。另外，由于多数案件处罚金额不大，相比之下，流动摆卖等既无证照又不缴税，投入少、利润高，违法经营风险小、成本低，因而不怕抓、抓不怕，处罚难以起到长足的震慑和教育效果。

3. 社会舆论不理想

城市管理对象大多是社会弱势群体，他们中大部分是因为生活困难或者缺乏谋生技能而加入"走鬼"行列，因而城市管理执法常常不太为群众所理解。同时，一些流动摊贩惯用"一哭、二闹、三躺倒"伎俩，恶人先告状，蓄意歪曲事实，容易博得不明真相的群众同情与支持。这些因素直接导致城管执法权威下降，执法力度受到制约，也大大挫伤了城管工作人员的积极性。另外，少数民族集体抗法、暴力抗法行为经常发生，但由于民族政策问题"软着陆"处理，导致城市管理工作更加难以开展。

二　全面提升农林街城市管理水平的主要对策和措施

为全面贯彻新型城市化发展战略，切实做好城市基层管理工作，全力营造整洁、和谐、有序的城区环境，加快构建宜居宜业的"幸福农林"，当前农林街城市管理工作应主要做好以下方面。

（一）大力夯实城市管理基础工程

1. 加快推进"里子工程"建设

要着眼优化人居环境，全面推进辖区基础设施的建设和改造，重点做好水电管线维护修缮、疏通小区排水沟并除污除臭、修复破损路面和单元门栋台阶、清理规范社区内"三线"拉挂等，全面改善辖区基础设施条件，提升居民生活幸福感。要研究推进并科学规划、建设好停车设施，加强路面静态交通整治，规范引导车辆停放、出行，切实解决车辆乱摆放问题，着力消除消防安全隐患。

2. 大力提升市容环境整体水平

要全面实施沿街商铺门前卫生责任制，严格落实广州市《城市管理综合执法条例》等相关规定及措施，对沿街商铺扫地出门、乱丢乱扔等现象加大制止和处理力度。要全面提升卫生保洁质量，强化环卫网格化、卫生公示、质量巡查管理等机制，落实卫生保洁定区域、定人员、定责任、定标准、定奖惩，确保辖区环境卫生不断好转。

3. 加大"两违""六乱"整治力度

要加大对违法建设的查控力度，坚持查处和铲除违法建设，做到新建违法建设严格控制，历史违章分期分批拆除。要定期开展联合整治行动，切实消除中山医、农林下、新南路等重要节点和重点区域占道经营和乱摆卖，有效控制内街内巷乱摆卖、乱堆放，消除主干道、窗口地区乱张贴。要完善巡查、守点、监控工作机制，确保"两违""六乱"不反弹。

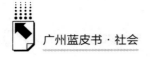

（二）全面落实城市管理主体责任

1. 进一步厘清管理权责

建议越秀区进一步厘清街道与相关职能部门的城市管理权责，健全"两级政府、三级管理、四级网络"管理体系，完善"统一领导、分级负责、以块为主、条条保证"工作模式，切实构建"费随事转、权随责走、权责统一"的合理机制。要有效区分和平衡横向属地管理与纵向专业管理的职能，切实发挥属地管理与部门管理的各自优势，真正构建"条履职、块协调"的良性工作格局。

2. 着力提高街道统筹协调能力

要进一步增强"守土有责""属地管理"意识，提升街道在城市管理工作中的主动性、创造性，坚持以我为主，搭建统一平台，整合相关资源，夯实城市管理工作基础。要加强街道与市、区相关职能部门，街道与驻街机团单位沟通协调，发挥基层"三所三队"作用，推进联合执法机制，推动城市管理、执法、服务三位一体，全面提升城市基层管理工作水平和能力。

3. 调动社会力量参与

要积极贯彻"小政府、大社会"理念，广泛动员和引导辖区居民群众参与城市管理，自觉维护市容环境，形成全民参与、共建共享的工作格局。要积极完善对长期守法经营、自觉维护城市市容秩序的商户的相关激励办法，落实机团单位和各类生产经营实体的城市管理违法责任追究，引导每个单位、每个经营者都负起相应的管理责任，切实做到"扫好门前雪"。

（三）科学完善城市管理工作机制

1. 强化常态管理机制

要着眼构建科学发展、以人为本、集约高效的城市管理工作格局，摒弃"围绕检查干工作、完成任务靠突击"等意识和习惯，完善细化日常巡查制度，全面落实网格化管理，严格实施"六定"（定人、定责、定岗、定时、定路段、定考核），通过对城市管理资源、技术和手段的全面整合及综合利用，形成各项工作广覆盖、全方位、日常化、规范化的管理机制，推动城市管理从"治脏、治乱、治差"模式向"做细、做优、做亮"模式转型升级，实现城市管理建设标准化、管理精细化，运行效能化和服务人性化。

2. 强化联动执法机制

要完善街道联席会议制度，加强街道城市管理科、城管中队与公安、工商、质检、国土等相关部门的协调联动，推进联合执法、立体管理、综合整治，在强化原有联合突击执法基础上，积极探索常态化联合执法机制，着力解决城市管理中因执法手段缺失导致管理不到位而产生的重点、难点问题，突破对违法自然人行政处罚执行难的瓶颈性矛盾与困境，切实提升城市管理执法能力，坚决维护好城区市容秩序。

3. 强化考评监督机制

要强化城市管理工作检查指导，完善城市管理工作考评标准，量化考评内容，推动以检促管、以考促管。要进一步强化责任追究制度，把城市管理工作责任引入效能监督，纳入各单位主要负责人政绩考核范畴，作为组织、人事、监察等部门考核负责人政绩的依据，对城市管理工作落实不力、管理不到位的，必须追究相关责任人责任。要进一步完善监督制约机制，落实上级下级双向监督，推进街道和职能部门之间相互监督，鼓励社区居民群众、媒体和全社会广泛监督，推动相关责任主体的责任落实，切实提升城市管理工作水平。

（四）全力优化城市管理运行环境

1. 完善配套政策措施

要着眼贯彻新型城市化发展理念，贯彻管理"以人为本"和"以引促管"原则，强化城市管理问题的源头治理，通过优化城区规划与布局，拓展城市载体功能，便利社会大众创业就业和居民群众生产生活，从源头上削减城市管理任务。要坚持建管并重、惩防并举和疏堵并用，科学谋划和探索实施中心城区住改商、卫生保洁市场化、停车及治堵、划区摆卖等政策或规定，着力破解城市建管矛盾、管理者与被管理者矛盾、人的发展与城市发展矛盾，促进城市管理与人的自由权利、城市品位提升和居民群众需求满足、城市文明进步和社会公平正义增长的和谐统一。

2. 加强依法行政氛围

要加强城市管理法规制度建设，积极完善城市管理法律法规，切实解决城市管理师出无名、保障不足等软肋。要坚持依法行政基本方针，充分利用好已实施的市容环境卫生、城市绿化、城市规划、市政及环境保护等方面法律、法规、规章制度开展工作，坚持公正、文明执法，坚持执法与教育、疏导、服务相结合，加强对违法行为的纠正和违法人的教育，注重城市管理工作的长足效果。同时，要加大对阻挠城管工作的相关人员的处罚力度，严惩暴力抗法行为，切实保障城市管理工作人员人身权利，维护城市管理相关法律权威。

3. 强化宣传舆论引导

要提升政府公关和舆论宣传意识，通过举办城市管理宣传咨询活动、利用街道社区宣传栏宣传、加大传统媒体和网络宣传等手段，广泛宣传城市管理工作的价值意义、城市管理法规规定、城市管理执法程序及效果等，增进居民群众对城市基层管理工作的认知和了解。要提升媒体应对和危机事件处理能力，加强对街道城市管理队伍正面典型的塑造和宣扬，加大对城市管理涉及问题的影响和危害，对城市管理工作中诸如流动摊贩以次充好、缺斤短两、不正当竞争等负面问题的揭露和曝光，主动引领社会舆论宣传方向，积极争取居民群众和媒介舆论对城市管理工作的理解和支持，切实营造有利于推动城市管理实现良性循环的良好社会环境。

（审稿：栾俪云）

Research on the Promotion of Street and Urban Management Level of Yuexiu District of Guangzhou

—An Example of the Nonglin Street

He Qingting

Abstract：As an essential requirement for New-type Urbanization，neat，harmonious，and order of the environment of the city is an important task for street management. It is a major mission for present street and urban management how to build a scientific developing, people oriented, intensive and highly effective pattern of city management. The Nongling Street of Yuexiu District of Guangzhou has set forth the problems existed in present street and urban management form the aspects of infrastructure of city management, powers and duties of the governor of city management, working mechanism of city management, and its working environment, and proposed some countermeasures to enhance its city management level in the idea of development of New-type Urbanization.

Key Words: City Management; Urban Construction; Development of New-type Urbanization

B.9
新型城市化背景下广州共青团
工作的思考与探索

魏国华

摘　要:

　　新型城市化是当前进一步推进广州市共青团工作的时代背景,既为广州市共青团工作带来转型发展的重要契机,也为新形势下的青少年工作带来了一系列新挑战。面对新型城市化下社会管理创新的要求,共青团组织只有发挥好枢纽型组织作用,从组织枢纽、价值枢纽和服务枢纽三个维度强化社会功能,才能不断提升共青团服务中心、服务社会、服务青年的能力和科学化工作水平。

关键词:

　　新型城市化　共青团　枢纽型组织

一　新型城市化背景下的社会管理创新

　　当前,我国正处于经济发展与社会转型的关键时期。30多年的改革开放不仅带来了经济的高速发展,也带来社会、经济、文化的急剧变化,社会管理创新成为了下一阶段城市发展所必须面临的重大课题。中共十八大报告强调,要围绕构建中国特色社会主义社会管理体系,加快形成党委领导、政府负责、社会协同、公众参与、法治保障的社会管理体制,加快形成源头治理、动态管理、应急处置相结合的社会管理机制。

　　广州作为改革开放的龙头之一,在城市化发展方面取得了巨大的成就。目前,广州城市化率已达83.8%,按照世界城市化发展阶段理论,广州已经进入城市化发展的第三阶段（城市化率超过70%），即完善提升阶段。广州市第十次党代会明确提出了"坚定不移地推进新型城市化发展，率先转型升级、建设幸福广州"的奋斗目标，并制定了"1＋15"系列文件，为广州未来发展明确了方向和目标。广州推进新型城市化发展，将紧紧围绕满足人的需求、提升人的素质、促进人的全面发展，牢固树立低碳、智慧、幸福的城市发展新理念。通过优化城市空间布局，打造花城、绿城、水城的生态城市品牌，提升社会服务管理水平，创造绿色健康、文明和谐的幸福生活。其中，建设"大社会、好社会"是新型城市化对于社会管理创新提出的总体要求。

社会管理是指政府及社会组织对各类社会公共事务所实施的管理活动，管理的主体不仅包括政府，也包括具有一定公共管理职能的社会组织。[①] 新型城市化发展要求在现有的社会资源和管理经验的基础上，引入新的社会管理理念、知识和方法，对传统的社会管理模式及管理方法进行完善，从而建构新的社会管理机制，更好地实现社会管理目标。一是转变管理理念，建设服务型政府。[②] 正确的社会管理理念是社会管理创新的先导，是确保社会管理创新实效性和持续性的重要基础。重塑政府行政的理念，就是要积极回应社会需求和公民诉求，实现以经济建设为主到公共服务为主的转变，由管理型政府走向服务型政府。二是培育多元主体，发挥社会组织作用。[③] 事实证明，社会组织和企事业单位的自律、自治，基层村民、居民组织的自治，是良好社会管理秩序的极为重要的方面，因此，社会管理主体多元化的重要方面是培育并引导社会组织协助政府管理社会，促进社会自治，特别是当前阶段培育尤为重要。三是运用综合手段，创新社会管理模式。[④] 社会管理应当是参与型的社会管理，不同的利益群体或者代表参与到社会管理当中，充分发挥各种力量的优势，实现由单一的行政管理模式向综合运用行政、经济、法律、政策、道德、科技等

① 参见郑杭生主编《中国人民大学中国社会发展研究报告2006——走向更讲治理的社会：社会建设与社会管理》，中国人民大学出版社，2006。
② 潘小娟、白少飞：《中国地方政府社会管理创新的理论思考》，《政治学研究》2009年第2期。
③ 丁元竹、江汛青：《社会公共服务供给与社会管理体制安排》，《理论与现代化》2006年第5期。
④ 俞可平主编《中国地方政府创新：案例研究报告》，北京大学出版社，2006。

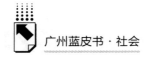

多种手段进行社会管理的模式转变，多运用服务性的手段实现社会管理目标。

二 共青团和青少年工作面临的新变化

新型城市化发展的全面推进，既为广州共青团工作带来转型发展的重要契机，也为新形势下的青少年工作带来了一系列新挑战。一是从工作对象来看，青年个性化、多元化特征更明显。传统的城市化是计划经济体制下，依靠大型国企的扩张带动的城市化，而新形势下的城市化是城乡一体化，依靠市场经济发展驱动的城市化。在新型城市化过程中，计划经济体制下的"单位制"力量逐步削弱。随着社会转型期计划经济体制下"单位"的解体，青年群体从"单位人"转变为"社会人"，脱离了单位的青年，或成为直接融入社会的"分子"式的个体，或成为青年自组织、社会组织的成员，表现出更加鲜明的个性化与自我意识。青年人勇于创新，乐于接受新事物，因此他们受到社会转型的影响更为深刻，表现更为强烈，思维方式、行为习惯与传统方式相比呈现明显的差异化特点，凸显出明显的个人主义色彩与自我意识。面对这样一群自我意识不断增强的青年，传统的指令式的工作模式已难以充分发挥作用，理应与时俱进，采取更加注重工作对象主体性和参与性的工作模式。二是从工作主体来看，传统共青团工作模式已不能很好地适应新形势。改革开放以来，随着市场化转型加速和市场主体的不断壮大与独立，青年群体的社会流动性不断增大，共青团过去主要通过单位来组织和维系青年的方式已不能覆盖全体青年。相对于青年人不断增长的实际需求，共青团服务青年的能力相对不足。因此，在新型城市化背景下，共青团组织的建立、运行必须走出单位制的工作方式与组织方式，充分应用信息化技术构建新的组织联络方式，才能覆盖到体制内外的青年群体。同时，必须把服务青年群体利益诉求作为一切工作的出发点和落脚点。找准服务青年的切入点，真正把党政关注、青年欢迎、团组织可为、社会关注参与的项目设计成为活动品牌，将其做实、做大、做强，真正提高团组织的吸引力和凝聚力。三是从工作环境来看，共青团工作方式需要创新和提升。现代科学技术快速发展，网络技术日益普及，互联网的信息资源共享、快捷、及时、方便以及实时交流，使得现代社会信息传播方式呈现平等性、开放性和个性化特点，为引导青年的传统工作路径带来了全新挑战。青年喜爱时尚、追求创新的特点，使得他们受新媒体影响尤为明显，青年集聚和交流方式也悄然地发生着革命性变化，微博、微信、QQ等新媒体成为当前青少年最热衷的时尚化交流联络方式。共青团工作要真正吸引青年，就要适应现代信息传播特点，使青年工作更时尚、更贴近青年。同时，要关注新的舆论阵地，利用新媒体做好青年引导工作，及时、快捷地做出正确舆论导向，引导青年健康成长。

三　构建枢纽型组织是共青团适应新型城市化的必要举措

参与新型城市化背景下的社会管理创新，适应新形势下共青团和青少年工作的新变化，引导服务好青年社会组织是广州共青团一项重要而紧迫的历史任务。从青年社会组织的角度而言，个体组织为了积累资源、获取信息、掌握渠道、实施影响以及获得自身合法性和被接受性，都有加入青年联盟或走向联合的需要。个体社会组织力量弱小，只有集结聚拢或依靠现有的大型中介性联合组织，与政府部门有直接的沟通、对话和互动，才能更大程度争取组织生存发展所需要的制度、政策、物质等各种资源。[①] 广州共青团构建枢纽型组织能够最直接地回应了个体组织的这种现实需要，顺应经济社会发展趋势，有利于促进社会自治和自我管理，也有利于加强党的领导，是新型城市化背景下实现社会管理创新的必要举措，是党领导下的人民团体在新时期下如何发挥更大作用的积极探索。

首先，广州共青团构建枢纽型组织有利于政府从直接管理社会组织向交由共青团引导青年社会组织科学集约管理转变。尽管共青团表面上具有较强的行政特性，但实质上区别于一般的政府行政机关，其基本属性还是以青少年为组织服务对象的人民团体，与个体的青年社会组织有着天然的组织维系优势。行政部门作为社会组织主管机关，将青年社会组织的具体事务管理权限交给具有

---

①　理查德·斯格特：《组织理论》，黄洋、李霞等译，华夏出版社，2002。

领域龙头地位的共青团，有利于政社分开、行业引导以及青年社会组织的自我管理。

其次，广州共青团构建枢纽型组织有利于青年社会组织更均衡地获取政府的项目购买支持。目前，广州市青年社会组织整体发展不平衡，个体力量相对弱小，生存压力较大。共青团构建枢纽型组织可以发挥统筹规划和发展指导作用，扶持培育青年社会组织，完善组织管理，增强组织能力，引导错位发展，参与社会事务，承接政府项目；便于使同领域的公共资源集中共享，有利于对资源进行合理规划和有效配置，避免重复投入与建设。

最后，广州共青团构建枢纽型组织有利于黏合同类青年社会组织的整体合力。青年社会组织的生存发展，需要争取一定的社会资源，协调各方利益关系，强化与政府的互信互动。共青团发挥枢纽型组织作用，成为青年社会组织的"领军者"和"代言人"，可会聚各类青年社会组织的声音，搭建政府与青年社会组织的沟通桥梁，促进政府与青年社会组织交流合作。由政府权威部门认定的枢纽型组织容易获取政府信任，易于体制内资源的整合，争取政府更多的扶持与资助，有利于提高青年社会组织间的资源共享与归属感。

因此，共青团要确定好构建枢纽型组织的原则和思路，选择行之有效的方法和途径，不断强化社会职能，提高服务能力，发挥好关键载体的作用。

四　广州共青团构建枢纽型组织的实践探索

现实表明，共青团构建枢纽型组织，既可强化共青团的政治功能，又推动共青团自身转型发展，充分发挥共青团联结社会组织参与社会建设的桥梁纽带作用。共青团广州市委从"党的助手后备军、政府青少年事务的协助者和社会青少年事务的引领者"三个定位出发，结合新型城市化发展要求，遵循"更加注重以人为本、更加强调组织的社会功能、更加注重科学的模式设计"的原则规划共青团工作内容，并在构建枢纽型组织工作和路径选择方面作了大量行之有效的现实探索，主要是通过构建服务经济社会发展和青少年成长成才相结合的广州青少年工作体系，将无序的青年社会组织纳入党团的工作领域，引导党政资源、团组织资源、社会组织资源合理覆盖青少年工作领域，服务青年群体，实现"联系得到青年、影响得了青年、带领得动青年"的目标。一是健全广州青少年工作的组织运行体系，坚持层级化组织建设和非层级化组织建设双轮驱动，对于层级化组织重点在做强，对于非层级化组织重点在做实。层级化组织与非层级组织之间通过信息化手段实现组织的共联，通过区域工作联席会议制度实现资源的共享，建设和完善基层团支部能"建起来、活起来、联起来"的组织网络。二是健全广州青少年工作的价值导向体系，以社会主义核心价值观的培育引导为核心，进一步畅通价值传播渠道影响青年，树立价值引导典型激励青年，开展价值践行活动锤炼青年。三是健全广州青少年工作的服务项目体系，围绕青少年生存健康、教育培养、职业发展、婚恋家庭、文化体育、社会融入6个方面和志愿服务、团组织建设形成的"6＋2"工作项目体系，构建服务经济社会发展和青少年成长成才相结合的工作项目体系，形成广州共青团推动新型城市化的八大行动项目品牌，通过项目化运作落实工作内容，通过项目资助形成工作导向，通过社会化合作拓展工作资源。同时，对应以上三个工作体系，建立一套系统客观的青少年指标数据库，完善数据统计渠道，科学研判分析数据，针对"短板"调查研究，整理并形成专题调研报告建议书，定期发布广州青少年发展状况蓝皮书，为青少年工作项目的设置提供依据，为全市青少年工作政策的形成提供参考，充分发挥共青团组织枢纽、价值枢纽、服务枢纽的作用。

（一）扩大工作覆盖的广度，发挥组织枢纽作用，夯实基层组织建设基础

在强化层级化组织建设方面：一是完善工作机制，健全完善组织体系建设。按照团中央、团省委要求，加大各区（县级市）、机关、国有企事业单位、高校等团组织党建带团建工作力度，提升基层组织能力建设，召开全市党建带团建工作会议，出台《关于加强新形势下广州市基层党建带团建工作实施意见》，健全完善基层党建带团建长效机制；完善基层团组织目标考核办法。不断健全以共青团为核心、辖区内国有企事业单位、高校、非公企业团组织、驻穗团组织为主体的区域工作联席会议制度和分战线口联系制度，与青年社团、自组织建立起快速联系和沟通的渠道。二是强化队伍建设，加大团干部和青年人才培养力度。坚持德才兼备、以德为先标准，以民主、公开、竞争、择优为原则，把政治过硬、作风扎实、自律严格、善于做青年工作的优秀青年选拔充实到团干部队伍，大力开展团支部书记培训并建立起轮训制度和持证上岗制度，首先分两年对全市 11376 名团支部书记进行一次培训，2013 年完成首批 5000 名基层团干的培训任务；抓好"杰出青年人才支持工程"的实施，加大青年人才队伍建设，培养、扶持、维系一批优秀青年人才，2013 年在自然科学、哲学社会科学和文化艺术等领域，选拔 25 名杰出青年人才给予重点培养扶持。三是加强指导联系，推动基层组织增强活力。推进"志愿时"综合管理系统建设，在越秀区、白云区流动团员社区报到试点的基础上，在全市推广流动团员社区报到系统并加强线下维系互动；推动"志愿时"系统内志愿者个人与志愿服务组织的专属网络空间全面活跃，增强志愿者个人和组织交流展示等互动功能；全面落实机关团干部挂点联系基层"五个一"工作，即每个机关干部挂点联系 1 个基层团组织、1 个志愿驿站、1 个"两新"团组织、1 个青年社会组织、1 个乡镇实体化"大团委"，进一步加强对基层团组织的工作指导和支持。

在强化非层级化组织建设方面：一是推动"两新"组织团建和乡镇实体化"大团委"工作稳步开展。围绕"建起来、活起来、转起来"的工作路径，全面活跃已建立的 4750 家"两新"团组织，按照"五有四好"的"达标创优"标准对"两新"团组织进行巩固提升，并加大力度新建立一批"两新"团组织，建立一批两新组织"团建示范点"；在全市 7 个区（县级市）共 35 个镇推进乡镇实体化"大团委"建设，新建乡镇直属团组织不少于 1000 个，督促每个镇、街道团组织每年不少于 5 万元的专项工作经费保障落实。二是推进青年社会组织的终端载体建设。加强广州市青年社会组织孵化基地建设，进一步细化基地体系为孵化基地总部、展示交流中心和各区孵化基地分站等三大部分，为青年社会组织免费提供办公场地、政策咨询、骨干培训、项目指导、质量问询等"大管家"服务，为青年和青年社会组织提供休闲、集聚、交流的场所。同时，制定《青年社会组织建设指南》等制度，引导青年社会组织依托"志愿时"综合管理系统建立完备的运行机制和合理的管理团队，打造特色服务项目。三是加大青年社会组织培育孵化力度。探索建立青年社会组织分层分类孵化培育体系，力争入驻青年社会组织数量达到 80 家，引导入驻青年社会组织孵化注册率达 60% 以上；继续推进 150 间志愿驿站常态化运行，提升志愿驿站团支部组织活力，成立全市志愿驿站联合会，建立市、区（县级市）、志愿驿站三级"三会"（理事会、执委会、监委会）制度。

（二）拓展工作传输的深度，发挥价值枢纽作用，健全青年价值引导体系

一是畅通价值传播渠道，构建全面立体的媒介体系。发挥传统媒体的引导作用，深化与暨南大学新闻与传播学院等的战略共建合作，全面提升《广州青年报》的办报、办刊水平，丰富《广州青年报》的产品流线，依托《广州青年报》加强青年热点探讨引导；依托《青年探索》加强青年理论研究，争取《青年探索》重新成为全国青年研究类核心期刊；善于运用微博、微信等青年人喜闻乐见的新媒体增强思想工作的时尚化，提升运用微博、微信等新媒体开展团工作的能力，完善微博运作模式，继续保持广州共青团微博在全国共青团系统政务微博排名前列（目前全国排名第二），并创建"广州青年"手机推送端，探索对青年价值引导的新路径，提升广州共青团门户网站影响力，全面打造成为广州青少年综合服务平台，实现对青少年的有效引导；依托"快乐大舞台"的平台，建立完善共青团进社区与青年面对面的渠道。二是树立价值引导典型，发挥榜样带动作用。结合"五四"纪念活动，表彰全市青年工作先进集体和个人，坚持开展好"青年文明号""青年岗位能手"争创评选活动，动员 1400 多家市级以上青年文明号积极投身新型城市化建设；开展青年就业创业帮扶行动，选树广州青年自主创业典型和农村青年致富带头人；组织开展 30 场以上"杰出青年""志愿服务'广州奖'"获得者、"广州青春榜样"事迹宣讲进校园、进企业、进社区活动，充分发挥青年榜样的示范带动作用。三是开展价值践行活动，组织青年服务社会大局。以学习贯彻十八大精神为契机，开展十八大精神"百姓宣讲团"等活动引导青年投身新型城市化建设，积极参与服务全市"三个重大突破"、南沙新区、中新知识城建设等重大工程、重大项目；筹划组织"中国青年企业家广州行"活动，联合团中央、团省委组织全国青年企业家协会会员到广州参观考察、出谋划策，助力广州新

型城市化；继续推进"团一大"历史研究和纪念馆筹建等重点工作；认真筹备共青团广州市第十五次代表大会，科学谋划未来5年广州共青团工作；按照全年"一月一主题、一月一品牌"大力开展重大节点共青团主题实践活动，并探索常态化机制；以志愿服务为重要载体，组织广大志愿者在服务国家文明城市复检、扶贫"双到"、春运、迎春花市、广交会、金钟奖、横渡珠江等全市工作中展现风采；组织"青年人大代表、政协委员与青少年面对面""红领巾议事堂"等活动，发挥党联系青年的桥梁纽带作用。

（三）提升工作带动的力度，发挥服务枢纽作用，强化共青团社会功能

一是抓项目、促落地。广州共青团围绕青少年生存健康、教育培养、职业发展、婚恋家庭、文化体育、社会融入六个方面和志愿服务、团组织建设形成的"6+2"工作项目体系，丰富完善服务经济社会和青少年成长的工作项目库，推动青少年社会服务领域管理创新；社会管理事务涉及民生与社会福祉等各个方面，需要共青团以目标为导向，合理利用每一份资源，对资源在成本、时间、质量三个方面进行全方位、全过程的控制。与广州大学共建广州史与青年发展研究中心，发布2013年广州青少年发展状况蓝皮书，以项目需求引导带动社会青少年服务的产品供给；探索与政府职能部门共建服务项目，发挥海珠区"青年地带"项目的示范带动作用，指导推动社工机构、社会组织在镇、街道家庭综合服务中心设立社区青少年服务项目；在全市重点推动300个由社会组织、志愿服务组织、团组织承接的青少年服务项目落地运行；完善基层团组织项目资助和评估制度，2013年继续筹集600万元用于资助基层团组织工作；委托中山大学构建青少年服务项目绩效评估体系，通过绩效评估检验落地项目的运作成效，提升青少年服务项目的系统化、科学化和规范化水平。

二是抓试点、促推广。根据广州共青团工作目标和工作格局，结合各区（县级市）共青团和青少年工作的特点和优势领域，选取部分区（县级市）、镇、街道作为工作或项目试点，打造共青团和青少年工作"一区一特色，一区一品牌"的工作格局。如探索联合海珠区建立志愿服务示范区，联合白云

区建立服务外来务工青年示范区，联合天河区建立党建带团建示范区，联合荔湾区建立青年社会组织培育示范区，联合南沙区建立粤港澳青少年交流基地示范区，联合从化市建立农村共青团工作示范市，等等，通过联合调研、驻点指导、信息收集等手段推动工作，集中人力、物力、财力重点突破制约试点工作推进的关键环节，牵住试点工作的"牛鼻子"，加大力度通报反映各地试点工作进度和工作经验，及时总结试点工作阶段性成果，召集有关专家、学者、老团干、社会组织骨干、志愿者领袖等共同分析总结试点工作经验，查找试点工作不足，促进试点工作效果不断提高，形成并在全市逐步推广各类试点的工作经验，促使共青团工作整体水平的提升与改进。

三是抓保障、强执行。新型城市化背景下的社会管理与服务，并不是由政府包办社会，而是要动员社会力量参与，改变社会建设资源单一化问题。然而，共青团作为政治性组织，应优先争取党政部门在制度与政策上的帮助支持团组织建设，积极强化党建带团建工作新成果。善于将共青团工作与党政部门中心工作相结合，加大与各职能部门、群团组织、行业系统的协调与合作。借助党政资源的渠道与方式，最大限度地争取党政资源，落实每个镇、街道团组织每年不少于5万元的专项工作经费保障，并加强对经费使用情况的检查监督。争取政策资源推动市人大常委会审议通过《广州市未成年人保护规定》，巩固全市未成年人保护工作政策保障。向政府争取配套资金用于关心青少年成长，帮贫救困，为志愿服务活动提供场所；争取官方传媒支持，为社会组织和志愿服务活动进行宣传和造势。此外，通过项目承包形式，从社会各界争取项目资金，也是共青团动员社会资源强化工作保障的重要途径。比如志愿服务广州交流会就是共青团充分发挥枢纽型组织作用，通过党政支持，为志愿者（参与方）、志愿服务组织（供应方）、志愿服务需求机构（需求方）、爱心支持企业（支持方）搭建便捷、高效、畅通的资源对接平台，创新性地帮助社会组织解决实际问题。2012年举行的第二届志愿服务广州交流会，共吸引了501个志愿服务组织、796个项目申报参展，社会爱心机构、爱心人士踊跃支持相关组织和项目，共汇聚爱心资源1219万元，资助310个社会组织的501个优秀项目。其间通过志愿服务组织争取社会支持，用"市场经济"的理念培养组织加强能力建设的意识和提升适应社会需求、满足社群需要的能力，也使共青团组织团结凝聚了一大批社会组织。加强市青少年发展基金会、羊城志愿服务基金会运作管理，建立社会小额资金捐赠平台，优化社会资源的募集调配。推广应用"志愿时"综合管理系统，打造"志愿者、志愿者组织、服务项目"的虚拟化对接平台，既为志愿服务工作管理者提供了可供参考和查阅的记录和依据，也为志愿者继续参与志愿服务工作提供了保障和激励，确保志愿服务项目按计划规范运行，为志愿服务走向新的、更高的发展阶段提供动力。

四是抓阵地、强服务。以事业单位改革为契机，推动少年宫、青年文化宫、团校等直属单位的创新发展，全面推进市第三少年宫、市青年文化宫、市团校志愿者大楼等基础设施建设，力争 3 年内在全市打造 100 个以上社区少年宫，让少年儿童能在家门口享受优质的校外教育。"志愿驿站"（昵称"西关小屋"）是广州共青团把作为志愿服务常态化、社区化的突破口。积极发挥枢纽作用，吸引、凝聚全市各级团组织和志愿者组织参与"志愿驿站"常态化运行和社会建设管理工作。从 2012 年 3 月 5 日起，全市 150 个"西关小屋"实现周一至周日无间断全天候常态化开放运行，加上已运行的 166 个"志愿在康园"工疗服务站和 30 个社区志愿服务站，成为共青团在街道、社区联系、服务青少年，促进青少年社会参与的重要载体和有效路径，成为共青团构建枢纽型组织的重要社区阵地。加快推进粤港澳青少年交流基地建设，探索凝聚青年、服务青年的"青年之家"试点建设，夯实壮大青少年工作的阵地基础。完善青年社会组织孵化培育基地建设，为青年社会组织提供政策咨询、注册服务、运作指导、组织问诊，以自身资源优势帮助社会团体与相关职能部门沟通与对接，争取对公益基金的税收优惠等，实现从专项服务、"零星服务"到"一站式"、一体化服务的转变。

五　结语：适应社会发展，实现共青团工作的转型创新

组织的生命力来自对社会环境的适应。当前，我国正处于社会转型加速期，新型经济组织与社会组织广泛兴起，单位制逐渐减弱，社会流动不断增加，青年群体呈现多元化与异质化特点，个体意识不断增强，个体需求不断增

加，使得共青团工作的社会环境、工作载体和工作对象呈现出新的特点。而信息时代的到来，科学技术发展与互联网的普及，改变了青年群体接受信息、传播信息与集体动员的方式，给青年的生活方式、行为方式、交流方式和聚集方式带来了深刻影响。党中央关于加强社会建设的战略部署给共青团工作提出了新的要求。共青团要始终紧紧围绕党的中心任务，适应社会形势变化，将工作重心向基层转移，将工作内容向社会事业转移，积极组织青年、服务青年、引导青年和维护青年合法权益。与此同时，社会的发展与转型也在改变组织资源的来源，重塑组织工作方式，要求共青团也作出相应的转型创新，即广州共青团在参与社会建设过程中，充分发挥枢纽型组织作用，从组织枢纽、价值枢纽和服务枢纽三个维度强化社会功能，整合社会资源，以科学化手段解决社会服务中的信息不对称问题，在充分考虑资源约束、时间成本的条件下，使相关工作更有效率、更有竞争力，使服务活动"效益最大化"。而共青团活动效率的提高，社会管理功能的发挥，不仅需要资源保障，还需要组织保障、人才保障与质量保障。只有这样，广州共青团工作才能真正适应社会需求，激发社会活力，促进社会发展。

（审稿：黄旭）

Research on the Work of the Communist Youth League under the Background of New-type Urbanization

Wei Guohua

Abstract：New-type Urbanization as a historic background for further carrying forward the work of the Communist Youth League, is both an important chance for the developing transformation of the Communist Youth League and a series of new challenges for the Youth service in this new situation. To meet the requirements of

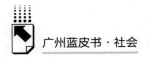
social management innovation under the background of New-type Urbanization, only to fulfill its hub organizational function and strengthen its social effects from the aspects of organizational hub, evaluation hub and service hub, can the Communist Youth League continuously enhances its abilities on servicing the center, serving the society and serving the young people and improves its scientific working level.

Key Words: New-type Urbanization; the Communist Youth League; Hub Organization

社会工作篇

Social Work

B.10

2012 年广州市社会工作发展现状与 2013 年展望

广州大学广州发展研究院课题组 *

摘　要：

经过前几年试点的准备和经验探索，2012 年广州加快社会管理模式创新，建设新型社区管理服务体系，在全市范围内全面推进家庭综合服务中心的建设，引入社会工作服务机构承担公共服务项目，率先转型升级、建设幸福广州，实现人的全面发展和民生幸福，使全市居民享受到更好的社会服务，实现广州社会工作人才队伍建设和社会工作发展目标。

关键词：

社会工作　家庭综合服务中心　政府购买服务

社会工作是一种帮助人和解决社会问题的工作，在我国是一种新兴的社

---

* 执笔人：栾俪云、冯建波。

会服务职业。社会工作者在社会救助、社会福利、社区建设、婚姻家庭、精神卫生、残障康复、就业援助、犯罪预防、矫治帮扶、应急处置、群众文化等领域直接提供社会服务，被誉为"社会治疗师""社会工程师""社会减压阀"等，在解决社会问题、化解社会矛盾、维护社会稳定、增进社会公平正义等方面发挥着不可或缺的重要作用，是构建和谐社会和创新社会管理的重要力量。伴随广州"新型城市化"战略工作的稳健和有效的推进，广州社工走进社会视线，为广州市社会服务水平的进一步提升作出真切、瞩目的贡献。

一 核心创举：广州市家庭综合服务中心建设

中国历史文化名城广州，是国务院定位的国家中心城市、综合性门户城市和国际大都市，是南方的经济、贸易、金融、文化、教育、医疗、航运、物流中心以及国家重要的交通枢纽。在国务院颁布的《珠江三角洲地区改革发展规划纲要（2008～2020年）》中赋予了"先行先试"、进一步完善社会管理制度和创新社会管理方式的新使命，广州国家中心城市定位是全方位的带动和辐射功能的城市。因此，广州市在推进社会管理服务改革创新试点工作中，逐渐探索出了一条适合本地实际的道路，以项目化、社区化、专业化和综合化的形式，推广应用"政府出资购买、社会组织承办、全程跟踪评估"的政府购买社会服务机制，全力打造街道家庭综合服务中心，建设新型社区综合服务。

1. 建设家庭综合服务中心是广州2012年社会建设和社会管理工作的重点之一

2011年9月，中共广州市委办公厅、广州市政府办公厅《关于加快街道家庭综合服务中心建设的实施办法》（穗办〔2011〕22号）规定全市132个街道需要在2012年6月前全部建成一个以上街道家庭综合服务中心。各区按照4∶6的财政投入，以每年200万元服务经费的标准，通过政府购买社会服务的方式，委托民办社会工作服务机构运营。全市近150家家庭综合服务中心根据区域服务需求实际情况，以家庭、青少年、长者等重点群体的服务为核心，科学设置服务项目，面向全体社区居民提供专业、综合、优质的社会工作服务，为广州市探索社会建设和社会管理创新模式提供实践参考。

2. 通过家庭综合服务中心的建设实现广州社会工作人才队伍建设和社会工作发展目标

家庭综合服务中心是通过政府购买服务，面向社会公开招标，交由民办社会工作服务机构承办，成为广州市社会工作人才队伍建设的主要平台。家庭综合服务中心以社会工作专业为基础，通过组建以社会工作者为主导、包括心理咨询师和康复师等专业人员的跨专业服务团队，秉承"以人为本、助人自助"的社会工作服务理念，以社会工作等专业方法和技术为依托，面向居民提供家庭、长者、青少年、残障康复、劳动就业、社区矫正、外业流动人员等领域的专业化社会服务，聚集和培养了广州市多数持证社会工作者。

3. 家庭综合服务中心建设与广州市实现新型城市化发展和推动实现民生工作的目标一致

2012 年是实施"十二五"规划承上启下的重要一年，是走具有广州特色的新型城市化发展道路的开局之年。广州紧紧围绕开展新型城市化发展道路和建设国家中心城市的目标任务，率先转型升级、建设幸福广州，实现人的全面发展和民生幸福，以协同善治为基本方向，使全市居民享受到更好的服务，在全市范围内推动家庭综合服务中心的建设、发展和完善工作。

二　广州市家庭综合服务中心建设情况和社会工作发展状况

1. 两年多的试点经验为家庭综合服务中心建设和社工发展提供了较为完整成熟的准备

广州市努力推动实现民生的社会管理工作，建设社会工作人才队伍，提升广州社会服务水平，实现新型城市化发展战略。2009 年以来，广州均以试点购买服务的方式，在广州尝试性地推动社会工作人才队伍建设和社会工作发展，2009~2010 年社会工作人才队伍建设政府购买服务的 33 个试点项目。2011 年 9 月，发文《关于加快街道家庭综合服务中心建设的实施办法》，开始在部分街道建设家庭综合服务中心。2010～2011 年，广州市开展 2011～2012 年度 20 个试点建设的街道家庭综合服务中心的建设工作，在试点阶段，市、区（县级市）两级财政将共同投入 8000 万元。

经过两年多规模大、起点高的试点项目后，广州在社区家庭综合服务中心建设方面取得了显著成效，为 2012 年广州全面铺开建设家庭综合服务中心、由社会工作服务机构承担项目打下良好基础。这将进一步加快广州社区服务的转型升级和社会管理模式的创新，并推动社区服务体系的良性发展。

表1　2011～2012 年度 20 个试点街道和家庭综合服务中心

序号	试点街道	机构名称
1	逢源街	逢源人家服务中心
2	三元里街	三元里街社区综合服务中心
3	海龙街	广州大同社会工作服务中心
4	北京街	中大社工服务中心
5	荔城街	增城市乐众社会工作服务中心
6	新华街	广州市明镜社工服务中心
7	珠江街	广州大同社会工作服务中心
8	广卫街	广州市启创社会工作服务中心
9	夏港街	广州市明镜社工服务中心
10	矿泉街	广州阳光社会工作事务中心
11	金沙街	广州市白云区恒福社会工作服务社
12	金花街	广州恩善社会服务中心
13	建设街	广州阳光社会工作事务中心
14	江南中街	江南中曙光社会工作服务中心
15	沙园街	广州市海珠区沙园街手拉手社区工作服务中心
16	天园街	广州市北斗星社会工作服务中心
17	南沙街	广州市北达博雅社会工作资源中心
18	街口街	广州大同社会工作服务中心
19	黄埔街	广州市黄埔区黄埔人家服务中心
20	桥南街	桥创社会工作服务中心

资料来源：广州社区服务网。

2. 家庭综合服务中心建设相关政策陆续出台，确保社会工作的顺利开展

近年来，广州各级政府相继制定实施与家庭综合服务中心建设相关的一系列政策全面宣传社会工作和人才队伍建设，使全市上下了解社工、重视社工，迎来广州社工发展的春天。2011 年 9 月，市委办公厅、市政府办公厅正式印发《〈关于加快街道家庭综合服务中心建设的实施办法〉的通知》（穗办〔2011〕22 号），对街道家庭综合服务中心建设的目标要求、实施政府购买社会服务流程规范、支持民办社工机构发展、财政和场地保障等方面都提出了具体的措施，各区、县级市根据市委全会精神，结合各地实际制定家庭综合服务中心建设的具体办法或方案。例如，越秀区于 2012 年 1 月正式通过《越秀区关于加快街道家庭综合服务中心建设的实施意见》；海珠区于 2012 年 3 月出台实施《海珠区街道家庭综合服务中心建设工作意见》；黄埔区于 2011 年 5 月出台实施《黄埔区街道社区综合服务中心建设试点工作方案》；番禺区于 2012 年 2 月出台实施《番禺区加快街镇家庭综合服务中心建设的实施办法》；白云区于 2012 年 6 月出台实施《白云区街道家庭综合服务中心运营管理办法（试行）的通知》；萝岗区于 2012 年 6 月《萝岗区加大家庭综合服务中心建设发展投入》，等等。这些有力地为家庭综合服务中心的建设提供了制度上的保障。

表2　2012 年广州各区家庭综合服务中心建设相关实施办法

时　间	地　区	政　策
2012 年 1 月	越秀区	《越秀区关于加快街道家庭综合服务中心建设的实施意见》
2012 年 2 月	番禺区	《番禺区加快街镇家庭综合服务中心建设的实施办法》
2012 年 3 月	海珠区	《海珠区街道家庭综合服务中心建设工作意见》
2012 年 6 月	白云区	《白云区街道家庭综合服务中心运营管理办法(试行)的通知》
2012 年 6 月	萝岗区	《萝岗区加大家庭综合服务中心建设发展投入》

3. 家庭综合服务中心建设组织管理实施，一年内由 20 个试点到近 150 个全面推进，社会工作迎来"跨越式"发展

2012 年，广州市各区、县级市都成立了家庭综合服务中心建设工作组织领导机构，加强对家庭综合服务中心建设工作的组织领导力度。如萝岗区和黄埔区主要领导高度重视，在参加市委组织的香港和新加坡学习后，多次带领组织相关部门的人员进行学习考察，全力落实工作。例如，天河区将街道家庭综合服务中心建设工作作为一项基层服务重点项目，已投入 3764.23 万元用于全区家庭综合服务中心建设，服务总面积可达 21374 平方米，实现服务全区覆盖。自 2012 年起，天河区积极安排财政投入，以每年 4200 万元的服务经费，全部用于街道家庭综合服务中心购买社会服务，为建立社区服务长效机制提供了有力的资金保障，为全区居民及外来人员提供专业社区组织，采用社区走访、家庭访问、小组活动和社区活动等专业手法，结合社区居民实际需求，提供包括家庭及儿童服务、老年服务、青少年服务、残疾人服务、社区发展、劳动关系协调、婚姻关系辅导、法律咨询、就业培训等在内的优质社区服务。截至 2012 年底，广州社区服务网的家庭综合服务中心数量已接近150 个。

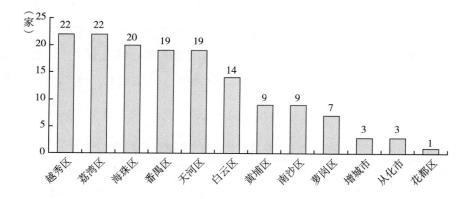

图1　各区建立家庭综合服务中心数量

资料来源：笔者根据 2012 年底广州社区服务网统计得出。

4. 家庭综合服务中心建设的财政保障，为培育更多社会工作组织和社会工作专业从业人员提供条件

政府加大购买社会服务资金投入，截至 2012 年底，政府购买社会服务投入经费近 2.6 亿元，为社会工作专业人才和社会工作组织的培育和发展提供更多的载体和平台。

首先，保证了社工专业队伍的稳定性。广州 2011 年颁布的《关于加快街道家庭综合服务中心建设的实施办法》明确指出：承接运营的民办社会工作服务机构需根据服务项目设置及购买服务经费情况配备相应的工作人员，原则上每 10 万元购买服务经费须配置一名工作人员，工作人员总数的 2/3 以上为社会服务领域相关专业人员、1/2 以上为社会工作专业人员。广州市近 150 个家庭综合服务中心开业，数百上千的社会工作专业人才在家庭综合服务中心提供服务，从事社会工作的人员增加，很多社工专业人员回流，甚至出现了"社工荒"，曾经一度受冷遇的社工人才成为机构抢夺的"香饽饽"，高校社工系大四学生也成为挖掘对象，几乎每个毕业生都可以找到数家就业单位，就业情况相当理想。

其次，促进社会工作组织迅猛发展。政府大力度出资购买社会服务，财政部门将本级政府应负担的社工专业人才队伍建设经费纳入同级财政预算，极大地调动起社会参与的积极性，使得社会工作机构数量猛增。社会力量参与社会服务的热情高涨，高校、企业、社会团体、相关专业人士成立社会工作机构。截至 2012 年底，已有近 160 家机构，这些机构在积极准备和广泛参与政府购买服务的街道家庭综合服务中心的招投标和运营，有力地执行了市委、市政府于 2012 年实现家庭综合服务全覆盖的工作目标。

最后，调动社会组织的积极性。为支持民办社会工作服务机构的可持续发展，省和市财政安排专项经费开展对民办社会工作服务机构的资助。如一次性资助，即对符合专业社会工作发展方向和广州市社会工作人才队伍建设规划的新设立的民办社会工作服务机构，符合相关条件的，给予一次性开办经费资助，用于机构设备购置、办公场地租赁、人才培养等基本经费支出。该项资助共有 36 家机构提出申请，经审核，32 家符合条件。经于 2012 年 11 月 7～13 日在市民政局公众网上公示无异议后，由市民政局会同市财政局发放，资助金额 525 万元（见表 3）。还有"以奖代补"，对民办社会工作服务机构未使用财政资金、自行开展的社会工作培训、社会工作交流、社会工作研究以及专业服务项目，成绩突出、效果明显、受到上级表彰的，在项目完成后，给予适当的奖励，用于补贴工作经费支出。该项资助共有 10 家机构提出申请，经市民政局会同市财政局组织的"以奖代补"评估委员会评审，共 7 家民办社会工作服务机构申报的 7 个项目符合"以奖代补"条件（见表4）。

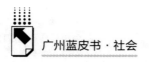

表3　2012 年民办社会工作服务机构一次性资助拟资助名单

单位：人，万元

机构名称	社工人数	资助金额	机构名称	社工人数	资助金额
广州市番禺区正阳社会工作服务中心	25	20	广州市家和社会工作发展中心	16	20
广州市普爱社会工作服务社	17	20	广州粤穗社会工作事务所	13	15
增城市至善美社会工作服务中心	16	20	广州利民精神健康社会工作资源中心	15	15
广州市荔湾区恒福社会工作服务社	17	20	广州市大家社会工作服务中心	13	15
广州市番禺区和悦社会工作服务中心	17	20	广州市越秀区心海榕社会工作服务中心	13	15
广州市越秀区心悦社区发展中心	16	20	广州市萝岗区优势力社会工作发展中心	11	15
广州安永信社会工作服务中心	25	20	广州市海珠区力行社会工作发展中心	8	10
广州彩虹社会工作事务中心	16	20	广州市白云区同德社会工作服务社	9	10
广州市越秀区家衡社会工作服务中心	16	20	广州市荔湾区原点社会工作服务中心	9	10
广州市越秀区思媛社会工作服务中心	17	20	广州市海珠区心乐园社会工作服务中心	5	10
广州市新跨越社会工作综合服务中心	16	20	广州市青宫社会工作服务中心	7	10
广州市番禺区普爱社会工作服务社	27	20	广州市侨颐社会服务中心	16	20
广州市恒福社会工作服务社	18	20	广州市家和社会工作发展中心	16	20
广州市风向标社会工作服务中心	16	20	广州粤穗社会工作事务所	13	15
广州市广爱社会工作服务中心	17	20	广州利民精神健康社会工作资源中心	15	15
广州基督教青年会	16	20			
广州市侨颐社会服务中心	16	20	合计（资助金额）：		525

资料来源：广州市民政局。

表4　2012 年民办社会工作服务机构"以奖代补"奖励的社会工作服务项目名单

单位：元

机构名称	项目名称	项目经费支出	项目经费来源	拟奖励金额
广州基督教青年会	广州基督教青年会地中海贫血援助项目	267699.83	自筹、广州市青联一组	80309.949
广州市同创社会工作服务中心	关爱流动儿童（外来工子女）——流动心声项目	295700.00	自筹、南都公益基金会、广州国嘉文化传播有限公司、番禺区青年企业家管理协会	59140.000
广州市星空社会工作发展中心	为广州市常住的 HIV/AIDS 病例（广州市户口和暂住户口）提供社区关怀和心理支持	119276.86	中国比尔及梅琳达·盖茨基金艾滋病项目	23855.372

续表

机构名称	项目名称	项目经费支出	项目经费来源	拟奖励金额
广州基督教女青年会	依托 HIV 感染者活动中心为广州市艾滋病感染者提供社交平台和同伴教育项目	60000.00	中国比尔及梅琳达·盖茨基金艾滋病项目	12000.000
广州益人社会工作服务中心	对广州市常住 HIV 感染者开展民政救助及生产自救的帮扶服务项目	52485.00	中国比尔及梅琳达·盖茨基金艾滋病项目	10497.000
广州市协和社会工作服务中心	幸福工坊异地务工人员社工服务项目	1500916.10	自筹	300000.000
广州市慧灵托养中心	推动智障人士社区化服务	643511.69	壹基金（李连杰）	128702.338
合计		614504.659		

资料来源：广州市民政局。

5. 家庭综合服务中心建设中的专业培训，保证社工服务的专业性

广州市 2011 年第二期新加坡社会管理服务培训班赴新加坡学习社会管理服务经验，接受过学习培训和前期试点洗礼的干部工作中的认识更明确、行动更积极，对市里组织培训和出台相关政策更为期待。同时还开展了社工培训 8 期，2000 多名具有丰富的社区服务经验的从业人员参加了社会工作专业系统培训。2012 年 1 月，广州市民政局与香港政府社会工作主任协会合作开展"广州市社工培训及顾问试验计划"工作，组织了近 100 人次的资深社会工作主任与广州市政府购买社会服务相关单位、街道家庭综合服务中心建设相关负责人分享街道家庭综合服务中心合约管理、服务素质管理等经验；2012 年 12 月，广州市社会工作协会组织了第一期广州市家庭综合服务中心新入职社工岗前培训，招募了 50 多名来自全市各街道家庭综合服务中心的新入职社工围绕档案文书、需求评估、个案工作流程、小组工作技巧、社区活动定义、督导服务、行政管理等主题分享特色与经验，对促进广州市社会工作发展，培养工作骨干发挥了一定的作用。

依托广州市的社会工作专项服务和家庭综合服务中心建设，广州积极培养

本土督导人才。首届培训班投入 55 万元培养 51 名本土督导；第二届督导人才培训班培养 34 名本土督导；2012 年的第三届督导人才培训班正式录取了 52 名学员，从督导理论课程、督导实务课程、督导实习等相关环节展开培训。三年来累计培养督导人才近 137 人（见表 5）。

表 5　广州市历年社会工作督导人才培训

单位：人

年份	届　别	课程设置	培养人数
2010	第一届	理论课程、实务课程、实习课程	51
2011	第二届	三次专题培训讲座及研讨分享、个别及小组督导	34
2012	第三届	督导理论课程、督导实务课程、督导实习	52

资料来源：笔者根据广州市社会工作协会网站数据制成。

三　存在的问题及主要困难

1. 家庭综合服务中心的独立性问题

在日常工作中，部分领导干部对家庭综合服务中心的社会工作认识不多、理解不深，导致建设方向把握不准，许多领导和职能部门都以"资源共享，资源整合"的名义，向家庭综合服务中心的服务工作进行渗透，给家庭综合服务中心安排工作，分配任务，想通过家庭综合服务中心完成工作任务，这就使得家庭综合服务中心建设在刚起步的阶段，行政化的趋势越来越强。据有关研究指出，表面看社区综合服务中心是民办社工机构在独立运作，其实是接受基层政府的直接管理和领导，不少社工机构成为政府机构的附属单位，甚至成为基层政府安置闲散人员的去处，社工机构缺乏中介机构本该具有的独立性和专业性。有的项目也常遇到需要承担"额外责任"的烦恼，例如协助街道办完成上级工作任务或指标，成为基层政府的"社会动员专署"或"助力办公室"。

由于家庭综合服务中心各种各样的工作和任务越来越多，导致其专业助人的社会服务功能在一定程度上无法充分体现，如何让家庭综合服务中心保持其"专业性、独立性和社会性"，推动社会工作发展，建议由市政府尽快协调出台有关完善家庭综合服务中心建设的规范性文件。

2. 社会工作专业服务质量有待进一步提升

社会工作是一种实践性极强的专业助人活动，服务效果是彰显其专业价值和职业特色的重要依据。家庭综合服务中心能否真正赢得社会各界的认可，关键在于服务效果的体现。而目前家庭综合服务中心存在那么多质疑声，主要就是因为：一是我们的社工人才缺乏、社工人才的经验能力不足造成的，所以我们必须要大力引导家庭综合服务中心进一步提升服务质量。二是我们所有的街道都在推动家庭综合服务中心建设，而各中心开设的服务领域基本一致，服务内容和方法千篇一律，许多服务模式和服务内容有待提高。三是由于专业技巧的不足和缺乏其他相关社会组织的支持，多数家庭综合服务中心自己做不了的个案很难转介出去，影响服务对象对社工专业的看法，认为社工只会做"锦上添花"的工作，缺乏"雪中送炭"的能力。

3. 社工机构与社工的管理有待加强和完善

2012 年，全市 132 条街道全面铺开家庭综合服务中心建设，再加上部分镇也开展建设。在这种情况下，一是导致今年社工人员紧缺，出现社工机构到处挖人的现象，因而导致家庭综合服务中心人员流动频繁，很多社工为了更好的待遇往往在一间家庭综合服务中心待不了几个月就跳到另一家机构和中心，致使专业服务质量大打折扣。二是随着社工机构的急剧增加，机构间存在的恶性"挖墙脚"、不合理竞争等问题不断涌现。三是社工机构的财务管理不够透明化，部分社工机构在承接了街道家庭综合服务中心后，出现不合理利用项目经费、无法合理解释经费去向等现象。

4. 外来经验与地区特点存在差距

家庭综合服务中心在新加坡和中国香港等地区经过长期发展，已经形成了规范的制度体系和行之有效的运作模式，也积累了丰富的实务经验。我们在开展家庭综合服务中心建设、推进社会工作发展过程中可以学习借鉴新加坡和中国香港的先进经验，但由于政治体制、人文环境差异和经济社会发展程度不同，我们在学习借鉴的过程中，没有充分考虑地区差异，存在生搬硬套的情况。例如，在服务指标制定方面，部分街道完全按照香港社工机构一年的服务量来制定本地社工的年度服务指标，没有考虑到内地的社工发展情况和本社区的居民需求等因素，从而影响了服务的有效开展。

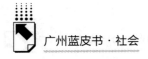

四 影响广州社会工作发展的若干因素分析

1. 各区经济社会发展水平

广州市自1978年改革开放以来以举世瞩目的经济发展速度，特别是被国务院确定为五个国家级中心城市之一以来，成为南中国乃至全国范围内的经济、文化大都会。随着国家级南沙新区的建设，广州"南拓东进"的战略部署，区内经济将会进一步发展，人民生活水平将进一步提升。然而，广州市各区（县级市）经济发展与城市化水平存在一定差异，这种差异体现为城乡基层社区管理组织设置、城市基础设施配套等的差异。广州市社会工作事业的实施和发展是全面提高广州社会服务水平的重要举措，但不能忽视的是政府购买社会服务制度的运行同时依赖着各实施基层街道的城乡经济发展水平。角色理论认为社会期望程度和价值的程度来对角色进行估量，当角色行动或情景不断变化时，角色的定义也会跟着发生变化。所以，经济社会发展水平不同的街道（镇），对社会工作服务（家庭综合服务中心）的角色定位也不同，如经济社会发展状况良好的城市社区对社工的期望主要集中在提高居民的幸福感，营造更和谐的社区，而经济社会欠发达地区的家庭综合服务中心则被冀望于为服务对象提供实物的福利保障。

2. 各级政府的重视程度

首先，制度的出台必须依靠政府的推动。广州市社会工作事业发展制度始于广州作出了引导和鼓励民间组织承接社会工作服务的重大决策，并制定了《〈关于加快街道家庭综合服务中心建设的实施办法〉的通知》等指导文件。

其次，社会工作服务功能的落实需要各级政府的支持。各级政府特别是基层的街道办事处是家庭综合服务中心的建设者和监管者，他们对社会工作的认识程度会影响家庭综合服务中心本身的运行。例如部分街道认为社会工作者只是一个形象工程和额外的人力资源，他们就不会在社工发展服务过程中上投入太多资源和支持；相反，充分认识到社会工作服务职能和对社会积极意义的街道则能较好地支持和发展街道家庭综合服务中心的工作。

3. 社工组织配套管理及保障机制的完善程度

（1）完善的社工机构管理机制是社工服务顺利开展的动力。

管理机制能使政府购买社工服务制度对社会各方具有较强的吸引力，实现社会监督社工机构的管理职能的实施。政府引导社工机构针对社工设定系统的管理制度，也可以解决一线社工在服务过程中遇到的各种程序管理问题，从而提高一线社工开展工作的积极性和主动性。例如，香港特区政府社会福利署采用综合评估的手法对社工机构的内部管理开展引导工作，要求机构遵守行业自律守则，严格保护服务对象的利益，综合评估结果会影响新一阶段政府财政资助的申请等。

（2）完善的配套保障机制是维护社工及社工机构合法权益的保证。

社会工作是一种专业要求较高的职业，其与政府不是简单的隶属关系而是新型城市化中的职能转移的载体，然而由于关系主体的特殊性，这种新型城市化中的职能转移的载体并不能完全适应市场机制下的相关权益保障体系。因而，政府购买社工服务的制度配套保障机制成为维护社工及社工机构权益的重要保证。如广州市出台了《广州市社会工作专业岗位设置及社会工作专业人员薪酬待遇实施办法（试行）》，规定了持证社工的工资指导价位在 3500 ~ 6000 元，极大地保证了社工的权益。

4. 开展专业服务的环境因素

社会工作者的服务对象是街道辖区内的青少年、老年人、残障人士等弱势群体，服务地点主要集中在基层社区。基层社区的诸多社区境环因素，包括社区组织情况、经济情况、人文底蕴等影响着家庭综合服务中心的运行状况。

（1）社区服务对象的认同度。服务对象对社工服务工作的支持和认可程度影响着他们工作的成效，服务对象对社工服务工作的支持可以进一步激发社工服务工作的热情，使其更好地在相关领域内开展各项服务工作。相反，如果社区居民对社工工作产生抵触情绪和不信任感，家庭综合服务中心的服务工作则难以有效开展。

（2）部分基层地区的硬件设施。由于经济社会发展的不平衡，部分街道的家庭综合服务中心工作条件相对较差，比如地理偏僻、交通不便、办公设施缺乏等，可能成为影响这些街道家庭综合服务中心社工开展工作的重要因素。

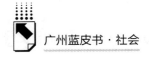

改善部分地区的社工资源匮乏的状况，创造较为良好的工作环境是一线社工全身心投入服务的保证，也是促进家庭综合服务中心建设和发展的重要条件。

5. 社会工作人才水平

由于社工机构和一线社工普遍处在成长阶段，缺乏足够的社会阅历和工作经验，服务方法和手段相对单一，链接社会资源的能力也比较欠缺。目前各街道家庭综合服务中心提供的大多服务是以专业层次较低的社区活动或娱乐性小组为主，专业性层次较高的个案和治疗性小组等开展得较少。

五 广州市社会工作事业发展的优化策略

新兴事物的发展过程是一个不断修正、不断优化的过程，对于社会工作的发展特别是街道家庭综合服务中心的建设工作，不断地解决各个环节存在的问题，不断提出优化的策略并付诸实践是促进家庭综合服务中心建设不断发展、不断完善的重要手段。目前，对于广州市社会工作事业发展的优化建议，本文认为主要包括营造良好社会舆论氛围、完善各项社工管理制度、优化社工教育培训制度等方面。

1. 正确引导社会舆论，营造良好的舆论氛围

一个新兴行业的发展离不开社会对它的认同定位，社会认同包括外部社会舆论对它的理解和群体自身对自己身份的认同。笔者在一线服务过程中发现，社会各界人士对社会工作这一职业存在不同的认识。部分服务对象对刚踏出校门的社工能力和开办社工机构的动机还存在一定的疑问。所以，优化社会工作专业发展（家庭综合服务中心发展）的前提是给社会工作者和社工机构营造一个良好的舆论发展环境。坚持正确的舆论导向，采取有效工作措施，进一步加大宣传发动力度，努力在全市营造关心、理解、支持家庭综合服务中心工作的良好氛围。

首先，构建社工服务宣传平台。利用相关媒体，充分调动领导干部、一线社工、专家学者、社工机构和广大义工参与宣传发动，不断夯实和拓展家庭综合服务中心宣传发动平台。

其次，进一步丰富家庭综合服务中心宣传内容。既要集中宣传广州市家庭综合服务中心建设情况和服务效果，也要及时报道一线社工的工作动态，尤其是要善于发现并深入宣传不同领域服务相对扎实、效果相对明显的先进典型，力争发挥典型示范的作用。

2. 优化专业培训制度，加强社工继续教育

采取有效措施，提升社工专业服务水平。一是加强对社工机构负责人和家庭综合服务中心负责人的培训，提升管理能力和专业服务水平。二是加强对基层社会工作管理人员的专业培训。由于基层社会工作管理人员基本都不是社会工作专业出身，对社会工作认识也不是很深，加强相关业务培训对推进家庭综合服务中心建设，推动社会工作发展具有重要意义。三是组织加强社会工作专业经验交流，参观学习其他地方的社会工作先进经验，提升专业服务能力和水平。四是出台相关奖惩措施，促进社工机构发展和社工成长。

首先，制订科学的总体培训规划。各社工机构应根据机构发展方向和一线社工的实际需要，制订完善的专业理念教育、实务技巧培养规划，把一线社工的教育培训纳入广州市社会工作人才队伍建设的总体规划，进行统筹安排，通过市社会工作协会集中一线社工的在岗教育培训、交流学习、本土督导培养等，增强不同领域前线社工之工作能力和服务水平。

其次，开展定期或不定期的社工专业教育培训。根据前线社工在不同领域工作的需要，在上岗前、上岗中、上岗后进行一系列的专题专业实务教育培训。特别是新入职社工岗前培训应进一步涵盖广州市不同区域的历史、文化和经济发展等特点情况，辅以社会工作"助人自助"的专业理念和广州市关于社会工作事业发展工作规划等方面的学习培训。

最后，建立有广州地区特色的高校定向培养模式和远程继续教育模式。目前，珠三角地区专业性要求较高的行业均采用高校定向培养，此模式已经成为一种较为成熟的专业人才培养模式。各级政府和社工机构可以和广州市内有社工专业的高校合作，联合培养专业定向的各类社工人才。我们认为，专业培养的方向可以是多样化的，这其中包括社会工作管理人才和符合广州社会需要的各领域社工人才。在定向培养模式中，合作高校需要制定一系列符合广州地区特点的相关社工课程，通过系统的学习，让他们既具备社会工作专业理念又具备适合广州市地区特点需要的实务技能，从而更好地实现"助人自助"专业服务职责。同时，在一线社工到街道家庭综合服务中心工作以后，也可以开展远程教育。由于工作原因，一线社工不可能有大量时间到高校参加培训。在这种情况下，远程教育平台可以为一线社工提供继续学习、终身学习的机会，以不断适应变化发展的社会需要。

3. 完善评估监督体系，提高社工工作绩效

街道家庭综合服务中心的工作成效如何，需要有一套科学合理的考评监督制度。我们需要制定一套街道家庭综合服务中心在适应前期、成熟中期、发展后期的相应服务工作效绩评估监督制度。本文结合前线服务的经历提出三级联动评估机制。该机制主要由市级民政局主管部门、街道（镇）主管部门（或委托第三方机构）和社工机构三级联动评估，考核分为日常工作评估、指标进度评估和实际绩效评估。无论哪一种评价，均坚持以服务对象满意为核心。一年分为若干个阶段进行评估，这样可以在某一阶段结束后，指出其问题所在和不足，然后将综合评估结果反馈给社工机构及社工本人，从而促进专业服务质量的发展，评估主要包括三个部分。

第一，社工机构为评估主体的日常工作评估。由社工机构为主体，辅以街道家庭综合服务中心行政部门评估，主要依据出勤率、各类服务报表以及在本领域开展服务等情况进行评估。

第二，街道及区民政局为评估主体的指标进度评估。由服务购买单位与社工机构根据服务协议签订的目标管理责任书进行合同指标检查评估。

第三，市民政局为评估主体的社会绩效评估。由市级主管部门根据各区街道家庭综合服务中心在社会服务中所做的实际贡献大小（社会舆论评价、区民政局推荐等），以及撰写具有广州特色的社工实务理论调研材料的数量和质量、服务区域的服务对象转变程度等情况对各街道家庭综合服务中心的工作成果进行评估和表彰。

这三部分评估结果的加权和为该街道家庭综合服务中心的评估总成绩。评估结果统一报市民政局备案，并记入该承接社工机构的服务档案。同时，结合社会工作专业守则，根据各社工领域的服务环境制定广州市注册社工审核程序，对于连续三次犯专业性错误并带来极大社会负面影响的社工，可以设立相关规定，给予处理。

4. 实施有效管理机制，开展高效机构管理

科学有效的民办社工机构管理制度是促进广州市街道家庭综合服务中心事业发展的重要条件。本文认为广州市前线社工与社工机构管理可以采取"一级管理、两层协调、三方评估"的管理框架。"一级管理"是指按照广州市委、市政府有关民办非企业社工类社会组织管理的规定，由社工机构独立地直接对街道家庭综合服务中心社工开展各项管理工作；"两层协调"是指社工机构与服务购买方（街道办事处）以及服务监督方（区民政局）间保持有效的信息交换，实时了解和汇报街道家庭综合服务中心的专业服务工作状态，并协调解决对中心社工管理上遇到的问题；"三方评估"是指在社工机构自身、街道办事处、机构督导三方共同对一线社工管理工作的有效性进行评估，并提出相关改进意见或建议。"一级管理、两层协调、三方监督"的管理框架下，需要明确各工作单位的职责以确保社工管理工作的有效落实。

5. 提高社工薪酬待遇，建立专业晋升机制

（1）适当提高现行薪酬标准，吸引高素质人才。2012 年，中央十九部委联合发布《社会工作专业人才队伍建设中长期规划（2011～2020 年）》，明确在事业单位从事专业社工服务的社工人才，可享受相应职级的职称待遇；在社区的社工其工资待遇纳入政府财政支持范围。在公益慈善类社会组织、民办非企业单位工作的社工人才，则鼓励地方按照不低于当地专业技术人员平均工资水平，制定薪酬指导标准，将社工人才纳入享受国务院政府特殊津贴和有关表彰奖励范围。在广州市，我们期望政府相关部门按照广州市专业技术人员工资水平并结合 GDP 增长，采取年度调整式工资指导标准，对社会工作者待遇进行调整，使社会工作人才的待遇合理提升。

（2）制定社会工作者职业资格晋升体系，提供发展平台。社会工作者职业资格晋升体系建设的重点就是要贯彻落实人事部、民政部联合发布的《社会工作者职业水平评价暂行规定》和《助理社会工作师、社会工作师职业水平考试实施办法》，全面实施社会工作者职业水平评价制度。在广州市，我们除了积极鼓励社会工作者参加助理社会工作师、社会工作师职业水平考试外，还要探索性研究制定高级社会工作师职业水平评价办法，完善社会工作者职业

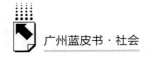
水平由初级到高级晋升的体系。

（3）推动社会工作事业立法工作，保证行业的持续发展。结合《社会工作专业人才队伍建设中长期规划（2011～2020年）》关于进一步推动社会工作立法的要求，广州市贯彻落实社会工作事业立法工作，保证行业的持续发展，包括：相关法制建设，推动社会工作立法，制定社会工作专业人才管理条例，建立健全社会工作专业人才信息披露、专业督导、服务评估、行业自律、继续教育、违纪处置、职业道德规范等配套制度，用法律法规明确社会工作专业人才的职责权利、规范职业行为，形成科学化、制度化、规范化的社会工作专业人才发展环境等。

参考文献

杨海清、陈木森：《广州：以政府购买服务打造家庭综合服务中心》，2011年12月23日《中国社会报》第007版。

张晓琴：《社区综合服务中心建设的理论基础与现实困惑》，《社科纵横》2012年第1期。

林诚彦、张妙娟：《社区工作视域下的综合性社区服务中心的目标定位探讨——以广州市家庭综合服务中心试点为例》，《广东工业大学学报》2012年第6期。

（审稿：蒋余浩）

Situations in the Social Work of Guangzhou in 2012 and Forecast for 2013

The Research Group of the Academy of Guangzhou Development of Guangzhou University

Abstract： After preparations for the pilot project and the exploration of experiences in the past few years, through the ways of fastening her innovation of social management, building a new type of system of community management services, and promoting social service organizations to undertake public services, in 2012 Guangzhou has taken the lead in transformation and upgrading and building a Happy Guangzhou, who realized all-round development of people and happiness and welfare of people which allowing all the residents in Guangzhou to enjoying better social services, and realized the targets of team building of social service and development of social work.

Key Words: Social Work; Comprehensive Family Service Center; Government Procurement of Services

B.11
社区党组织领导下的服务管理与运行模式研究

敖带芽　王超　黎明泽

摘　要：

　　改革城市社区社企高度合一的模式必须发挥基层社区党组织的作用，推进社区"社企分开"改革可以促使基层党组织专心基层政权建设和回归服务本位。强化党组织领导地位的新型社区管理体制需要在社区和经联社分设党组织，书记"下派"且"一人双兼"，确保经联社发挥政治核心作用。同时，建立社区党组织、社区居委会和社区服务站"三社合一"服务管理体制，明确社区党组织、社区居委会和社区服务站职能分工，各司其职。

关键词：

　　基层党组织　社区居委会　经联社　服务站

　　自 2002 年 8 月实行"撤村并居"以来，转制社区居委会在服务社区居民、加强社区管理、统筹集体经济发展等方面发挥了积极作用。但转制社区社企高度合一的模式也有其局限性，既不利于居委会从"小政府"中脱身出来专注居民自治和服务工作，也不利于集体经济按照市场经济规律规范运作。在新的形势下，必须加快推进转制社区"社企分开"改革，以避免基层经济组织继续"绑架"自治组织，使得基层党组织从具体经济事务中解脱出来，使其能够专心于基层政权建设和回归服务本职。为此，有必要建构党组织领导下的社区居委会、社区服务站、经联社多方参与、各尽其责、合作共治的社区建设新格局和运行模式。

一 探索强化党组织领导地位的新型社区管理体制

根据《关于推进转制社区"社企分开"改革，创新社区服务管理机制的实施意见》（下称《实施意见》）要求，所有转制社区集体经济组织与社区居委会分开运作，并分别组建党组织，同时设立社区服务站，形成五个组织职责明晰、合作并存的局面。为了最大限度地发挥每个组织的功能，各尽其职，形成社区建设的强大合力，需要发挥党组织的领导核心和政治核心作用，加强对社区居委会、社区服务站、经联社等基层组织的领导和监督，强化党组织领导地位的新型社区管理体制。从实际出发，适宜创新社区组织架构，理顺各方关系，探索建立街道党工委领导下的社区管理运行模式（见图1）。

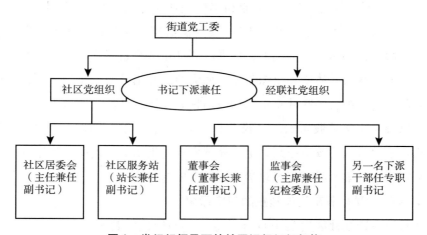

图1 党组织领导下的社区运行组织架构

（一）社区与经联社分设党组织

为加强党组织对社区运行的领导，《实施意见》要求，"社企分开"后，以集体经济组织股东党员为基础组建经联社党组织，以社区辖内除股东以外的党员为基础组建社区党组织。社区和经联社分别组建党组织具有充分的制度依据和迫切的现实需求。

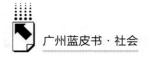

1. 贯彻《党章》组织设计规定的制度行为

社区和经联社分别组建党组织是一种制度安排。《党章》规定："企业、农村、机关、学校、科研院所、街道社区、社会团体、社会中介组织、人民解放军连队和其他基层单位，凡是有正式党员三人以上的，都应当成立党的基层组织。"长期以来，本着遵循党建工作规律、便于党员活动、有利于党组织和党员作用发挥、有利于推进社区化建设的原则，设置了社区党组织，确保社区的健康运行。实行"社企分开"改革后，经联社实行相对独立运作，董事会成员不再兼任社区党组织或社区居委会成员，且股东党员达100人以上，根据《党章》规定，当然需要组建经联社党组织（初定组建党委），完成《党章》规定的基层组织的基本任务，强化基层党组织的战斗堡垒功能。

2. 发挥党组织政治核心作用的内在要求

《党章》明确规定："国有企业和集体企业中党的基层组织，发挥政治核心作用，围绕企业生产经营开展工作。"要搞活搞好经联社，必须在发挥经联社党组织政治核心作用的基础上，加强经联社董事会班子建设，建立符合市场经济规律的企业领导体制和组织制度。而党组织政治核心作用的发挥，前提是建立经联社党组织。经联社党组织的政治核心作用，还必须通过党员董事、党员监事以及全体党员股东的先锋模范作用来实现。因此，在经联社设立党组织，既是一项重大的政治原则，也是充分发挥党组织的政治核心作用的内在要求，是实现党对集体经济组织政治领导的重要途径。

3. 维护经联社股东整体利益的现实需要

经联社在转制社区发展中具有举足轻重的地位，其重大问题决策正确与否、经营管理的好坏，直接关系经联社的发展方向以及全体股东的根本利益。经联社一旦重大问题决策失误，或者经营管理不善，或者由于主要负责人的失职、渎职、违法违规造成资产损失，将对股东整体利益造成伤害，容易造成社会的不稳定。而对经联社重大问题决策以及经营管理的监督，仅靠监事会或股东的力量是不够的。《党章》规定集体企业党组织要"参与企业重大问题的决策"。通过参与重大问题的决策，经联社党组织不仅可以对决策内容是否符合党和国家的方针政策以及国家法律法规进行审议，把好决策内容的政治关口，而且还可以在决策程序上支持董事会实现民主决策和科学决策，避免在重大问题上决策失误。因此，为提高经联社经营管理的安全性，保障股东的整体利益，维护社会稳定，必须设立经联社党组织并强化其监管功能。

（二）书记"下派"且"一人双兼"

社区党组织和经联社党组织的作用能否得到有效发挥，关键在于是否建立科学的领导体制，在于是否选派能人担任党组织书记。社区党组织书记和经联社党组织书记由一名区下派干部"一肩挑"的领导体制，有助于发挥党组织的领导核心和政治核心作用。

1. 有利于党组织贯彻上级党委的决策意图

在实际工作中能否贯彻落实上级党组织的决策意图，是衡量党组织领导核心和政治核心作用能否得到充分发挥的度量衡。党组织书记由上级委派，直接接受上级党组织的领导和指导，更能理解上级党组织的决策意图，把上级党组织的决定或决议贯彻落实到实际工作当中。特别是对于经联社党组织而言，由上级下派书记，能够确保经联社在重大事项决策方面始终与上级党组织保持高度一致，做到目标同向、思想同心、行动同步，完成上级党组织交办的各项工作。

2. 有利于加强上级党委政府的领导管理

经联社的发展，离不开上级党委的领导和政府的管理。如何更好地接受区委的领导和区政府的管理，提升领导的能力和管理的水平？由区下派干部担任经联社党组织书记是最好的办法。由于下派书记不是经联社股东，不涉及个人经济利益分配问题，更能全面客观地监督经联社的运作，更能理直气壮地指出经联社发展中存在的问题，更能在最大限度上维护股东的整体利益。经联社党组织书记还要经常参加经联社日常工作会议，定期向街道党工委汇报经联社的运行情况，协助街道党工委监督和引导经联社严格按照法律法规经营管理集体资产。

3. 有利于整合资源形成社区建设的合力

由区下派干部同时兼任社区党组织书记和经联社党组织书记，理顺了两个基层党组织之间的关系。一方面减少了沟通的组织障碍，有利于加强双方之间的联系，互通工作信息。包括共同研究讨论贯彻落实上级党组织的重大决策部署；督促检查重要会议精神在社区及经联社的贯彻落实及重大活动的实施进展情况；对社区重大事项交换意见，达成共识等。另一方面有利于整合社区资源，形成合力，共同推进社区建设的发展。"社企分开"后，社区居委会和经联社分开独立运作，经联社从原来政经高度一体化发展的状态中解放出来，专注于集体资产的经营管理，但是仍需要负责或参与综治、计生、环卫、文化体育、学前教育、市政设施建设与管理等公共事务的管理服务。这些领域的费用支出，除财政负担的部分外，其余仍需要由经联社承担。由下派干部兼任社区党组织和经联社党组织书记，有助于发挥党组织的协调功能，使双方目标一致，方向一致，密切配合，把社区居委会、社区服务站、经联社以及社区居民等的资源整合起来，共同致力于社区的建设和发展，不断提升社区居民的福祉。

（三）街道党工委直管，独立工作

"社企分开"以及社区、经联社分别组建党组织是一项涉及社区居民整体利益和社区长远发展的重大改革，必须在街道党工委的领导下进行。迫切需要在建立街道党工委直管两个基层党组织的工作机制的基础上，充分发挥社区党组织在社区服务管理中的领导核心作用和经联社党组织在经联社发展中的政治核心作用，确保改革的顺利推进和社区的健康运行。

1. 建立街道党工委直管两个基层党组织的工作机制

"社企分开"改革的最突出的特点，是社区党组织和经联社党组织分别在街道党工委的领导下独立开展工作，书记由区下派干部担任并"一人双兼"。这是一项基于社区实际开展的创新性探索，没有现成的经验可资借鉴，需要街道党工委加强指导，亲自参与。建议街道党工委探索建立直管两个基层党组织的工作机制，并完善工作制度，规范双方的工作职责。

2. 充分发挥经联社党组织在经联社发展中的政治核心作用

经联社党组织的政治核心作用包括许多方面，其中重点体现在参与经联社重大问题的决策方面。党组织参与决策，不是参与经营管理具体问题决策，更不是直接指挥经营管理，而是参与集体经济组织改革发展中带有方向性、长远性、战略性、全局性的重大问题决策，以及对需要决策的重大问题提出意见和建议。这就要求建立起结构合理、程序严密、制约有效的权力运行机制，研究制定落实党组织参与企业重大决策的监督考核办法，强化党组织的把关职能和监督功能。同时还要通过建立完善的制度，规范职权范围，做到既发挥相互制衡与协调作用，又不出现"缺位"和"越权"现象，确保经联社党组织政治核心作用的发挥。

3. 充分发挥社区党组织在社区服务管理中的领导核心作用

在"社企分开"后担负社区服务管理工作的社区党组织、社区居委会、社区服务站"三位一体"组织结构中，社区党组织处于领导核心地位，社区居委会和社区服务站在社区党组织的领导下开展工作。社区党组织要把加强社区党建与完善居民自治、提升社区服务管理有机融合起来，通过发挥好政治优势、组织优势和密切联系群众的优势，切实增强对居民自治和社区服务管理的领导功能。

二 经联社党组织发挥政治核心作用的运行机制

在经联社中单独设立党组织是集体经济独特的政治资源，是集体经济核心竞争力的有机组成部分，是集体经济加快转型升级，实现科学发展的关键举措。经联社党组织充分发挥政治核心作用，就是要坚持围绕发展实际，切实做到科学参与决策，主导选人用人，带头高效执行，保证有效监督。

（一）科学设置经联社党组织架构

社区集体经济是转制前村的经济联合社，这种经济组织形式实际上是社区型的"集体股份合作制"。实行"社企分开"就是为了使集体经济能够按照现代企业制度进行运作，突出主业，不再直接承担社区建设和管理等社区职能。这是集体经济改革发展的方向。实行"社企分开"后，经联社党组织在街道党工委的直接领导下独立开展工作，推动集体经济的发展。

1. 组建经联社党委

根据《中国共产党章程》及有关规定和实际党员人数，本经联社设立党的基层委员会。坚持和完善"双向进入、交叉任职"的体制，经联社党委成员可以通过相关组织程序分别由董事会和监事会成员担任。经联社党委建议由

7 名委员组成, 设党委书记 1 名, 由区委下派; 设副书记 2 名, 其中一名为专职副书记, 由区委下派, 另一名副书记建议由经联社董事长担任, 如果经联社董事长为非中共党员身份, 建议由第一副董事长担任副书记, 并重点培养董事长; 设党委委员 4 名, 主要包括组织委员、宣传委员、纪检委员、青年委员, 建议监事会负责人及其他成员 1 名分别担任纪检委员和青年委员, 由董事会成员 2 名分别担任组织委员和宣传委员。经联社党委委员由经联社党员大会 (代表大会) 选举产生。

2. 明确经联社党委的主要职责

①在街道党工委的领导下, 围绕集体经济组织生产经营开展工作, 发挥政治核心作用; ②保障监督党和国家的方针、政策在集体经济组织的贯彻执行; ③支持股东会、董事会、监事会依法行使职权; ④参与集体经济组织重大问题的决策; ⑤加强组织领导和统筹协调, 确保过渡期内集体经济组织在综治、计生、环卫、文化体育、学前教育、市政设施建设与管理等公共事务管理服务及经费保障等责任落实到位, 各项服务管理工作顺利衔接; ⑥加强党组织的自身建设, 做好发展党员和党员教育、管理、监督工作, 做好思想政治工作, 加强精神文明建设和工会、共青团、妇委会等群众组织工作; ⑦做好基层党建的其他工作。

(二) 合理规范党组织参与决策的内容及程序

1. 明确党组织参与重大决策事项的内容和范围

原则上, 经联社提交股东会、董事会审议决定的事项, 都属于经联社党委参与的重大问题决策范围。具体来讲, 经联社党委参与经联社改革发展全局的重大决策事项、重要人事任免、重大项目安排和大额度资金运作, 重要改革方案和重要管理制度的制定、修改以及涉及职工股东切身利益的重大问题等的决策。例如, 集体资产经营目标 (包括折旧、保值、增值指标等) 的确定; 集体资产经营方式的确定、变更和资产产权处置; 较大金额的借贷, 固定资产的借用, 集体资产用于担保; 年度财务预算、决算及年终收益分配方案; 社区集体经济组织全体成员会议需要决议、决定的其他事项。

2. 规范党组织参与决策的程序

党委参与经联社重大事项的决策，需要按照"511"决策程序，做到"5参与1沟通1汇报"，即，"参与源头调研、参与方案审定、参与项目实施、参与过程监督、参与效果评估，沟通董事会、监事会，向街道党工委定期汇报"（见图2）。

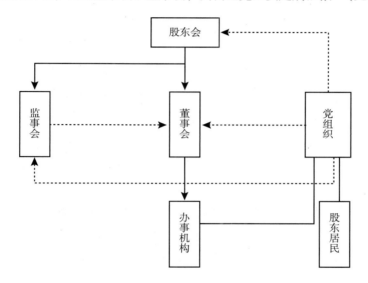

图 2　经联社党组织在经联社运作中的功能发挥

注：实线箭头为领导作用；虚线箭头为监督等作用；实线为意见反馈。

（1）参与源头调研。经联社党委对经联社经营方针、运行状况等重大事项以及职工股东切身利益的重大问题，要进行源头调研，通过民主生活会、民主恳谈会以及座谈会等形式听取普通党员、工作人员以及股东居民等的意见和建议，及时了解经联社运行相关情况及思想动态，经过集体研究达成统一意见后，提出初步意见，确保提议符合中央和省、市、区的相关要求，符合经联社发展实际，符合群众意愿，并做好相关宣传和解释工作。

（2）参与方案审定。经联社党委对于经联社改革发展规划、经营计划和投资方案、年度财务预决算方案、公司内部管理机构的设置方案、基本管理制度等参与审定，党委决定参与审定方式。董事会和监事会要及时向党委汇报有关方案制定进展情况。方案初定时，党委组织经联社"两会"成员充分讨论，发表意见。对于意见分歧较大的事项，根据不同情况，可采取无记名投票、举手、口头等方式表决，按照少数服从多数的原则形成商议意见，对于表决双方人数相差不大时，可暂时休会，进一步完善方案后再商讨。商讨意见形成后，提交经联社党员（代表）大会审议。审议前，党委负责把方案至少提前7天下发全体党员，使党员充分酝酿。审议时，到会党员人数须占党员总数的2/3以上，审议事项经到会党员半数以上同意方可提交股东会。审议后，党委组织经联社"两会"成员认真吸纳党员意见建议，对方案修订完善，做好相关宣传解释工作。董事会适时组织主持召开股东会，并邀请党委列席，参加人数须符合法律规定，对方案进行讨论表决，经全体股东或到会股东半数以上同意方可通过方案，形成决议。

（3）参与项目实施。根据审定的方案及实际要求，经联社党委书记带头执行，督促落实，可以带头重点抓1~2项涉及长远发展和职工利益的建设项目，带领经联社党员围绕发展大局创先争优，发挥先锋模范作用。在项目实施过程中，党委要做好协调工作，争取上级党委、政府的支持，做好经联社各部门和人员，尤其是对方案意见相左的人的工作，适时召开项目实施小结会，听取意见，注意协调各方利益。党委通过项目实施，重点培养优秀人才，完善选人用人及提名推荐考察制度。

（4）参与过程监督。经联社党委积极支持监事会独立负责地开展工作，健全经联社廉政治理结构，建立业务单元防线、纪检监察防线和内部审计防线。建立经联社党委召集的经联社议事平台，规定由经联社党委统一受理经联社成员联名提出的议案，妥善处理经联社领导层与业务层、成员之间等的利益纠纷和矛盾。建立《街道集体经济组织财务管理办法》，同时建立街道党工委领导的、经联社党委成员参加的集体经济组织的年度财务检查、经济责任审计和专项审计等制度。认真贯彻落实党风廉政建设责任制，确保领导人员廉洁从政、依法行政，使党内监督落到实处。做到严教育，对不廉洁的倾向性问题，进行不留情面的批评；严制度，对违反制度的行为，坚决予以纠正并作为不诚信行为记载，不搞"下不为例"；严查办，对违纪违法行为，及早发现、主动查办、严肃查处。

（5）参与效果评估。在经联社党委的领导下，经联社董事会对决议事项要做到信息及时公布，健全信息披露制度。经联社党委对决议事项结果参与效果评估，看决策是否符合党的路线、方针、政策和国家的法律法规，是否符合广大职工群众的利益，是否符合科学、民主的决策程序，是否符合企业发展的规律。

（6）沟通董事会、监事会。经联社党委在参与重大决策事项过程中要及时充分沟通经联社董事会和监事会，除了制度性安排的沟通外，还要注重非制度性安排的沟通，达成共识，实现领导机构、权力机构、决策执行机构、监督机构之间的协调合作发展。

（7）向街道党工委定期汇报。经联社党委每季度向街道党工委汇报经联社的运行情况，属于重大资产运转、重大投资方向、股权变更等涉及全体股东利益的大问题，应向街道党工委书面备案，街道党工委负责监督和引导经联社严格按照法律法规管理集体经济资产、确保有序运转、防止资产流失等，同时在街道党工委统筹下引导经联社党组织协助社区党组织履行社区服务和社区建设等责任和义务。

3. 建立健全配套制度

一是建立经联社董事长和党组织负责人决策"双向认同，两笔会签"制度。在街道党工委的统筹领导下，形成理顺经联社党组织与经联社决策层关系的相关文件，规定要经过党组织负责人和经联社董事长的双向认同。明确党组织对经联社重大经营方针、重要经营管理人员选拔任用、涉及股东职工切身利益重大问题、公共事务管理服务及经费使用、重大经费开支投资等事项具有决策参与权。经联社党组织召开党组织有关会议或股东党员大会，要对这些重大事项进行讨论研究，邀请董事会成员列席会议作相关说明。党组织派人对会议作详细记录，并由党组织负责人签字认可，对于争议、分歧较大的事项，党组织负责人要与经联社董事会沟通，达成共识后，再提交董事长签字认可，方可实施。完善健全党组织参与决策的具体制度。建立经联社党组织书记列席董事会制度、党政联席会议制度、党员民主恳谈会制度、经联社社务公开等制度。

二是建立街道党工委领导下的以经联社党委为主体的激励制度。街道党工委需增强经联社党委在推荐、选拔和培养干部中的作用，规范经联社党委在推荐党代表、人大代表、政协委员初始提名权的管理权限，探索把经联社董事长等行政决策层领导是否是党员、是否有效支持开展经联社党建工作等作为推荐、选拔基层干部、招聘国家公务员的重要条件，并经经联社党组织书记签订

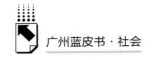

意见方才认可，将这项权限赋予经联社党组织。

三是完善经联社党组织正常运转的保障制度。街道党工委及办事处要统筹领导建立健全财政列支为主、经联社划拨为辅、党费返还为补充、以奖代补为重要内容的党组织活动经费保障系统，为经联社党建工作提供必要的经费保障。同时，建立经联社党组织党务人员岗位补贴制度，科学设岗、考绩定酬，努力保持党务工作者队伍的稳定，确保党的业务在经联社的正常开展，做到帮忙而不添乱，献策而不越位。整合社区党建资源，在街道党工委的统筹下，整合工会活动场所、员工培训场所、社区居委会活动场地等内外部资源，为经联社党组织开展活动创造条件。

（三）正确处理运行中的几个关系

1. 正确处理运行中"上""下"平衡关系

根据"社企分开"改革相关文件规定，经联社党委书记为区下派干部担任（另一名副书记也为下派），实行专职制。区级下派干部到社区担任书记，具有上级领导的"光环"，有利于将区委、街道党工委的有关精神在经联社加以落实。但是，从权力的来源看，经联社书记由上级派任，难免过于对上负责甚至只对上负责，无可选择地把主要精力放在了上级领导身上，而忽视了经联社股东的实际需求。

为避免出现在经联社有关会议上只传达上级文件精神，而忽略经联社和股东实际利益需求，使经联社党委书记更好地平衡"上"和"下"关系，需要建立对经联社党委工作和下派的书记、副书记表现的考评机制。除了区委组织部和街道党工委对经联社党委工作及下派书记、副书记的例行考评外，每季度还要召集经联社董事会、监事会部分成员及部分党员和股东与经联社党委书记进行面对面的交流，设立专门意见箱，主要涉及党委工作开展情况，联系服务群众情况，支持经联社工作情况，等等。

2. 正确处理运行中"左""右"的协调关系

根据自身实际情况，社区党委和经联社党委主要负责人由一人兼任，体现了"小区域、大党建"的思路和理念，对于发挥党组织的领导核心作用具有重要意义。但是，在实际工作中，社区居委会改革后成为自治组织，工作人员为兼职，且只领补贴，而且居委会实际的权力已经被转移，只是服务和协助，这对于居委会成员的工作热情和积极性是一个挑战。而且作为下派的书记，居委会成员与其没有直接利害关系，有可能出现不配合的现象，最后居委会工作实际上落在书记一人身上。同时，经联社掌握社区集体经济的发展权，在党委"511"决策程序要求下，党委书记要处理更多的具体事务，导致"左""右"为难，分身乏术。因此书记要协调好两者关系。

建议建立社区建设联席会议制度。由书记担任召集人，组成成员有社区居委会主任、经联社董事长、下派副书记、属地"两新"组织党组织负责人和辖区内其他组织负责人，定期召开联席会议，对区域内党的建设、经济发展、社会服务、精神文明建设等工作进行沟通协调，解决区域内群众关心的热点、难点问题。社区建设联席会议在召开前15日内向街道党工委报告有关会议议程、会议内容及会议时间地点；街道党工委派相关干部列席会议，并做好记录向街道党工委汇报；对于在社区权限以外的事项，街道党工委要及时向上级反映并帮助解决。

3. 正确处理运行中"内""外"的权责关系

根据"社企分开"改革的相关规定，充当"执行层"的服务站由街道聘任人员（有可能是社区以外的人）和原居委会专职人员构成，而充当"议事层"的自治居委会（社区内部人）由居民选举产生。居委会主任担任社区党委的副书记，服务站站长担任社区党委副书记。但是，在实际中，"执行层"实际上是街道的聘任人员，而非居委会的执行层，主要承担政府或其派出机构交办的社区中的各项任务。在"议行分设"的运作模式下，居委会原本的协助政府做好各项工作变成居委会"议事层"协助"执行层"做好各项工作，使"执行层"以街道的行政力量为依托，成为强势一方，而议事层的居委会成为配角，甚至是"摆设"。而且执行层工作人员作为聘任人员，从法律上来讲，主要负责法定工作时间的社区工作，而法定工作时间之外，社区同样需要相应的保障，但是执行层和议事层出现了脱节。而下派的书记作为实际上社区服务站、社区居委会和经联社的领导者，如何处理三者的关系，整合社区建设的各方力量成为工作突破口。

建议建立党员服务社区制度，最大限度地激发社区活力，协调好"内"与"外"的关系。积极推行党员到居住地社区报到制度和党员社区表现反馈制度，充分发挥共产党员的先锋模范作用。组织和带动公务员、专业技术人员、教师、共青团员、青少年学生以及身体健康的离退休人员等加入志愿者服务队伍。鼓励和支持驻区单位和社区居民开展邻里互助等群众性自我互助服务活动，为老、幼、病、残等困难群体提供服务。倡导并组织社区居民和驻区单位开展社会捐赠、互帮互助、承诺服务，为社区困难群体提供帮扶服务。建立健全群众组织服务活动阵地，支持工会、共青团、妇联及残联、老龄协会、计划生育协会、社区体育指导员协会、慈善协会等群众组织发挥各自优势积极参与组织社区服务活动。

三 社区党组织领导下的社区服务管理运行机制

根据《实施意见》提出的改革目标，要建立以社区党组织为领导核心、社区居委会、社区服务站分工协作、交叉任职、合署办公的社区服务管理机制。为确保社区服务管理的效果，需要建立起社区党组织领导下的社区服务管理运行机制，使社区党组织、社区居委会以及社区服务站各尽其职、通力协作、形成合力，不断满足社区发展中的服务管理需求。

（一）建立社区党组织、社区居委会和社区服务站"三社合一"服务管理体制

建立社区党委、社区居委会、社区服务站交叉任职、合署办公的"三社合一"社区服务管理体制，实现社区党委领导、社区服务管理与居民自治之间的有效衔接和良性互动。

1. 实行交叉任职，理顺社区服务管理主体关系

社区党组织、社区居委会和社区服务站三套机构实行交叉任职。社区党组织书记，统筹社区居委会和社区服务站工作，突出社区党组织的领导核心地位，发挥社区党组织对社区服务站、党对社区服务管理各项工作的领导作用。社区居委会主任、社区服务站站长分别兼任社区党组织副书记。这一方面可有效防止"三张皮"演化为"三条心"，将"三张皮"拧成"一股绳"，另一方面有助于推进社区工作者的专业化、职业化。

2. 实现资源整合，提升社区服务管理水平

第一，整合场所，实行合署办公；第二，整合服务，除社区警务室、卫生

服务站以外，各政府职能部门延伸到社区的工作职责，全部纳入社区服务站，设立"一门式"服务大厅，为居民提供"一站式"服务，全面提升社区服务管理工作水平；第三，整合资金，坚持责权利相统一、人财物相配套和"费随事转"的原则，全面落实社区运行各项经费，确保社区可持续发展。

（二）明确社区党组织、社区居委会和社区服务站职能分工

按照"职责明确、分工合理、优势互补、协调联动"的原则，合理划分社区党组织、社区居委会和社区服务站的职责任务，进一步细化各自的具体工作或服务项目，强化各自在社区建设中的职能。

1. 强化社区党组织的政治领导职能

社区党组织是党在社区全部工作和战斗力的基础，是社区各种组织和各项工作的领导核心。除开展一般性社区党建工作外，重点要在街道党工委的领导下开展工作，贯彻执行党的路线方针政策和宪法、法律，执行上级党组织和本社区党员大会的决议；统筹和领导社区建设的方向性、政策性和全局性大事；处理重大纠纷和群体性事件，在维护辖区社会稳定中发挥中流砥柱作用；领导社区居委会、社区服务站以及工会、共青团、妇委会、民兵等群众组织，支持和保证这些组织依照国家法律法规及各自章程行使职权，建立健全社区党组织领导下的充满活力的社区居民自治运行机制。

2. 强化社区居委会的自治功能

社区居委会成员由社区居民选举产生，是居民自我管理、自我教育、自我服务的基层群众性自治组织，是党和政府联系群众的桥梁和纽带，是开展城市社会服务管理的基础，是社区居民自治的组织者、推动者、实践者。其主要职能应定为在"社区自治"层面，其职能的发挥应重在激发，挖掘潜力。在街道办事处的指导和社区党组织的领导下，应鼓励社区居民找准突破口，依法组织居民开展自治活动，协助区政府、街道办事处做好基层社会管理和公共服务工作，依法依规组织开展监督活动，维护居民合法权益。

3. 发挥社区服务站的公共服务功能

社区服务站是基层政府延伸到社区的公共服务平台，是社区行政事务的执行主体和社区居民的服务机构，接受街道和民政部门的指导，接受社区党组织

的领导和社区居委会的监督。其主要职能应定位在为居民提供公共服务方面，承担社区的民政、综治维稳、人口计生、劳动就业、社会保障、退管、司法、城管、文化体育、残疾人服务等工作职责，以及其他由区委区政府确定的需要进入社区的工作事项。

（审稿：黄旭）

Study on the Service Management and Working Pattern under the Leadership of Party Organizations in Community

Ao Daiya   Wang Chao   Li Mingze

Abstract：It is necessary to let party organizations of primary levels to play roles in order to reform the pattern of high combination of enterprises and communities in urban community. And "a separation of enterprises and communities" helps party organizations of primary levels to focus on construction of primary regime and return to their service-oriented goals. In order to strengthen the new-type community management mechanism under the leadership of party organization, it is necessary to set party organizations in communities and collective economy associations, to have secretaries "to work in the primary units" and "one person with two positions" to ensure the political core effect of collective economy associations. At the same time, it is important to set a mechanism of party organization of community, neighbourhood committee of community, collective economy association to work as "three association to be one", while each of which has its own function and duty.

Key Words：Party Organization of Primary Level；Neighbourhood Committee of Community；Collective Economy Association；Service Station

B.12
社会转型期广州市黄埔区社区不同群体思想状况调查报告

陈逸青

摘　要：

广州市黄埔区加快经济发展方式的转变，经济结构、文化模式、生活方式、价值观念等在发生深刻变化，社会转型全面加速，社会思想日趋多元、多样、多变，人们思想活动的独立性、选择性、多变性和差异性不断增强，由此容易造成价值偏差、心理失衡、思想混乱，如果处理不当，就会引发社会的矛盾。我们通过本次调查了解社会转型期社区不同群体思想状况和存在的主要问题，研究深层次原因，探求思想教育创新方法，加强教育引导，保证社会转型期黄埔区社区不同群体思想稳定。

关键词：

社区　不同群体　思想状况

随着经济发展和改革开放步伐的加快，在社会转型期中，新的深层次矛盾进一步显现出来，观念的碰撞和更新进一步突出，社区不同群体对物质生活和精神生活也提出了更新、更高、更多元化的要求。本次调查旨在对社会转型期黄埔区社区不同群体思想教育问题进行调查，调查的内容涉及医疗、居住、业余生活、人际关系、信息来源、社区文体设施情况、思想教育方式和当前最担心的问题等方面。

一　研究对象和方法

1. 调查对象

黄埔区下辖九个街道 59 个社区，以 18 周岁以下、19～36 周岁、37～59

周岁、60 周岁以上四个年龄段社区居民为调查对象，通过发放问卷与访谈相结合的方法共发放问卷 1000 份，回收问卷 967 份，回收率 96.7%，有效问卷 967 份，有效率为 100%。

2. 调查方法

本次调查我们采取随机抽样的问卷调查，社区现场走访及相关部门座谈等方式，以保证结果的真实性和可靠性。

二　调研结果

1. 基本情况

在调查的 967 名社区居民中，18 周岁以下的居民（40 人）占调查总人数的 4.14%，19~36 周岁的居民（440 人）占调查总人数的 45.5%，37~59 周岁的居民（380 人）占调查总人数的 39.3%，60 周岁以上居民（107 人）占调查总人数的 11.06%。

2. 医疗费用支付情况调查

表1　不同群体对医疗费用支付的看法

单位：%

年龄阶段　　选项	可以承受	有点困难	很困难	基本无力支付
18 岁以下	37.5	40	6.5	16
19~36 岁	28.8	38	24.2	9
37~59 岁	25.8	45.6	21.8	6.8
60 岁以上	19.8	44.8	29.7	8.7
平　均	28	42.1	20.6	12.2

可见不同年龄群体对医疗费用感到压力比较大，选择有点困难和很困难的比重除 18 岁以下群体外，在各群体中比例都相当大。医疗保障是群众最为根本的利益，缺乏足够的心理支撑，将对社区思想政治工作产生阻碍作用，确保不同群体的医疗保障，医疗改革势在必行。

3. 居住条件状况调查

表2　不同群体对居住条件的满意情况

单位：%

年龄阶段 \ 选项	很满意	满意	无所谓	不满意	很不满意
18 岁以下	7.5	40	20	27.5	5
19～36 岁	2.3	36.5	15.9	36.4	8.9
37～59 岁	2.9	34.6	17.4	37.7	7.4
60 岁以上	3.5	36.2	24.1	25	6
平　均	4.1	36.8	19.4	31.7	6.8

18 周岁以下居民大多和父母共同居住，住房压力不明显；其他年龄段的居民住房满意度和不满意度相当，住房的矛盾显著缓和，已不是十分尖锐，相比医疗费用的承担能力，有较大的缓冲空间。居住条件得到基本的保障，为上层建筑的社区思想政治工作提供了最基础的保证。

4. 业余生活的主要内容调查

表3　不同群体的业余生活调查

单位：%

年龄阶段 \ 选项	串门、聊天	听收音机、看电视	打牌、打麻将	看书	户外运动	上网	旅游	呆坐
18 岁以下	15	37.5	2.5	25	45	85	30	2.5
19～36 岁	26.8	47.7	20.9	29.5	38.6	59.8	19.8	9.1
37～59 岁	23.2	49.2	21.3	21.8	38.9	33.4	13.7	3.7
60 岁以上	37.1	50.5	34.5	19	12.9	2.6	6	13.8
平　均	25.5	46.3	19.8	23.8	33.9	45.2	17.4	7.3

18 周岁以下居民传统业余生活内容淡化，网络、户外运动、旅游等现代生活方式，已成为年轻人最重要的生活方式。随着年龄增大，传统的看电视、听广播、打麻将等生活方式比例显著增加。由此得出，要加强青少年群体思想教育工作，必须从现代多媒体阵地着手，紧跟时代才能与年轻人同步，也容易被接受。当然传统生活内容仍然是当前思想政治工作的主阵地，占社会群体主

流的人群群体是主导社会和谐的决定因素，传统的思想政治工作不但不能丢，而且要进一步加强。

5. 当前最担心的问题调查

表4　不同群体最担忧问题的调查

单位：%

年龄阶段 ＼ 选项	经济状况	健康状况	家庭关系	就业	子女或孙辈教育	其他
18 岁以下	37.5	15	17.5	35	7.5	37.5
19～36 岁	74.1	57	16.8	38.6	45.2	6.6
37～59 岁	57.4	63.4	12.6	26	49	4.5
60 岁以上	41.4	78.4	16.4	4.3	24.1	14.7
平　均	52.6	53.5	15.8	26	31.5	15.8

对经济的关心度是所有群体的共同特点，可见搞好经济是我们社会和谐的基础。青少年群体对就业的担忧与对经济的担忧成正比，而随着年龄的增大，就业的矛盾逐步缓和，健康问题和子女教育问题的比重逐渐增加，显示出主流群体对自身的修养更加重视，社区思想政治工作要加大对群众自身诉求的重视力度。

6. 处理人际关系的原则调查

表5　不同群体处理人际关系的原则调查

单位：%

年龄阶段 ＼ 选项	我为人人，人人为我	主观为自己，客观为别人	先为自己，后为他人	主要为自己，兼顾为他人	先人后己，先公后私	人不为己，天诛地灭
18 岁以下	42.5	22.5	10	7.5	10	7.5
19～36 岁	45	8.7	10.5	19.5	12	4.3
37～59 岁	40.5	15.8	7.2	16.8	13.9	5.8
60 岁以上	42.8	15.5	6.9	15.5	14.7	4.6
平　均	42.7	15.6	8.7	14.8	12.7	5.6

上述调查表明中国传统美德仍占社会准则的主流，但有逐渐缺失的趋势，在青壮年中，社会公德遵从比例相对较高，但年龄越小，美德遵从比例

越低，社区的思想政治工作在如何保持社会美德风尚不缺失的问题上要下一番工夫。

7. 社区文体设施满意度及最希望社区举办活动的状况调查

（1）对社区文体设施的满意度调查。

表6　不同群体对社区文体设施的满意度调查

单位：%

年龄阶段 ＼ 选项	很满意	满意	一般	不满意	很不满意
18 岁以下	12.5	25	40.4	16.6	5.5
19～36 岁	4	23.9	50	16.6	5.5
37～59 岁	4.8	23.6	50.1	16.6	4.9
60 岁以上	6.2	22.6	53.3	12.9	5
平　均	6.9	23.8	48.5	15.7	5.2

（2）最希望社区举办活动的状况调查。

表7　不同群体最希望社区举办活动的状况调查

单位：%

年龄阶段 ＼ 选项	文体活动	文化讲坛	政策宣讲	医疗讲座
18 岁以下	80	12.5	2.5	10
19～36 岁	50.2	17	12.3	28.6
37～59 岁	41.3	15	17.9	60
60 岁以上	21.6	7.8	18	30.3
平　均	48.3	13.1	12.7	40.3

上述数据表明，黄埔区的社区文体设施基本能满足不同群体的活动要求，但仍需要进一步加大投入力度，使广大社会不同群体都能享受社区文化的良好服务。从社区居民的要求来看，组织文体活动和医疗讲座是不同群体所迫切需求的，社区思想政治工作可以寓教于乐，在组织文体活动的过程中渗透对社区不同群体的教育，因为是群众的自发需求，其内容和形式容易被接受，能取到事半功倍的效果。而说教式的政策宣讲活动对不同群体的吸引

力较小，这要求社区的思想政治工作要创新宣传方法，打破固有模式，区别对待，老年群体要多在医疗保健方面下工夫，投大家所好，尽量让社会达到和谐。

8. 获取信息的主要渠道及希望从政府得到信息的状况调查

（1）居民获取信息的主要渠道调查。

表8 不同群体获取信息的主要渠道调查

单位：%

年龄阶段 \ 选项	网络	电视	广播	广告	报纸	道听途说
18岁以下	62.5	52.5	2.5	7.5	12.5	2.5
19~36岁	52.5	60.2	11.1	10.5	33.9	6.6
37~59岁	27.8	64.7	8.2	5.5	40	4.7
60岁以上	2.6	70.7	10.3	5.2	36.2	9.5
平　均	36.4	62	8	7.2	30.7	5.8

（2）居民希望从政府得到的信息调查。

表9 不同群体希望从政府得到的信息调查

单位：%

年龄阶段 \ 选项	政治理论	科学文化	医疗保健	休闲娱乐
18岁以下	12.5	50	20	32.5
19~36岁	6.8	23.9	67.6	14.5
37~59岁	11.4	27.7	58.2	26.4
60岁以上	7.8	6.9	74.1	13.8
平　均	9.6	27.1	55	21.8

上述调查表明，目前电视已成为不同群体获取信息的主渠道，而网络有逐渐取代的趋势。18周岁以下居民有62.5%、19~36周岁的居民有52.5%选择网络作为获取信息的主渠道，这是社会发展的趋势。随着多媒体技术的普及，越来越多的群体加入网络中，社区思想政治工作必须占领这块主阵地，以确保社区思想政治工作的主动性。同时医疗保健信息居不同群体希望

获取信息之首，说明社区思想政治工作的内容和民生关联，只有从广大群众的切身利益出发，社区思想政治工作才有生命之源。电视、报纸是目前主流的信息媒介，也是社区思想政治工作的主要手段，对社区不同群体的思想影响能力不可估量。政府各职能部门应学会利用媒体，通过主流媒体营造思想政治工作的良好氛围。

9. 接受思想教育方式的状况调查

表 10　不同群体接受思想教育方式的状况调查

单位：%

选项 年龄阶段	看书	上网	看电影	电视、广播	宣传栏、 宣传单张	参加社区 组织的学习	其他
18 岁以下	32.5	60	10	5.2	2.5	2.5	2.5
19~36 岁	18.6	43.2	26.4	34.8	8.4	12.5	2.7
37~59 岁	15.5	32.6	13.2	50.8	10.3	14.7	4
60 岁以上	8.6	7.8	17.2	60.3	7.8	15.5	6.9
平　均	18.8	35.9	16.7	37.8	7.3	11.3	4

非常明显，年龄越大的群体对电视这一教育方式依赖性越高；年龄越小的群体，依赖性越小，呈阶梯形逐步递减。而网络这一教育方式却相反，年龄越小接受程度越高，年龄越大接受度越低。因此，社区思想政治工作对年轻群体要以现代多媒体作为重要手段，要加强网络等新阵地的占领和巩固。对中老年群体要在传统方式方面继续努力，不断创新，丰富内容，给传统的教育方式赋予新的生命力。分类管理，有的放矢是社会转型期社区不同群体思想教育的最佳选择。

三　社区不同群体思想状况和存在的主要问题

1. 社会转型期社区不同群体思想教育工作的要求高，教育主体力量相对基础薄弱

对社会转型期社区不同群体思想教育工作的要求逐步提高，人力与物力的缺乏使得社会转型期社区不同群体思想教育工作心有余而力不足，主要表现有以下两个方面。一是社会转型期社区不同群体思想教育工作的教育对象和需求呈现出复杂化、多元化与思想教育队伍建设薄弱形成反差。目前社区不同群体思想教育工作以居委会干部为主，面对众多的教育对象，势单力薄，不适应形势发展的要求；二是社区不同群体思想教育工作的丰富内容与物质条件的不足形成反差。各类形式的活动都需要资金的支撑，如青少年群体，教育方式倾向于现代多媒体平台，网络已成为他们交流思想最主要的工具，而社区思想教育居于自身的条件，完全靠财政的拨付，资金紧缺，难以添置现代教育方式所需的多媒体设备，况且对社区思想政治工作者的现代技能培训也需要大量的财力支持，从目前的社区状况来看，满足这些条件有相当大的困难，也就难有创新的教育方式。

2. 社会转型期社区不同群体思想教育工作的对象复杂，教育创新较少

根据现状分析，社区不同群体思想教育工作的对象有很多类，但从调研情况看，目前社区思想教育工作往往泛泛而谈，缺乏创新，传统的宣传教育方式容易流于表面、流于形式。如我们调查的某社区，接受思想教育方式方面，青少年群体只有2.5%的人会选择宣传栏、宣传单张方式，同样19~36周岁的居民只有8.4%的人，37~59周岁的居民只有10.3%的人，60周岁以上居民只有7.8%的人选择宣传栏、宣传单张教育方式。宣传栏、宣传海报等作为20世纪主要的思想教育手段，调研数据表明已经逐渐被社会发展抛弃，无创新性所引发的实效性差，社区思想政治工作方法创新已经迫在眉睫。

3. 社会转型期社区不同群体思想教育工作的内容和方式丰富，群众参与度相对较低

社会转型期社区不同群体思想教育工作的内容和方式的逐渐丰富是社会转型发展的必然趋势，网络、旅游、多媒体影视等思想教育新内容的不断充实，表明社区不同群体既是社区内受教育的对象，又应当承担自我教育的教育主体作用，才能符合社会转型发展形势的需要。而目前说起做思想政治工作，人们只会想起居委会的大姨大妈们，就是近几年发展起来的社区义工团体，也只是少数社会活动的积极分子，面窄人少，造成什么活动都是老面孔居多，社区群众广泛参与的积极性、主动性不高。必须发动社区不同群体自身的主观能动性，在社区完善活动设施的同时，注意群体的差异性，加以引导，扩大群众的参与面，让不同群体的人都参与到思想教育的工作中来，让不同群体自身成为思想政治工作的主体。

四　社区不同群体思想引导工作的新途径和新方法

社会经济的迅速发展，需要我们不断消除思想教育工作的"空白点"；群众利益格局的变化，要求我们思想教育引导工作的新内容；人们社会活动方式的变化，需要我们不断探索思想教育引导工作新途径、新方法。经过黄埔区社区广大思想政治工作者多年探索，总结出一些新的做法。

1. 社会转型期社区不同群体思想教育工作实行"三化"

一是疏通诉求"民主化"。全面推行政务公开、办事公开，推进党务公开，切实履行服务承诺。建立群众诉求机制，使群众的合理诉求有一个畅通的表达渠道，努力把各类矛盾协调到"求大同存小异"，把各种关系调节到最佳状态。二是排忧解难"实事化"。为帮助困难家庭的子女学习进步，积极组织大专院校师生开展爱心家教活动；为帮助失业居民提高就业技能，积极组织失业人员参加再就业培训等，把社区不同群体的具体困难作为具体工作抓落实，使社区思想政治工作成为一件看得见、摸得着的实际工作。三是教育引导"多元化"。对不同群体的思想需求进行分类管理，采取针对性的教育方式，使社区思想教育引导工作贴近人心、不落俗套、不断创新。

2. 整合社区内各类教育资源，加强社区思想教育队伍建设

社会转型期，社区思想教育引导工作责任更大、任务更重，必须加强社区思想教育引导工作队伍建设，提供人力保证。一方面，要提高社区管理人员和居委会干部的素质，增强他们的政治意识、大局意识、责任意识和做好思想教育工作的实际能力，提高网络技术等现代多媒体操作技能，切实加强社区不同群体思想教育引导工作的针对性和实效性；另一方面，开发利用全社会的教育资源以及可以被用作社区教育的经、科、教、文、卫、体等各类社会资源，形成社区教育资源整合体系。可以倡导大、中、小、幼儿和职业教育教师到社区担任志愿者，中学高年级学生和大专院校在校学生参与社区教学工作和活动，邀请社区教研机构、专家学者对社区教育管理队伍进行培训等，夯实社区思想教育基础。

3. 建立社区不同群体思想教育工作的长效机制

社会转型期社区不同群体思想教育工作需要体制、机制的保证，只有逐步实现制度化，才能使社区不同群体思想教育引导工作的创新保持经常性、持久性。一是街道和社区居委一定要建立人力和物力的投入机制，保证经费的来源，同时可以接受企事业单位、民间团体或个人向社区教育捐赠，拓展业务经费来源。二是要建立社区群众参加教育、学习、培训的激励机制，将各类人员参加教育、学习、培训的内容、记录、证书作为市民就业、择业和享受某些社会福利的参考依据，使社区不同群体共同参与。

（审稿：黄旭）

Research Report on the Ideological Status of Diversified Groups in Communities of Huangpu District of Guangzhou in the Period of Social Transformation

Chen Yiqing

Abstract：With the rapid transformation of the pattern of economic development in Huangpu District of Guangzhou, and tremendous changes taking place in the economic structure, style of culture, way of living, and social values which lead fast and comprehensive transformation of society, social thoughts become multiple, diversified, and variable, and the activity of thoughts of people become more and more independent, selective, variable and diversified which tends to lead to value deviation, psychological imbalance, and ideological confusion and cause to social conflicts if not settle well. Through this investigation, we have understood the ideological status of diversified groups and the major problems under this period of social transformation, found out the deep causation, and explored new ways of ideological education to improve our education and guidance for the ideological stability of the diversified groups in our district in the period of social transformation.

Key Words: Community; Diversified Groups; Ideological Status

B.13

广州市越秀区深化社区自治与巩固
基层建设研究报告

——以广州六榕街为例

张英明

摘 要：

　　社区是城市的细胞，是社区居民与政府之间建立良性互动的重要纽带
和桥梁。社区自治建设是社区建设的核心和目标，是社会民主建设的重要
一环。与中心城区经济社会发展相比，越秀区社区民主自治建设仍显滞
后，存在社区组织自治性不足、社区工作中的行政化倾向、居民参与民主
自治意识淡薄等主要问题。要激发基层的活力，应当立足当前创新基层社
会服务管理，在新型城市化发展道理的大背景和新形势下，探索街道一级
在深化社区自治、强化社区居委会建设和社会组织培育、理顺各种社区关
系上的对策和方法。

关键词：

　　社区自治　居委会　社区建设　社区工作

　　社区是城市的细胞，是社区居民与政府之间建立良性互动的重要纽带和
桥梁。而社区自治建设则是社区建设的核心和目标，是社会民主建设的重要
一环。实践证明，社区自治是符合社区发展趋势的必然选择，党的十七大报
告指出，"要健全党委领导、政府负责、社会协同、公众参与的社会管理格
局，健全基层社会管理体制"。在社会转型时期，大量的"单位人"变为
"社会人"再转变为"社区人"，因此，创新社区自治管理体系，探索和完
善委、居、站"三位一体"的社区服务管理体制，是转变政府职能、推动

街道"一队三中心"建设的重要保证,对于提高居民生活质量,巩固城市基层基础,维护社会稳定和建设幸福社区具有重要的现实意义和深远的历史意义。

越秀区是广州市的中心城区,也是省市党、政、军首脑机关驻地,是省市窗口,也是国家中心城市核心区和广州创新基层社会服务管理试验区。近年来,越秀区以建设"幸福越秀"为目标,扎实推进基层社区管理服务创新,建立政府购买家庭综合服务新机制,引导培育321个公益性的社会组织参与居民服务,构建起家庭为切入点的社区居委"专职社工" + 社会组织"专业社工"的服务模式,初步形成了具有越秀特色的社会管理改革新格局。但是,与中心城区经济社会发展相比,越秀区社区民主自治建设仍显滞后,就现状而言,社区组织自治性不足、社区工作中的行政化倾向、社区组织自治性匮乏、居民参与民主自治意识淡薄等是目前面临的主要问题。

六榕街社区基本概况:六榕街下设10个社区,共有7个党委,3个党总支,共有工作人员75人,平均年龄在39岁,以女性居多。从人员配置上看,主任10人,副主任10人,居委会委员10人,专职人员45人。从学历上看,大专及以上学历16人,占总数的21%;高中及以下学历19人,占总数的25%。10个社区居委会主任均兼任社区党组织书记,每个社区均设民政、计生、城管、综治等专职人员。此外,社区还有专职党务副书记、流动人口与出租屋协管员、助老员等非社工编制的辅助队伍共40人。

一 社区工作存在的主要问题

1. 社区承担大量的行政性事务工作,繁重的工作任务使社区工作陷于疲于应付状态

随着社区建设的发展,社区工作范围、内容和任务不断扩大和增多。目前,社区居委会工作内容包括城市管理、计划生育、最低生活保障、流动人口和出租屋服务管理、就业和再就业、社区治安、社会化退休人员管理服务、社区文化等共计百余项。因此,社区既要做好长期性"中心工作"和日常性"繁忙事务",又要配合相关部门开展如创卫、创文、人口普查等临时性工作,

同时还要完成各职能部门的下达的各种任务指标，接受各种检查考核评比，加班加点成为家常便饭。"上面千条线，下面一针穿"，导致社区工作大部分时间是在应付完成各种行政性工作任务，加之居委会缺乏财务自主权，活动经费紧张，因而，要想根据社区实际去自主创新开展社区活动、社区建设工作可想而知是比较困难的。

2. 社区工作人员整体素质还不能完全适应新时期社区建设工作的需要

社区工作人员整体知识水平、业务素质等工作能力与建设国家中心城市核心区和创新基层社会服务管理试验区的要求还有一定差距。据统计，六榕街居委会专职人员中仅有 6 人通过全国社会工作者职业水平考试，获得社会工作职业水平证书，仅占总人数的 8%。而部分社区工作人员的心理素质和心理承受能力不强，当面对烦琐的工作、复杂的情况时，不能坦然面对，产生厌烦抱怨情绪，在一定程度也影响了社区工作的开展。

3. 社区工作人员同工不同酬，人员队伍不稳定

近年来，尽管政府不断提高居委会工作人员的工资待遇，但与事编、公务员相比，也还是存在着差距。社区辅助队伍人员工资待遇与社工相比，也存在着巨大差距，如出租屋协管员每月实际收入仅千余元，这种同工不同酬的现象一定程度上打击了工作积极性，也使队伍人员思想极不稳定。

二 社区自治现状及存在问题

1. 社区工作行政化倾向明显，使自治认同感不高，居民主动参与自治意识不强

主要表现在：社区工作人员是由街道面向社会公开招聘，实行聘用制；社工工资待遇由市区及街各出一部分，属政府"出粮"；社区的办公经费使用实行"街管居用"，任何一笔经费使用都要向街道办申请报告和报销，社区开展公益事业或公共服务的费用也大多是向街道办申请求救；社区工作实行坐班制，和政府机关一样实行机关工作的各项制度；有关职能部门还通过各种检查评比考核来控制和影响社区工作。行政化后的社区推行工作便成了行政任务，硬性规定，不得不去完成，而这些工作中有很多是属于政府的本职工作。在调查中，发现部分居委会工作人员的自我认同中，把居委会看成政府组织，把自己的身份认同为政府工作人员。

因此，不难看出，过于行政化的居委会已然成为基层政府在社区的发言人，要协助政府对社区进行管理和服务。这与居委会原本代表社区向政府反映社区利益需求，监督基层政府行为，达到政府与社会良性互动的自身职责完全背道而驰了。行政化的社区导致居民对居委会工作认同感不高，工作开展难度较大，居民、机团单位不给"面子"，不主动配合居委会工作。于是造成了这样一种尴尬的局面：一方面是街道办事处的很多事情需要社区去落实；另一方面社区工作开展也需要街道办来给予支持，街道办与社区在现实中形成了相互依赖的行政隶属关系。

2. 社区组织及自治性匮乏，社区自治程度不高

自治是社区灵魂之所在，现实中社区缺乏实际话语权，究其原因主要是社区组织及自治性匮乏，社区自治程度不高。如社区中老龄协会、计生协会、义工联等为数很少的所谓民间团体，其主要负责人均由居委会人员兼任，独立性十分有限，开展工作也是按照上级有关部门工作要求，自上而下安排部署。而居委会独立开展社区活动、进行社区民主建设、承担有关制度与政策的参谋角色等社区自治意识与积极性不高。社区组织及其自治性匮乏还表现在小区业委会、物业管理公司创立艰难，而要正常开展工作，就是难上加难。如六榕街，目前只成立了方凯华庭业委会，在住宅小区中至今未能成立物业管理公司。究其主要原因，是因为在老城区中楼龄长、物业旧，运作成本高，有的社区老弱病残人员集中，难以承受专业物业管理公司的收费负担。因此，修修补补等物业事务都落到了居委会的头上。

3. 社区关系整合性不高，制约着自治发展

现代社区组织体系中，有属于纵向系统中的社区党组织与居委会，以及依附在社些组织中的各种工作机构，同时，也有属于横向系统中的业主委员会、物业管理公司、多元非营利组织，以及各种民间非正式组织等，这些社区组织之间，形成了社区关系。但目前社区关系中面临的主要问题是，相互权利义务关系或模糊、或颠倒，体现在功能发挥上，表现为或功能错位、或功能软弱、或功能缺位、或功能越位等问题。如社区党组织普遍表现为社区党员、辖区

"两新"组织党员的管理教育和服务凝聚等功能薄弱；居委会则因为社区行政化倾向明显表现为功能错位，而业委位则因为创立艰难表现为功能不足和功能缺位。

社区关系整合性不高还表现在：基层政府与社区关系没有理顺，甚至颠倒；居委会与业委会、与物业管理公司关系微妙，有前者不配合后者，也有后者不买前者"账"的，这些关系的梳理与规范对于深化社区自治是十分有必要的。

三 深化社区自治的对策及建议

1. 加强社区居委会建设，厘清职责，推行"一居一站"模式

一是厘清社区居委会工作职责，还原居委会自治的功能定位。《居民委员会组织法》规定："居民委员会是居民自我管理、自我教育、自我服务的基层群众性自治组织。"这说明居委会不是一级政权组织和行政组织，它是具有一套组织系统的群众性自治组织，是居民在本居住区域内自己管理自己、自己教育自己、自己服务自己的共同管理好本居住地区各项事务的组织，是居民直接管理好自己事务的组织形式。因此，要深化社区自治建设，首要条件就是要厘清居委会工作职责，对居委会工作进行"减负"，对居委会的授权来源、人事、财务、考核等方面进行全面改造，改变其政府依附性，还原其自我管理、自我教育、自我服务的功能定位。

二是按照"议行分设"原则，建立"一居一站"的工作模式。按照政府行政管理与基层群众自治有效衔接和良性互动的工作目标，以社区工作站为基础平台，把原居委会所承担的行政职能转移出去，为居委会向自治组织过度做好铺垫。2009年，六榕街按照"议行分设"原则，建立社区"两委一站"（即社区党组织、社区居委会、社区政务工作站），其中社区居委会副主任兼任工作站站长，工作站在社区党组织和社区居委会的领导和管理下，承接民政、综治维稳、人口计生、劳动就业、城市管理等从居委会中剥离出来的政务工作，形成两委与一站之间分工协助、合署办公的工作模式，促使居委会把主要工作精力集中在社区自治，并建立了居民议事自治会，编织自上而下的片、

梯、楼、户自治组织结构，面向社区居民、机团单位、商铺开展全方位的社区自治服务管理工作，形成了党的组织建设、民主自治建设和社区服务管理建设"三套"建设马车并驾齐驱的社区良好发展局面，使社会服务管理创新得到有效推进。

三是加强社会工作专业人才队伍建设。以推进街道"一队三中心"建设为契机，精简整合社区辅助人员队伍，规范社区专职工作人员的招聘培训、考核奖励以及工资福利待遇，建立健全职业规范和从业标准，推行社工资格认证制度，加快社区居委会专职人员向"社会工作人员"转变。

2. 加大社会组织培育和发展力度，促进社区自治组织发展

一是推进政府购买服务，加快政府职能转变。2011 年，市区大力推进社会管理服务创新，开展政府购买服务工作，黄埔区相继出台了《关于开展政府购买公共服务试点工作意见》《越秀区扶持资助社会组织发展的意见》等一系列政策，引导培育 321 个公益性的社会组织参与居民服务，全区共建立 22 个社区家庭综合服务中心，为居民提供养老、文化、青少年、残障康复等服务。政府购买服务工作的推进和家庭综合服务中心的建立不仅加快政府职能转变和社区服务管理体制机制创新，也将有力地促进社区自治工作的开展。目前，政府购买服务还处于初始摸索阶段，许多方面还需要不断健全完善，如购买社会服务机制和购买社会服务采购程序、服务考核评估工作等。政府还需适当提高准入门槛，避免一些不具备资质的社会工作服务机构承接家庭综合中心工作，不能够切实为居民提供优质有效的服务，出现"政府花钱办好事，居民群众不买账"的现象发生。

二是充分发掘和利用既有各种社区资源，大力发展社区自治组织。可以从以下几方面进行探索和尝试：①通过关注与利用单位制资源推进社区自治。社区中的单位制小区因依托有一定经济保障的单位，维系相对较好的管理效果，因此，可借助单位制小区中居民工作与生活中的交叉关系，提供更便捷与针对性的社区管理服务，有助于社区自治。②培育社区领袖助推社区自治组织发展。利用"能人"效应，以社区中的各路精英作为社区领袖，打破僵化的行政制约，构建社区内部支持网络，形成内源性社区发展路径，加速社区自治组织发展。③关注与利用传统社区组织与网络资源。越秀老城区旧街坊中的邻里关系网络，若有效利用，对改善社区人文氛围与提升居民生活质量会有显著效果。如有的街坊社区、街坊邻里主要是失业下岗人员自己组织起来，开展简易物业管理活动。在六榕盘福社区，离退休老人自发组织治安巡逻"哨子"队，旧南海县社区党员则自发组织成立护绿管养队，不计报酬为居民服务，如此种种，必将有力助推社区自治发展。④完善各种社会化组织。在当前社会转型时期和市场机制深入社区的条件下，完善各种市场化组织，如发展社区中的维修公司、家政公司、医疗医药服务公司、物业管理公司等有偿组织，提升社区活动效率，使社区管理服务更趋精致化。

3. 理顺各种社区关系，构建"共建共驻、共享共荣"的社区自治发展格局

一是发动居民广泛参与自治，培育社区议事自治的"土壤"。目前居民参与社区自治意识淡薄，参与社区活动积极性不高的主要原因是：信息不对称与单位意识在很大程度上阻碍了居民对社区公共事务的认识和社区参与意识的形成，期望与现实之间的差距，缺时间与精力、能力等。因此，六榕街尝试以推进党务、政务、居务公开，在各社区建设"党务公开栏""居务公开栏""百姓话事栏"三合一的社区议事自治宣传阵地。同时，建立以基层党组织（党组织委员、居委会专干）为主导，下设党小组长、楼栋组长、群众活动团队负责人为骨干，本片区的广大党员、积极分子、机团单位、志愿者、热心人士广泛参与的"社区议事自治会"，每周定期召开专题会议，针对不同的社情民意进行义事和决策，及时发现问题、及时解决和上报，以此引导居民参与社区重大事务的决策和管理，参与对社区权力运行的监督，参与与自身利益有直接关系的社区事务。

二是把握社区组织定位，理顺社区关系。首先，要把握好不同社区组织（社区居民代表大会、社区居委会、社区党组织、社区工作站、社区监督机构、非营利多元社区组织、非正式社区组织）各自的职能定位，全面协调各社区组织关系，构建各司其职的关系格局，是理顺社区关系、铺平社区自治道路的重要基础。其次，把握与处理好街道办事处与居委会、居委会与业委会、业委会与物业公司、居委会与其他非营利多元社区组织等四类社区关系，在条件成熟的社区尝试建立居委会、物业管理公司和社区服务"三位一体"的运行模式，以增强社区服务管理合力，促进"共享共荣"的社区自治发展格局形成。

三是整合社区资源，结合社区实际开展"共驻共建"活动。在越秀老城社区驻有许多省市区机团单位，各社区要充分整合与利用好这部分资源，扎实开展形式多样的共驻共建活动，调动辖区机团单位参与社区建设的热情，促进社区整体发展。近年来，六榕街各社区结合社情实际，利用社区资源，深入开展"一社区一品牌"活动，如双井社区结合辖区驻有省电台武警中队的实际，广泛开展"警民共建"活动，稻谷仓社区结合辖区驻有派出所的实际，开展"普法宣传"活动，清泉社区结合辖区驻有市干休所的实际，开展"革命传统教育"活动，等等。同时，通过建立党建联席工作会议、计生协会、地区综治维稳联席会等，不断加强与深化机团单位的合作关系，发挥机团单位在社区建设中的积极性与主动性，初步构建起"共驻共建、共享共荣"社区建设发展格局，深入社区推进自治建设。

在率先转型升级、推进新型城市化建设道路上，在创新基层社会服务管理新形势下，深化社区自治，助推幸福越秀建设，任重而道远。

（审稿：蒋余浩）

Research Report on Deepening Community Autonomy and Solidifying the Construction of Primary Organizations

—An Example of the Liurong Street of Guangzhou

Zhang Yingming

Abstract：As a cell of the body of city, community is an important link and bridge of community residents and their governments. To cultivate self governing of community is both the core and goal for community construction and an essential part

广州蓝皮书·社会

of construction of social democracy. Compared the economic development of Yuexiu District with other centre districts, its community democracy construction is obviously lagging, with the defects on lacking of self governing of community, a tendency of administrative way of working in community, and residents' short of the conscious of participation in the democracy of self governing ect. In order to inspire the energy of primary organizations, we should keep on innovating the management of social service of primary organizations and keep pace with the New-type Urbanization, and explore the countermeasures on the autonomy of community, construction of neighbourhood committee, cultivation of social organizations, and harmonization all kinds of relationship and interests in community.

Key Words: Community Autonomy; Neighbourhood Committee; Construction of Community; Service of Community

B.14

推进志愿服务常态化和规范化发展

——广州市志愿服务现状调查与对策建议

韦朝烈　杨　慧

摘　要:

　　本报告揭示了广州市志愿者群体在职业、年龄、学历、政治面貌、户籍、婚姻状况、性别等方面变量的分布特征;展示了志愿者和市民对"志愿服务意义""参加志愿服务的动因""志愿服务的效果""应该加强哪些领域的志愿服务"等方面的认知和评价;分析归纳了制约广州市志愿服务常态化、规范化发展的主要因素;提出了促进广州市志愿服务常态化、规范化发展的对策建议。

关键词:

　　志愿服务　常态化　规范化

　　建立和健全志愿服务的长效发展机制,促进志愿服务的常态化、规范化发展,是广州志愿服务事业健康发展及巩固提升"创文"成果的必然要求和战略需要。为此,《中共广州市委广州市人民政府关于加快进一步发展广州志愿服务事业的意见》提出,力争经过3~5年的努力,广州市公众志愿服务参与率达20%,注册志愿者总数不少于200万人,志愿者平均每人每年提供志愿服务时间不少于60小时,将广州建设成为志愿服务人人可为、处处可为的"志愿者之城"。

　　本课题采用座谈交流、个案访谈、问卷调查等方式收集第一手资料。课题组先后到广州市志愿者行动指导中心、广州市青年志愿者协会、广州市义务工作者联合会等单位现场参观、听取介绍,并与有关人员座谈交流。个案访谈的对象主要是赵广军和李森两位资深志愿者。问卷调查的对象主要有两类：一类是志愿者，一类是市民（当然有个别可能同时也是志愿者）。对志愿者的调查，主要通过义工联、家庭综合服务中心和高校抽取部分正在提供志愿服务的志愿者来进行；对市民的调查，主要通过街道和居委会抽取部分社区市民来进行。

针对志愿者的问卷共发出 300 份，回收有效问卷 283 份；针对市民的问卷共发出 527 份，回收有效问卷 527 份。对问卷的统计分析主要使用 SPSS 软件。由于客观条件限制（主要是无法得到调查对象的总体范围，或时间、经费所限），问卷调查不能采用严格的随机抽样方法。虽然不是随机抽样，但是被调查的志愿者是参与志愿服务中具有代表性的群体，而被调查的市民也是在广州工作生活并对志愿服务有切身感受的群体，因此样本在某些方面的分布状态具有一定的客观性、代表性，具有较强的现实意义。

一　广州市志愿者群体的社会背景特征

常态化志愿服务项目涵盖了科普、法律援助、环保、文化推广、扶贫助弱、社区综合服务等多个领域。广州市各级共青团组织、志愿者组织紧密围绕党政中心工作，主动把志愿服务融入城市建设、管理和服务体系，推动志愿服务成为广州参与面最广、参与度最高、影响力最大的公益事业。

那么，广州市志愿者群体有哪些社会背景特征？换言之，广州的志愿者群体是一些什么样的人呢？或者说主要是一些什么样的人在从事志愿服务呢？

从职业（身份）来看，志愿者以高等院校学生、企事业单位在职员工为主，分别占 60.1% 和 18%。此外，企事业单位退休人员、党政机关公务员、社区老年人、外来务工人员等也积极参与到志愿服务中，并且这种趋势还在不断提升（见图 1）（本报告以下所有图表数据均来源于课题问卷调查）。

从年龄结构来看，志愿者以 30 岁以下的年轻人为多数。其中，20 岁以下的志愿者占 21.6%，30 岁以下的志愿者（20 岁以下加上 21～30 岁）占 83.1%（见图 2）。

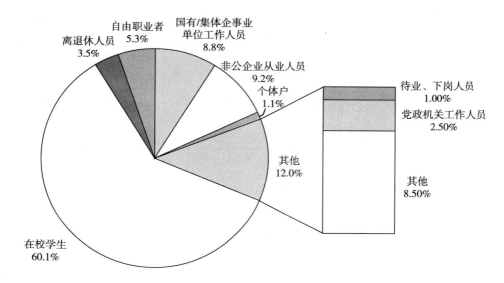

图1　志愿者身份（职业）结构（N＝283）

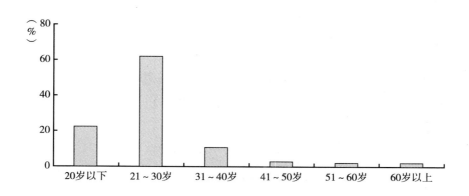

图2　志愿者年龄结构（N＝283）

从教育程度来看，志愿者以大学专科及以上学历的人员为多数。其中，89.7%的志愿者具有大学专科及以上学历（见图3）。

从政治面貌来看，志愿者以共青团员及中共党员（含预备党员）为多数。其中，共青团员及中共党员（含预备党员）志愿者分别占被调查志愿者总数的56.5%和19.4%。群众占23.7%，民主党派占0.4%（见表1）。

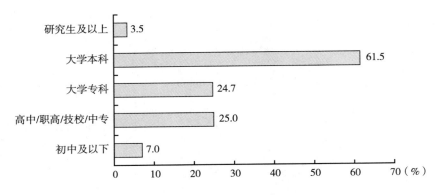

图3　志愿者教育程度结构（N＝283）

表1　志愿者的政治面貌分布（N＝283）

单位：%

政治面貌	比例
中共党员（含预备党员）	19.4
共青团员	56.5
民主党派	0.4
群众	23.7
合　计	100.0

从户籍来看，大部分志愿者的户口不在广州市。其中，户口不在广州市的志愿者占54.4%，户口在广州市的占45.6%（见表2）。

表2　志愿者户口分布（N＝283）

单位：%

户口所在地	比例
在广州市	45.6
不在广州市	54.4
合　计	100.0

从在广州的居住时间来看，大部分志愿者在广州居住的时间还不到5年。其中，在广州居住还不到3年的占51.2%，在广州居住3～5年的占15.9%，两项加起来达到67.1%。居住6～9年的占4.6%，居住10年及以上的占28.3%（见表3）。

表3　志愿者居住时间分布（N＝283）

单位：%

在广州居住时间	比例
不到3年	51.2
3~5年	15.9
6~9年	4.6
10年及以上	28.3
合　计	100.0

从婚姻状况来看，大部分志愿者未婚。其中，未婚者占81.6%，已婚者占17.7%，离婚或单身占0.7%（见表4）。

表4　志愿者婚姻状况分布（N＝283）

单位：%

婚姻状况	比例
已婚	17.7
未婚	81.6
离婚或单身	0.7
合　计	100.0

从性别来看，女性略多于男性，但差别不大。其中，女性志愿者占51.2%，男性志愿者占48.8%（见表5）。

表5　志愿者性别分布（N＝283）

单位：%

性　别	比例
男	48.8
女	51.2
合　计	100.0

二　志愿者和市民对志愿服务的认知和评价

（一）志愿者和市民对参加志愿服务意义的认识

问卷调查显示，无论是市民还是志愿者，都普遍认可参加志愿服务的意义。例如,受访市民样本中50.9%认为参加志愿服务有意义,32.6%认为很有意义。83%的志愿者认为,参与志愿服务既为他人和社会作出了贡献,也实现了个人价值,有成就感和满足感(见图4、表6)。

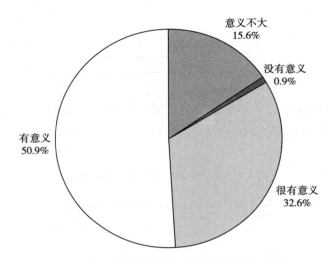

图4　市民对志愿服务意义的认识(N=527)

表6　志愿者对志愿服务意义的认识(N=283)

单位:%

认识	比例
为他人和社会做出了贡献,实现了个人价值,有成就感和满足感	83.0
发掘了个人潜力,锻炼了自己	49.50
认识了很多朋友	45.2
感到很快乐	45.9
占用时间太多,影响了学习,生活和工作	2.80
对个人影响不大	70.0

(二)志愿者参加志愿服务的动因

问卷调查发现,志愿者参加志愿服务的动因具有利他和利己交织、志愿与被志愿并存、以自愿为主的多元化特征。这些动因归纳起来主要包括:①参加志愿服务感到很快乐;②发挥潜能,增加工作经历和社会见识;③多结识朋友;④感觉到这是自己的社会责任;⑤消磨空闲时间,令生活更加充实;⑥组织或工作单位要求参加等。

其中（问卷设计为多选），"参加志愿服务感到很快乐"被62.9%志愿者选择；"发挥潜能，增加工作经历和社会见识"被56.5%的志愿者选择；"多结识朋友"被45.9%的志愿者选择；"感觉到这是自己的社会责任"被44.9%的志愿者选择。而"组织或工作单位要求参加"被11.3%的志愿者选择，说明"被志愿"的现象还部分存在（见图5）。

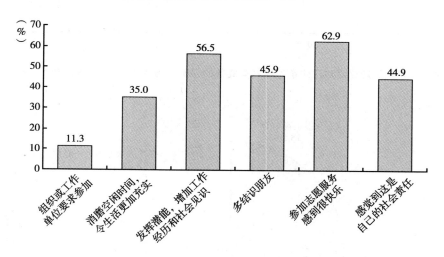

图5　志愿者参加志愿服务的动因（N＝283）

调查还发现，大多数志愿者都是抱着积极的心态去参与志愿服务，但是服务的效果却可能与他们的预期有差异，50.4%的人表示在参加志愿服务活动过程中有时候感到不快乐。

（三）志愿者和市民对志愿服务效果的评价

调查发现，大部分志愿者和市民对广州市志愿服务成效的评价不是很高。例如，分别有64.1%的市民样本和60.3%的志愿者样本认为广州市志愿服务"总体成效一般，部分领域流于形式，感觉作秀"，还有超过30%的市民样本对广州市志愿服务现状不满意（见图6）。

而对于广州市志愿服务不满意的地方，认为服务质量不高的占40%，认为形式主义的占38.7%，认为提供的服务项目不适用的占31.5%（参见图7）。

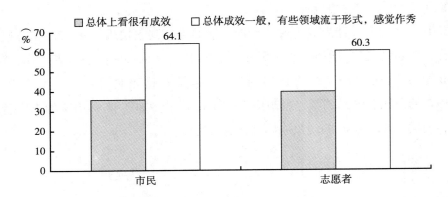

图6 市民和志愿者对广州市志愿服务成效的评价（市民 N＝527，志愿者 N＝283）

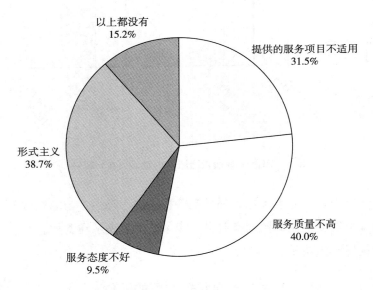

图7 市民对志愿服务不满意的地方（N＝527）

（四）志愿者和市民认为广州市应该加强的志愿服务领域

对于广州市比较欠缺的志愿服务领域（即应该加强的领域），受访市民认为排在前五位的分别是医疗卫生、长者服务、环境整治、残障服务以及青少年服务（参见图8）。

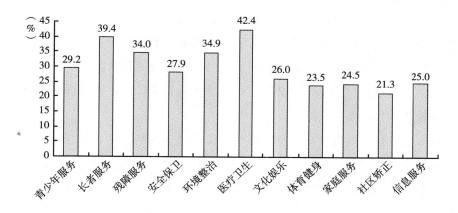

图 8　市民认为广州市比较欠缺的志愿服务（N=527）

对于当前社会发展或城市文明最需要的志愿服务领域，市民和志愿者除了对创文创卫、大型活动这两项志愿服务的认知有较大差异外，对其他领域的志愿服务的期望基本趋同。相比于志愿者认知，更多的市民认为创文创卫、大型活动是社会最需要的志愿服务领域之一（见图9）。

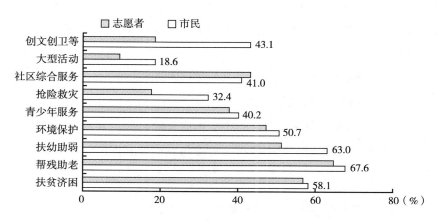

图 9　社会发展或城市文明最需要的志愿服务（市民 N=527，志愿者 N=283）

三　制约广州市志愿服务常态化、规范化发展的主要因素

课题组认为，衡量志愿服务常态化、规范化发展的标准有三：一是在应该

有或者需要志愿服务行动的领域都有志愿服务行动的存在；二是在需要的时候就能及时有效提供；三是所提供的志愿服务能够达到目的或预期的效果。第一点是从空间上讲的，第二点是从时间上讲的，第三点则是从服务的质量和效果上讲的。要实现这样的标准，必须有较大规模的高素质的志愿者群体以及志愿者群体较高的参与服务的频率。

对照这个标准及其要求，结合广州市志愿服务现状，不难发现，广州市离实现志愿服务常态化、规范化发展的要求还有一定的距离。主要表现在两个方面：一是在一些应该有或者需要志愿服务行动的领域还没有志愿服务行动或者志愿服务行动比较薄弱；二是一些有志愿服务需要的领域在需要的时候还不能及时提供和满足，或者提供的成效有待加强。

广州市志愿服务发展现状之所以与常态化、规范化发展的要求有距离，主要是因为广州市志愿服务参与的广度和深度还不够。一方面，目前广州市志愿服务队伍中，年轻人、大学生、党员团员、未婚者、在广州居住时间相对还不长的人是志愿服务的主力（参见志愿者群体的社会背景特征），其他群体还没有广泛参与到志愿服务中来，社会参与面不广；另一方面，现有的志愿群体参与志愿服务的频率不高。例如，调查显示，志愿者中相当一部分基本上只在单位组织或重大节假日或活动时才参加志愿活动，其中34%的人每半年或每年参加一次，15%的人一年只参加一次志愿活动。而相对经常性参加活动的志愿者，25%的人每月或两月参加一次，11%的一周或两周一次，7%的人平均每周一次以上（见图10）。

那么，主要是哪些因素制约广州市志愿服务常态化、规范化发展呢？换言之，主要有哪些因素制约广州市志愿服务参与的广度和深度？归纳起来主要有以下五个方面。

（一）很多人缺乏志愿服务理念

思想决定观念，观念决定行动。很多人不参加志愿服务，除了客观上太忙没有时间，还与他们缺乏志愿服务理念有关。一个正确的志愿服务理念，应该是充分认识志愿服务的意义和快乐，充分认识志愿服务对自己和社会的价值，从而乐于从事志愿服务。例如，调查显示，43.5%的志愿者认为，"缺乏助人为乐的价值观"是制约广州市志愿服务常态化的主要因素之一，这也印证了

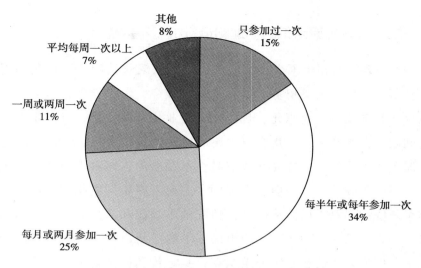

图10　志愿者参加志愿服务活动的频率（N=283）

志愿服务理念对提升志愿服务的广度和深度的意义（参见表7）。而很多人之所以缺乏志愿服务理念，与舆论引导和宣传不到位有关。例如，在调查中，有37.8%的志愿者认为"舆论引导和宣传不到位"是制约广州市志愿服务常态化的主要因素之一（见表7）。那么"舆论引导和宣传"与人们参加志愿行动是什么关系呢？显然，"舆论引导和宣传"对人们志愿行动的影响，主要是通过影响人们的志愿服务理念或价值观起作用的。一个浓厚的志愿服务舆论引导和宣传文化氛围，必将对人们树立志愿服务精神和理念起到积极的作用；反之，则没有起到应有的作用。

表7　志愿者认为制约广州市志愿服务常态化的主要因素（多选）（N=283）

单位：%

制约因素	占比
1. 经费保障不足	48.80
2. 缺乏助人为乐的价值观	43.5
3. 市—区—街(镇)—社区(村)的组织体系不健全	37.5
4. 舆论引导和宣传不到位	37.8
5. 志愿服务组织未能有效开展工作	36.0
6. 志愿者参与服务频率不高	25.1
7. 服务需求和供给不能及时对接	41.7
8. 立法不完善,缺乏必要法律依据	33.6

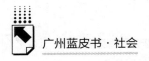

（二）有些志愿组织的管理和运行机制不完善

调查发现，广州市不少志愿服务组织都缺乏长效的管理机制和工作机制，在服务领域、人员招募、项目策划与推广、组织管理、组织发展等方面均存在着系统化、组织化、规范化、专业化、制度化、持久化不足等缺陷与问题。在座谈中，广州青年志愿者协会的负责人坦言，由于志愿者登记注册制度不严谨，一方面导致临时性不在册的志愿者人数往往超过登记注册志愿者人数，另一方面也存在同一志愿者在不同组织登记注册，存在数据重复统计现象，从而造成整体情况的不掌握和部分志愿资源的闲置或流失。调查还发现，70%以上的市民不了解广州市现有志愿服务网站和热线电话，可见大多数志愿服务组织在自身宣传和社会动员能力方面明显不足。此外，志愿管理制度不健全，导致志愿服务活动缺乏计划性和规范性；服务项目缺乏专业化的项目策划、运营与推广，导致项目难以持久和可持续发展。不少志愿组织在自身制度建设上的缺陷及其运行机制的不完善，也使得志愿服务活动容易陷入短期行为和功利主义的境地，影响和制约了志愿服务事业的可持续发展。

（三）参与志愿服务的渠道信息不对称

调查显示，56.5%的志愿者是通过学校团委、学生会和志愿服务社团参与志愿服务活动的；而通过社会志愿服务机构、广州义工联、广州青年志愿网（"志愿时"系统）参与行动的志愿者则分别占26.1%、22.6%和16.66%，可见，志愿者获取志愿服务信息的渠道相对单一。而了解上述专业性志愿服务组织的市民基本只占样本20%以下。没有参加志愿服务的市民中有50.1%表示是因为没有时间，但还有38.6%表示，想参加但不了解参加的渠道，这说明参与渠道信息不对称也是影响人们参与志愿活动的一个重要因素。参与渠道信息不对称，一方面限制了志愿者个人自主选择的空间。对此，85%的市民样本和94.3%的志愿者样本均表示，希望广州市建立统一的信息中心，以统筹协调广州市志愿服务需求和志愿服务活动。

（四）志愿服务经费保障不足

在对志愿服务组织调查中，经费短缺是他们普遍反映的共同困难。集中表现在，经费保障难以覆盖各级各类志愿者组织和志愿服务各领域。广州市目前有广州青年志愿者协会、义工联合会、妇女志愿者联合会等多个长期活跃的各类志愿服务组织，财政经费和有限的社会捐赠难以实现全覆盖，基层志愿服务队伍建设和志愿服务活动的开展更加缺乏必要的财力支撑。尽管2009年广州成立了羊城志愿服务基金，但该基金经费来源单一，资助范围小，无法覆盖志愿者选拔招募、队伍组织管理、日常开支等志愿服务的各方面。

此外，尽管志愿服务是一项不需要任何报酬的义务付出，但因志愿服务而产生的一些费用，不少志愿者还是希望有所补贴。受访志愿者中，48.6%的人认为需要报销与志愿行为有关的开支，21.6%的人认为报销的基础上要有适当的奖励，还有18.1%的人认为除了报销费用和适当奖励，在个人经济困难或支出较大时还希望有一定的报酬，只有11.7%的人认为志愿服务不需要任何补贴（见图11）。可见，在志愿服务尚未成为一种普遍的社会价值观的时候，适当的补贴对于推动志愿服务常态化还是有很重要的意义的。例如，认为影响人们参加志愿服务的主要阻力分析中，也有17%的人认为参加志愿服务还要花钱是阻碍他们参加志愿服务的因素之一。

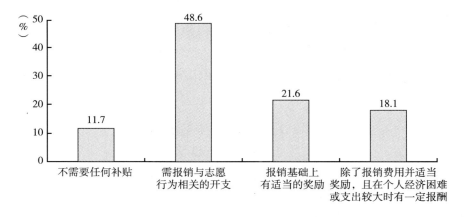

图11　志愿者对于参加志愿服务是否需要补贴的看法（N = 283）

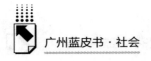

（五）志愿者的责任与权益保障不力

目前我国出台的专门规范志愿服务的立法均限于地方层面，全国至今没有一部统一的志愿服务法。广州尽管于 2008 年出台了《广州市志愿服务条例》，但由于条例效力等级较低，条例内容也以原则性规定为主，可操作性不强，志愿服务涉及的多方主体的法律关系、权利义务、责任承担等问题没有形成统一完善的制度，有关的规定过于原则和笼统、缺乏可操作性，因而志愿服务还有一定的随意性和无序性。

（六）其他相关因素

问卷调查显示，不少志愿者在参与志愿服务过程被人误解或质疑，得不到服务对象的尊重和认可；有的志愿者或者责任心不够，或者素质、能力不足；志愿服务激励机制不完善、社会鼓励支持不够等也是制约志愿服务广度、深度和效果的因素。

此外，广州尚未建立健全市—区—街（镇）—社区（村）的志愿工作的组织保障体系，志愿服务领导机构对辖区统筹联动力度不足、人力资源不到位等问题也影响了志愿服务应有作用的发挥。

四 推进广州市志愿服务常态化、规范化发展的对策建议

针对制约广州市志愿服务常态化、规范化发展的主要因素，特提出以下对策建议。

（一）进一步加强和创新志愿服务文化传播方式

志愿服务文化的建立、志愿精神的培育、志愿理念的普及，不仅可以扩大志愿服务的影响力，提高公众对志愿服务事业的认知度，也可以培育人的使命感和责任感，使志愿行为成为一种常态和自觉。因此，志愿精神与志愿理念是志愿服务事业可持续发展的精神动力和不竭源泉。目前广州市各类志愿者人数

约占总人口的8%，社会认知度、公众参与度有了一定提高，但从总体上来看，与发达国家40%~60%的人口参与志愿服务相比，还存在相当大的差距。因此，从公民教育和舆论导向入手，扩大志愿服务的教育和社会宣传力度，在全社会营造一种参与志愿服务的风尚和文化，引导和培养公民志愿服务的热情和意识，培育公民志愿服务的精神和理念，形成关心、支持和参与志愿服务的良好氛围，为志愿服务事业的健康发展奠定良好的心理和社会基础，是促进广州市志愿服务常态化与规范化发展的一项战略任务。

近年来，广州市委和政府高度重视志愿服务，给予大力支持，重视志愿文化的培育，在"打造具有岭南特色的志愿文化""倡导志愿服务的微笑理念""设计开发志愿行动的文化产品""开展志愿文化体验活动""培养志愿服务专业人才""总结提升志愿文化""创新志愿服务文化传播方式"等方面进行了积极的探索和实践，也取得了明显的成效。但广州的志愿服务文化建设仍然需要进一步努力，过去做了很多行之有效的工作，但有的还没有常态化。对那些实践证明行之有效的做法，应当予以保持和加强。当前，特别需要继续探索进一步加强和创新志愿服务文化传播的方式，做到志愿服务文化传播的常态化。为此，建议：引导主流媒体（包括电视、广播、报社）增加志愿服务公益广告分量，并开设专门栏目或版面定期宣传志愿服务的活动、精神和理念；引导各级学校（小学、中学、大学）加大志愿精神、志愿理念在公民教育中的分量和强度。

（二）整合志愿资源，畅通参与渠道

从对广州市青年志愿者协会和广州市义务工作者联合会的调查中发现，两个广州市最大的志愿者组织管理机构，并不能完全共享志愿资源，尚未实现资源效用的最大化。亚运会后转型升级后的"志愿时"综合管理系统于2011年12月正式上线，并已在各区（市）150个志愿服务站点和部分社区得到应用，基本实现了由大型赛会志愿者管理向社区常态化志愿服务管理的转变，以及由单一时间管理平台向志愿者、志愿者组织、志愿服务项目综合管理平台的转变。尽管如此，从调查来看，了解"志愿时"系统的市民只占样本总数的15.4%，通过志愿时系统参与志愿服务的志愿者也只有样本总数的16.6%，

可见"志愿时"系统服务尚未发挥既定功能,更未能覆盖广州市所有志愿组织和志愿者,志愿者参与志愿服务的渠道还相对传统和单一。

因此,进一步改进和完善"志愿时"综合管理系统,为所有有心参与志愿服务的各种资源和需求方搭建一个开放、高效的沟通、对接平台,实现对志愿服务招募、培训、运行、管理、交流、研讨、维系、激励、督察、保障、物资物流等的信息化管理,对推动志愿者工作规范化、组织体系标准化发展具有重要意义。专业化的志愿服务信息管理平台,不仅能够促进志愿资源的共享和科学调配,避免志愿资源的重复利用或闲置,实现资源效用的最大化,也有助于志愿组织、志愿者和服务对象之间的相互了解和互动,从而保障和提升志愿服务的品质和效率。当然,除了系统本身的优化、完善和提升,加大对"志愿时"综合管理系统的宣传,让更多的志愿者和志愿服务组织了解和运用该系统,无疑也是促进其功能发挥的重要举措之一。

(三)加强志愿组织建设,提升管理与服务能力

志愿组织建设是志愿服务事业发展的基础,是动员社会力量参与志愿服务事业的有效保障。近年来,广州市志愿服务组织增长迅速,各类志愿服务组织在引导人们参与社会管理和公共服务等方面发挥了积极的作用。但从总体上来看,广州市志愿服务组织还存在着执行机构不健全、人力资源保障不到位、组织内志愿者流动性高、培训机制不完善、管理水平和认知参差不齐等问题,难以满足日益壮大的志愿者队伍需求。

针对这种现状,为了不断改进和提升志愿组织的管理与服务能力,建议:一是实行分类管理。针对不同类型的志愿组织实行分类管理,增强志愿服务的专业性。二是健全执行机构。在建立志愿服务指导委员会的基础上,要加快组建具体执行机构,成立专职管理队伍,明确权责划分和内部分工,增强志愿服务工作执行力和社会统筹力。三是科学管理流程。健全志愿组织的工作机制和组织架构,合理调配与使用志愿资源,不断增强志愿活动的有序性,提高志愿服务科学化、规范化、社会化水平。四是建立联合组织。在条件成熟时,建立全市统一的非政府性质的志愿服务联合组织,综合协调、统一分配志愿服务资源,并为志愿者提供培训、考核、专业心理疏导等支持和服务。

（四）加强政策支持，完善保障机制

一是建立和完善志愿者权益保障机制。为志愿者提供人身安全与健康、基本生活、医疗保险等制度化、法治化、规范化的基本权益保障，消除志愿者后顾之忧，保护志愿者积极性。二是进一步强化完善志愿服务激励机制。建立多层次、多形式的志愿者表彰奖励制度，对志愿者的贡献，给予适当的或一定的物质奖励；颁发志愿者服务证书，并以之作为升学考核和选拔录用的参考和依据；完善志愿服务"储蓄"制度，将志愿者的服务时数存入"特殊账户"，建立档案，以此作为获得相应奖励或在年老时优先获得志愿服务的依据，形成"人人为我，我为人人"的互助机制。三是完善和加强相关政策支持。加大政府财政支持力度，让更多志愿服务组织与政府购买服务对接，不断扩大志愿服务领域和范围，也解决志愿组织资金不足的问题；特别是要通过税收等优惠政策，鼓励和引导更多的社会资源向志愿服务领域流动，加快形成更有效的更高水平的"财政拨款＋基金资助＋社会赞助"的资金筹措机制。四是建立健全组织保障体系。进一步建立和完善市—区（县级市）—街（镇）—社区（村）的四级志愿组织网络，加强人力资源配置，强化辖区统筹联动，加大专业指导，不断扩大志愿服务行动的领域和范围。

参考文献

党秀云：《论志愿服务的常态化与可持续发展》，《中国行政管理》2011 年第 3 期。

孙剑宏：《推动"社工＋志愿者"亚运志愿服务新模式》，《广东青年干部学院学报》2009 年第 76 期。

谭建光：《中国社会志愿服务体系分析》，《新华文摘》2008 年第 16 期。

刘伟：《我国志愿者行动中的政府行为选择探析》，《广播电视大学学报（哲学社会科学版）》2010 年第 5 期。

刘新玲、谭晓兰：《国外及我国香港地区志愿服务培训机制研究及启示》，百度文库，2012。

广州市志愿者协会：《2010 ～ 2011 年广州市志愿服务工作发展情况报告》。

（审稿：丁艳华）

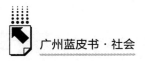
To Promote Routinization and Standardization of Volunteer Services

—The Investigation and Suggestions for the Volunteer Services in Guangzhou

Wei Zhaolie   Yang Hui

Abstract: This report sets forth the features of distribution of variables on the volunteers' occupations, ages, education, political orientation, registered permanent residences, marital status, and genders in Guangzhou, and reveals the cognition and evaluation of volunteers and citizens on the issue of "the meaning of volunteer service", "the motivation for volunteer service", "the effect of volunteer service", and "the areas where volunteer service should be strengthened", and analyses and concludes the major problems impeding the routinization and standardization of volunteer service in Guangzhou, and lastly presents countermeasures and suggestions to the routinization and standardization of volunteer service in Guangzhou.

Key Words: Volunteer Service; Routinization; Standardization

B.15

新型城市化背景下发展社会组织
促进政府转型的思考与展望

王晓杰

摘　要：

　　大力发展社会组织，鼓励引导社会组织积极参与社会管理、提供社会服务，对于实现政府与社会的职能归位，促进政府转型具有十分重要的意义。本文首先对社会组织与政府转型进行了科学分析，明确了社会组织的概念、类型、运行特征以及社会组织在政府转型中的角色定位，进而深入分析了广州社会组织的发展现状及问题，最后提出进一步发展社会组织的措施，即解决社会组织"有"的问题、"能"的问题、"干"的问题、"好"的问题，形成总量丰富、结构合理、功能完善、职能清晰、有序规范的社会组织发展格局，从而促进政府转型，建设"幸福广州"。

关键词：

　　"幸福广州"　社会建设　社会组织　政府转型

当前我国正处于经济社会发展的重要战略机遇期，同时又处于社会矛盾凸显和社会风险高发期，社会结构发生整体性、根本性变化，公共需求多样、利益矛盾加剧、社会风险频发。如何在经济社会发展中，建立新的社会秩序来实现经济社会又好又快发展，成为政府面临的重要课题。胡锦涛总书记在省部级主要领导干部社会管理及其创新专题研讨班开班式上发表重要讲话时指出："要紧紧围绕全面建设小康社会的总目标，牢牢把握最大限度激发社会活力、最大限度增加和谐因素、最大限度减少不和谐因素的总要求，以解决影响社会和谐稳定突出问题为突破口，提高社会管理科学化水平，完善党委领导、政府负责、社会协同、公众参与的社会管理格局。"广东省在"十二五"规划中明确提出把"加快转型升级，建设幸福广东"作为未来五年各项工作的核心。目前，广州正在积极走新型城市化发展道路，确定了全面建设国家中心城市和"率先转型升级、建设幸福广州"的目标任务。从中央到省、市的层层战略部署中我们不难发现，加强社会建设与社会管理、加快政府转型，已经成为各级政府所面临的首要任务。然而，在"加强社会建设与社会管理、加快政府转型"这个命题中，"社会组织"是必不可少的角色之一。发展社会组织，推动社会组织参与社会建设，对于加快政府转型升级，建设"大社会、好社会，小政府、强政府"具有重要意义。

一　广州社会组织发展现状及问题

近年来，广州市社会组织发展步伐加快，基本形成了门类齐全、层次整齐、结构多元、覆盖广泛的社会组织体系。截至2012年3月底，全市已注册登记的社会组织有4448个，近两年平均增幅8%；另有大批未正式登记的草根组织，保守估计在3万个以上。社会组织业务领域愈加广泛，覆盖经济、科研、社会事业、慈善等领域，民工社工机构从2008年仅7个迅速发展至今达93个。社会组织在同行业、同领域中的地位越来越重要，如全市性行业协会114家，覆盖一级企业经济组织1.7762万个，近80%的行业协会拥有的会员占整个行业的50%以上，近40%占行业经济组织的90%以上。

一个地方社会组织发展水平的高低不仅是看社会组织的数量多少，更要看社会组织在社会建设、社会管理领域的实际作为。总体来看，社会组织发展水平受三方面因素的影响，一是地方政府关于发展社会组织的顶层设计，二是一线社会组织自我发展的能力，三是连接政府与一线社会组织的中间枢纽型组织的成熟度。对照广州社会组织发展实际，在以上三方面都不同程度地存在一些问题。

（一）顶层设计：大力发展社会组织的政策体系有待完善

针对传统的"社会组织双重管理体制"，广州市相继印发了《关于进一步深化社会组织登记改革助推社会组织发展的通知》《关于实施"广州市社会组织直接登记"社会创新观察项目的工作方案》，从 2012 年 1 月 1 日起，放开行业协会、异地商会、公益服务类、社会服务类、经济类、科技类、体育类、文化类等八类社会组织直接登记；并从 2012 年 5 月 1 日起，全面铺开社会组织直接登记工作，有效突破了以往的传统体制，充分调动了社会参与社会组织建设的积极性。然而，市政府在推动社会组织发展的整体规划及政策制定方面还有很多空白。例如，政府为社会组织发展创造有利条件的政策规定、政府面向社会组织购买公共服务的制度规范、政府对社会组织有序运行的监管机制等。

（二）一线组织：对政府公共服务职能转移的承接力有待提升

政府公共职能转移，将社会能办的事交给社会，实现这一点的重要前提是要有足够多的、具有相关公共服务专业供给能力的社会组织。目前，广州现有社会组织数量偏少，且覆盖领域不均衡。以每万人拥有的社会组织数量为例，发达国家一般超过 50 个，如法国为 110 个，日本为 97 个，美国为 52 个；发展中国家一般超过 10 个，如阿根廷 25 个，巴西 13 个，而广州市只有 3.5 个。在广州现有的社会组织中，教育培训类社会组织占一半以上，而社会服务类组织全市仅 197 个，占总量的 4.44％，科学研究类、工商服务业及卫生、文化、体育等类别的社会组织皆偏少。同时，即使现有的公共服务类社会组织，在自身能力建设方面也是良莠不齐，大多数的社会组织专业人才匮乏，缺乏完善的组织文化，发展方向不明确，没有科学的管理规范，不善于拓展社会资源，不能得到社会公众的认可或信任。以上诸多问题，导致出现了政府向社会购买公共服务却买不到或买不到满意的服务等尴尬情形。

（三）中间枢纽：衔接政府与社会组织的枢纽力量亟待充实

社会组织覆盖领域较广，类别繁多，分布零散，难以与政府形成有效的互动沟通关系。这就需要有中间力量——枢纽型社会组织的存在，打破社会组织分散格局，既实现登记管理机关依法监督下的"以民管民"或"以社管社"，又在对同类别、同性质、同领域的社会组织发展中起到桥梁纽带作用。目前，广州重点依托工、青、妇等人民团体推进枢纽型组织建设，在推动各类人群参与社会组织建设及社会管理上发挥了重要的作用。然而,在行业协会、综合性社会组织联合会等其他类型枢纽型社会组织建设上仍显薄弱,导致现有的社会组织绝大多数是以单个的组织形态散落在社会上,政府无从联络,无从管理。此外,为一线社会组织提供资金、人才、业务指导的支持性枢纽型社会组织极其匮乏。2010 年,广州市成立了市一级的社会组织培育基地,有 23 个社会组织和公益服务项目入驻,4 个草根组织经过培育正式注册。2012 年,广州市建立了青年社会组织孵化基地,运用"社工 + 志愿者"模式,全面整合社会各类资源,除了为进驻的社会组织提供免费或低偿的场地、文书、商务后勤等综合服务外,更为其提供政策咨询、项目策划、人员培训、资源整合等"大管家"式服务,得到了各社会组织的热捧。然而,与社会组织的实际需要相比,现有的支持性枢纽型组织只是杯水车薪,亟须政府推动、扶持成立更多的此类组织,如支持社会组织发展的专项基金会,培养社会组织基础性人才、专业人才的职业性培训机构等。

二　进一步发展社会组织促进政府转型的对策

针对广州社会组织发展现状及存在问题,为社会组织提供更好的发展环境,促进社会组织健康持续发展,实现政府全面转型,须切实解决社会组织"有"的问题、"能"的问题、"干"的问题、"好"的问题(见图 1),从而形成总量丰富、结构合理、功能完善、职能清晰、有序规范的社会组织发展格局,促进政府转型,建设"幸福广州"。

(一)解决社会组织"有"的问题

积极推动建立覆盖广泛、结构合理的社会组织,解决社会组织"有"的问题,让政府转移出来的职能,"有"社会组织接;让政府与社会组织之间"有"良好的沟通联系渠道,形成有组织、有联系渠道、有互动发展的局面。

1. "有"合理的社会组织体系

制定出台《广州市社会组织发展规划》,根据政府职能转移需要、市民社会服务需求、现存社会组织状况及结构,并参考国内外每万人拥有社会组织数

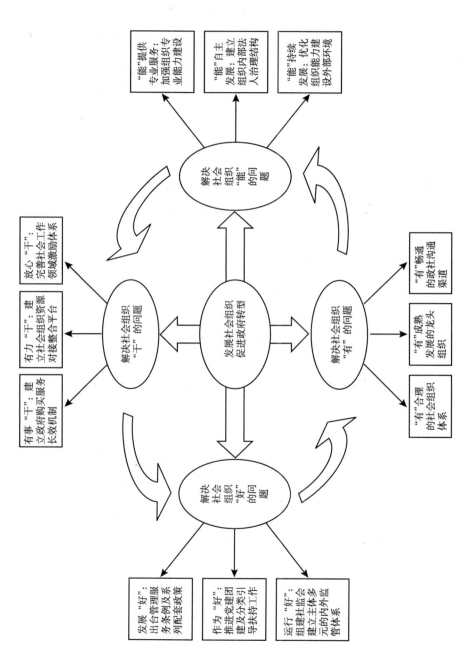

图 1　进一步发展社会组织促进政府转型相关对策系统结构

量等系数，合理测算今后一段时期内社会组织需求量，科学规划满足政府、市场及公众需求的社会组织结构，重点发展工商服务业、农业及农村、科学研究、卫生、文化、体育、慈善等存量较少、基础薄弱、社会急需的社会组织；高度重视游离于登记系统之外的草根组织、社会自治组织等，针对此类组织建立《社会组织登记备案制度》，加大对该类组织的引导、扶持、凝聚，推动成为充实社会组织整体规模的重要力量，最终形成门类齐全、层次丰富、覆盖广泛的社会组织体系。

2. "有"成熟发展的龙头组织

在盘活社会组织存量、增加社会组织总量、优化社会组织结构的同时，广州应在基金会、民办非企业、社会团体等组织类别及各服务领域中培育、发展一批具有引领作用的"龙头组织"，发挥管理科学化、规范化，服务专业化、精细化等示范作用，积极参与承接政府转移的大型服务项目，为全市社会组织的发展树立标准、培养人才、输出经验。

3. "有"畅通的政社沟通渠道

积极构建政府与社会组织的沟通联络渠道，确保政府对社会组织联系得上、管理得到、服务得好。一是广州市民政局、广州市民间组织管理局等社会组织登记管理部门应加强社会组织信息化管理水平，建立统一、便捷的社会组织信息化综合管理系统，实时掌握社会组织发展动态，解决"管理得到"的问题。二是打造分级、分类的枢纽型社会组织，构建各单一组织、草根组织以及社会组织与政府之间的有效联系沟通渠道。例如，成立区一级社会组织联合会，负责对辖区内各类社会组织的统筹联络，解决"联系得上"的问题；建立各种专项的社会组织孵化基地、社会组织能力培训中心等，对社会组织的发展提供专业支持，解决"服务得好"的问题。

（二）解决社会组织"能"的问题

组织理论认为，影响一个组织作用充分发挥的因素有：外在合法性获得与否以及组织自身能力素质的高低。由此，解决社会组织"能"的问题，是社会组织有效承接政府公共服务职能的重要前提。

1. "能"提供专业服务：加强组织专业能力建设

一是明确组织专业发展方向及业务范围定位。随着政府职能转移的深入推进、公众社会服务需求的不断提高，服务精细化、专业化是社会组织发展的必然趋势。各类社会组织应明确本组织专业发展方向及业务范围，确定自身服务领域，做到术业有专攻，形成专业素养，打造专业服务特色，避免大包大揽、泛而不精。二是加强服务流程规范，着眼于有效承接政府职能，为公众提供高品质服务，细化、规范、完善专业服务流程，建立涵盖项目承接、服务介入、后期跟进反馈、结项评估等环节的全流程、专业化、精细化服务体系，确保服务水平高端，质量不打折扣。三是充实专业力量，特别是加强专业人才培养，凝聚吸纳专业化、创新型的社会组织人才；建立组织内部专业人才培育传、帮、带制度，全面加强从业人员业务能力培训及专业素质、社会奉献意识培养。

2. "能"自主发展：建立组织内部法人治理结构

增强社会组织自食其力、自担风险、自主发展意识，改变对业务主管部门等行政力量的过多依赖，逐渐提升社会组织获取资源、参与竞争的能力；引导各类社会组织以法律、章程为依据、以行规行约为指导，建立健全"以会员大会或代表大会为决策中心，以理事会或董事会为执行组织，以专项工作团队为运行实体"的组织体系；加强社会组织透明化运作，疏通信息渠道，建立信息公开制度及监管体系，"在理事会或董事会之外设立监事会，对组织的年度计划、年度财务审计报告和平时的经济活动进行批准、监督"，形成合理的法人治理结构。

3. "能"持续发展：优化组织能力建设外部环境

政府应为社会组织能力建设创造良好的环境，通过引入高端人才、高端团队，达到全市社会组织的功能倍增效应，建议实施开展"羊城社会组织能力提升计划"。一是实施"社会工作杰出人才羊城计划"。2011年，广州市人力资源和社会保障局发布了《新时期广州人才发展报告》，将社会工作人才纳入10年内广州所需六类型人才之一，但并未就如何引进社会工作人才进行全面细化的规划。建议广州可参考香港"优才计划"等综合评价体系，出台专门针对社会工作人才引进的激励措施。二是实施"高校与社会组织产学研开发计划"。充分整合广州现有开设社会工作专业的 7 所高校、2 所职业学校力量，组建社会组织专业发展智囊团，建立社会组织从业人员再培训基地，开发社会组织能力培训课程等。三是实施"社会组织能力提升加油站计划"，建立一系列能力提升支持性枢纽型组织，如 NPO 能力建设学院、社会组织管理咨询机构（NPO 医院）等。

（三）解决社会组织"干"的问题

"政府和社会的分工合作与共同治理是社会发展的客观趋势。相当部分社会性和公益性的社会公共服务职能，应该也可以从政府的职能中分离出来，以形成多元社会主体参与提供公共服务的格局。"政府应积极推进政社分开，加快政府职能转移，将政府向社会组织购买服务制度化，确保社会组织有事"干"；全面统筹资金、阵地、人员等各类社会资源，为社会组织参与社会管理服务提供源源不断的动力，让社会组织有力"干"；与此同时，拓展社会组织及工作人员依法参与政治及社会事务的渠道，完善社会组织参与社会管理的评价及激励机制，让社会组织放心"干"。

1. 让社会组织有事"干"：建立政府购买服务长效机制

逐步扩大"政府购买服务"的范围，划定政府向社会组织购买服务的重点领域及目录，并将"政府购买服务"制度化，纳入广州市国民经济和社会发展规划，纳入各级政府财政预算并逐年提升预算额度。与此同时，建立"政府购买服务"规范、科学、透明的操作程序，在采用公开招标作为主要手段的同时，可采取政策调控手段，对于新兴领域的社会组织、创业阶段的社会组织予以特殊照顾。此外，通过政策引导，扩大市民群众社会公共服务需求，让社会组织找得到事、有事"干"。

2. 让社会组织有力"干"：建立社会组织资源对接整合平台

资金、阵地、人员等各类资源是社会组织参与社会管理、提供社会服务的基本要素，是社会组织"干"好事情的前提条件。政府应发挥工会、共青团、妇联以及各类行业协会、联合会等枢纽型组织力量，积极搭建社会组织公益资源整合及合作对接平台，凝聚各类社会资源，为社会组织发力提供源源不断的燃料。可参考 2011 年广州"志愿服务广交会"做法，实施开展"社会组织公益广交会",搭建公益需求匹配平台,实现服务需求、人员队伍、资金项目的多元对接;推动建立一批公益组织发展基金会,通过项目化资助的形式,为社会组织开展服务提供资金渠道;开放全市街道家庭综合服务中心、社区工疗站、敬老院等作为各类社会组织参与社会实践、提供社会服务的常态化阵地;畅通社会公共参与渠道,鼓励各社会组织结合自身业务范围,成立功能型志愿者队伍,吸纳社会爱心人士、青少年朋友共同参与社会服务及管理。

3. 让社会组织放心"干":完善社会工作领域激励体系

一是大力营造支持、鼓励发展社会事业的良好氛围,提升社会组织的社会知晓度和美誉度,让更多的专业人才甘于、乐于从事社会工作,并将之视为事业。二是提高社会组织及其相关从业人员政治地位和社会地位,调动社会组织依法参政议政及参与社会事务的积极性,分配一定比例的党代表、人大代表、政协委员给社会组织;再如政府进行重大行业决策时,规定应征询社会组织意见等,提升社会组织参与社会管理的专业荣誉及社会价值感。三是建立健全社会工作领域荣誉机制,进一步完善广州社会组织等级评估体系,结合社会组织承担政府职能的"产出效应"、提供志愿服务的时数等因素,综合测算社会组织参与社会管理服务的贡献值,定期予以认证、奖励。定期开展社会工作评选表彰工作,对于"干"得出色的社会组织及其从业人员予以表彰。

(四)解决社会组织"好"的问题

社会组织的"好"的问题,可包括发展好、作为好、运行好,这些"好"离不开党政支持及引导,离不开政府、社会、组织的全面监管。只有做"好"政策保障,做"好"引导扶持,做"好"监督管理,才能推动社会组织规范运行、有效作为、持续发展,才能推进政府转型升级,开创社会管理服务新局面。

1. 让社会组织发展"好":出台《广州市社会组织管理服务条例》及系列配套政策

广州市作为副省级城市,应充分行使地方立法权,建议由市人大牵头,组织开展立法调研,并结合广州社会组织的发展现状及未来规划,率先出台地方性法规——《广州市社会组织管理服务条例》,"进一步明确和规范社会组织的性质,地位,组织形式,管理体制,经费来源,财产关系,内部制度,人员保障，权利义务以及政府、企业的关系等"，特别是加强对新兴社会组织的管理立法、对备案制度立法、对社会组织涉外活动和境外非政府组织在穗活动立法等。与此同时，着眼于为社会组织提供各类坚实工作保障，出台一系列配套政策，如研究出台《广州市社会组织专职工作人员权益保障办法》，制定适合社会组织特点的人员流动、入户、工资福利、职称评定、档案管理、社会保障等具体政策措施，促进社会组织人才队伍的职业化、专业化；研究出台《广州市社会组织税收减免税管理办法》，并在一些集聚发展的社会组织创意园区、社会组织创业园等设立"社会组织免税区"，以减税、免税登记为杠杆，构建规范引导社会组织发展的经济激励机制。

2. 让社会组织作为"好"：推进党建团建及分类引导扶持工作

大力推进社会组织党建、团建工作，如"在紧密结合的社会组织中建立正式的党组织，在社会自组织、草根组织等相对比较松散、非正式的社会组织中建立临时党支部，对于一些宗教类型的社会组织可派驻党的联络员"，以社会主义核心价值观引导社会组织建设，切实保证社会组织能够按照党的方针政策积极参与社会管理，提供社会服务，保证社会组织既干得了活，更靠得住。与此同时，要根据各类组织的不同特点制定不同的引导和促进政策，建立完善的社会组织分类体系及相应的引导、扶持机制，特别要深入了解各类型组织各阶段的不同需求，有的放矢地提供扶持政策。例如，为处于"游击"状态的草根组织、社会自组织提供免费或廉租性质的办公场地；对于初创期的社会组织给予包括开办费、运营费补贴在内的扶持政策；对于成熟发展的龙头组织提供社会工作杰出人才引进扶持政策等。

3. 让社会组织运行"好"：组建广州社监会，建立主体多元的内外监管体系

组建广州市社会组织监督管理委员会（简称"广州社监会"），作为市社工委的下属常设机构，从而将登记管理机关、业务主管单位以及其他各相关部门行使的对于社会组织的监管职能，逐步统一到社监会的体制下。由广州社监会推动建立以政府、社会、组织、个人为多元主体的内外监管体系：政府加强行政执法力度，对从事违法犯罪活动的社会组织、利用社会组织名义谋取非法利益的单位和个人予以打击；各类枢纽型社会组织，特别是行业协会或联合会应发挥行业协调作用，从自身行业特征出发，制定切实可行的行业制度和行为规范，定期开展行业自查、自检及相关奖惩工作；各单一的社会组织要建立内部自律机制，防微杜渐，实施阳光透明办公，增强社会公信力。

参考文献

王名、刘培峰等：《民间组织通论》，时事出版社，2004。
李卫华：《我国社会组织发展中的问题与对策》，《宿州学院学报》2009 年第 4 期。
中央党校课题组：《民间组织自身发展中的主要问题及对策研究》，《社团理论研究》2006 年第 12 期。
严振书：《现阶段中国社会组织发展面临的机遇、挑战及促进思路》，《北京社会科学》2010 年第 2 期。

（审稿：丁艳华）

Thinking on the Promotion of Transformation of Government Function by Way of Developing Social Organizations under the New-type Urbanization Condition

Wang Xiaojie

Abstract：It is essential for the return of the functions of government and society, and transference of government duty to vigorously develop social organizations and encourage social organization to participate in social management and offering social services. This paper firstly analyses the transference of functions of government and social organizations, then explicits the concepts, types, features of running of social organizations and their roles that play in the transference of government function, lastly presents measures to develop social organizations, that is, to solve the problems of "existing", "function", "way of working", "effectiveness"

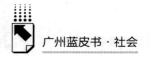

广州蓝皮书·社会

of social organizations, and to form ambulant in amount, reasonable structured, perfect in functions, duty-clear, and orderly development pattern for social organizations.

Key Words: Happy Guangzhou; Social Construction; Social Organization; Transference of Government Function

B.16
广州增城市事业单位党建工作调研报告

中共增城市委党校课题组 *

摘　要：

基层事业单位党组织是党的整个肌体的重要组成部分。近年来基层事业单位所处的环境、任务以及自身状况都发生了重大变化。如何适应新形势、新任务的要求，确保党组织政治核心作用的有效发挥，是新时期基层事业单位党建工作面临的重要课题。根据上级要求，我们对增城市部分事业单位党建工作进行了深入的调研，通过调查了解事业单位基层党组织党建工作情况，提出了加强和改进事业单位党组织党建工作的对策和建议。

关键词：

事业单位　党建　基层

一　基本情况

（一）被调查单位基层党组织基本状况

本次调查共涉及科教系统、医疗卫生系统、交通运输系统、农林水系统、国土建设系统等 8 个党委共 61 个事业单位。这些单位性质大多数属于公益性非营利性组织，主要承担公共服务职能。同时走访了增城市国土房管局党委等 7 家单位，共召开了 7 次座谈会，调查走访 60 多人次，发放并收回调查表 65 份（详见表 1、表 2）。

---

* 课题组组长：孙晓敏，课题组成员：孙晓敏、何飞云、钟记福。执笔：孙晓敏、何飞云。

表1 事业单位人员情况抽样统计（样本：38个事业单位，44个党支部）

单位：人

人员	数量
职工	3673
党员	1409
近3年新发展党员	162

表2 事业单位党员结构抽样统计（样本：1409名党员）

单位：人，%

内容	项目	人数	百分比
年龄结构	35岁以下	491	34.8
	35~54岁	628	44.6
	55岁以上	290	20.6
学历结构	本科以上	888	63.0
职称结构	高级职称	263	18.7
	中级职称	429	30.4
	初级职称	398	28.2

从事业单位两个抽样统计表来看，事业单位党员人数占职工人数的38.36%，已经超过职工人数的1/3强；从事业单位党组织人员结构来看，35~54岁的党员占党员总数的44.6%；学历本科以上的占党员总数的63.0%；中高级职称的党员占党员总数的49.1%。这些数字反映出增城市事业单位党员专业技能人才多、素质高，完全有能力成为增城市发展的中坚力量。

从党组织架构看，增城市普遍采用在市政府组成局设立党委，其下属事业单位设立总支或支部。从了解的61个事业单位来看，共设2个党总支57个党支部，其中医疗卫生系统的中医院、保健院设有党总支。从党员数量看，61个事业单位共有党员1884名，其中党员人数最多的增城电大党支部党员达132名；近3年党建工作方面获得县级以上荣誉的事业单位党组织12个。从党委层面看，7个局级单位实行党政领导分设，没有设置专门的党政办公室，由组织人事科或办公室负责党务工作。大部分局没有配备专职党务干部。从事业单位党支部（党总支）层面看，由于很多事业单位人数较少，一般没有配备专职党务干部，党支部（党总支）书记由行政负责人兼任，支部委员由行政副职兼任。从发展党员情况看，近 3 年共发展新党员 162 名，大部分支部基本能保证每年发展一名新党员。从党建经费看，市委组织部每年拨给每个党委一定数额的专项活动经费，事业单位则除个别局安排一定的经费外，大部分经费需自筹解决。从调查了解情况来看，增城市局属事业单位党组织和党员队伍基本稳定，组织健全、隶属关系明确，发展新党员工作正常进行。

（二）事业单位党建工作开展情况

近年来，增城市把事业单位党建工作作为全市党建工作的有机构成，根据事业单位职能定位、中心任务和工作特点，按照分类指导、继承创新、强化功能、增强活力的要求，全面加强事业单位党的思想、组织、作风和制度建设，着力在加强班子建设、完善组织建设、夯实党建基础、提供有效保障、培育特色亮点等方面下功夫，充分发挥好党组织战斗堡垒作用和党员先锋模范带头作用，把机关党建工作贯穿、渗透到各项工作实践中，较好地促进了增城市党建工作迈上新台阶。其主要做法和特点有以下六个。

一是围绕中心抓好党建的思路更加明确。近年来，增城市委始终把党的建设与经济社会建设结合起来，把党建工作的责任和发展的责任结合起来，把事业单位的发展与服务加快新型城市化建设、打造美丽乡村、建设广州东部城市副中心的大发展结合起来，以此为总目标和总抓手，对党建工作进行整体研究和整体部署。全市事业单位基层党组织进一步明晰了"围绕中心抓党建、抓好党建促发展"的工作思路，更加自觉地围绕中心、服务大局，把事业单位的党建工作纳入增城发展的大局，从而有力地推动了增城市的科学发展。

二是以提高党员素质为重点的思想建设更重实效。近年来，增城市事业单位各基层党组织坚持"缺什么，补什么；用什么，学什么"的原则，积极创新党员干部教育培训载体，开展了形式多样的"七个学"活动，即：借助"外脑"、专家把脉的"主题学"；对照先进、外出考察的"借鉴学"；围绕中心、干事创业的"全面学"；区域互动、取长补短的"交流学"；深入体验、上下联动的"跟班学"；立足职责、学以致用的"干前学"；深入基层、联系群众的"辅导学"。特别是 2012 年以来，组织新型城市化的全员大培训，全面提升党员干部对增城科学发展的美好前景的认识，从而进一步增强工作的执

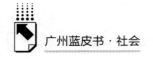

行力。

三是以增强活力为核心的组织建设更加扎实。近年来，按照上级的部署和要求，增城市积极稳妥推进事业单位分类改革。面对"改革者必须改革自己"的新形势，增城市事业单位各基层党组织从四个方面采取措施来积极适应：拓宽视野，努力扩大组织覆盖面；强化管理，积极扩大党员参与面；强化服务，不断增强组织凝聚力；明确重点，大力吸收一线新生力量入党，从而使事业单位基层党组织在新的形势下可以应对挑战。目前，做到组织稳若磐石，队伍坚如一心。

四是以联系群众为目标的作风建设更加深入。增城市事业单位各基层党组织紧密结合工作实际，力求在三个方面下功夫：在思想政治教育上下功夫，重点解决个别党员在"世界观、人生观、价值观和权力观、地位观、利益观"上的错位，进一步增强宗旨意识；在联系服务群众上下功夫，着力搭建与群众沟通服务的平台，比如结对帮扶、窗口设岗定责、主题实践活动、党员志愿者服务等，通过党员发挥先锋模范作用，实践先进性；在加强调查研究工作上下功夫，着力开展"解民忧、办实事"活动，从而进一步密切党群干群关系，巩固党的执政基础。

五是完善制度健全机制，党风廉政建设更重实效。增城市始终把制度建设贯穿于党的思想建设、组织建设、作风建设和反腐倡廉建设之中，坚持突出重点、整体推进，继承传统、大胆创新，如借助"三打两建"东风，市纪委牵头部分事业单位着力开展建立农村财政结算中心、农村集体资产交易和农村建设工程交易平台等"五个一"工作，探索构建农村廉情预警防控机制，打击和防范基层商业贿赂，把监督"关口"前移和下沉，进一步解决损害农民群众切身利益的腐败问题，推动了农村基层党风廉政建设长效机制建设。并从实际出发、有针对性地开展党风廉政教育：抓理论学习，强化党员干部的政德意识，提高品德修养；抓忠于职守，勤奋敬业，鼓励党员干部在其位谋其政，造福百姓；抓自觉接受组织和群众的监督，防止特殊党员弄权枉法；抓注重源头防治，依靠制度管权管钱管人，并形成长效机制。这些措施在一定程度上对党风廉政建设起到了积极的作用。

六是改革创新精神的党建工作创新更加广泛。紧密结合增城市全面建成小康社会、建设广州东部副城市中心的目标，积极开展"三级联创"活动，以开展"和谐农村365"创建活动和"三联六帮"城乡共建行动为载体,通过事业单位党组织、党员与贫困村、困难群众的对口联系,落实"六帮"措施(帮树立科学发展理念、帮搞好规划建设、帮整治村容村貌、帮富余劳动力转移就业、帮扶孤助学解困、帮强化村级组织建设),推动事业单位党组织和党员走出机关、走进基层、走入农户,听民声、问民意、解民忧,着力构建事业单位党组织和党员联系服务中心、服务基层、服务群众工作体系和长效机制。此外,不少单位党组织开展党建工作创新,如市国土房管局党委实施党务工作目标管理考核,市水务局党委实施廉政风险防控,市教育局党委实施支部工作前移、优化党员考核标准,市农业局实施党员规范管理,市科经信局实施机关事业单位联合组建党支部,市园林局党委开展民主推选支部书记等探索,都很有特色,丰富了载体,把党建工作融合和渗透到经济社会发展的各项具体工作中。

2012年以来,增城市全市形成工业化和城市化逐浪提升的喜人形势,以挂绿湖为龙头的广州东部城市副中心规划建设紧锣密鼓地进行,广州东部交通枢纽建设如火如荼,美丽乡村建设注重特色,城乡统筹实现良性互动,水城、花城、绿城打造势头良好,这些与增城市事业单位党建工作思路清晰、整体布局,立足基层、重心下移,开拓创新、注重实效,求真务实、城乡联动应该是紧密相连的。

二　存在的主要问题和原因分析

在调研中,我们也发现存在一些问题和不足。

(一)个别局对党建工作重视不够,出现"缺位"情况

近年来,增城市委明确要求事业单位党建工作"一级抓一级、层层抓落实"的工作思路,但是,个别局党委存在重业务、轻党建的现象。一是有的领导担心"出位"。认为业务工作是硬任务,必须实打实,党建工作是虚的,可以缓一缓,这样造成"一手轻、一手重"。二是力量不足出现"缺位"。局机关本来就工作人员少,专职党务干部更加少,而新时期党建工作规范化、程

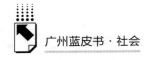

序化后，无论是工作要求抑或工作量比之过去成倍增加，繁杂具体的分类指导工作难以实施。

（二）部分单位组织生活不规范，存在某些薄弱环节

大多数事业单位党支部（总支）能够按照上级党委要求，结合自身实际开展党建工作。但是调查中发现部分事业单位党建工作基础差，党建工作不受重视，组织生活在正常开展、内容形式和联系实际等方面与新形势、新任务的要求还存在一定的差距，造成党的组织生活质量不高，基层党组织战斗堡垒作用不明显，对党员干部的教育、管理、监督不到位，进一步影响了党员队伍的先进性建设。主要表现在：一是部分单位党组织生活质量不高。不少单位组织生活流于形式，在个别事业单位党组织中组织生活制度不能得到落实或者组织生活形式主义较突出、形式单调。二是党组织缺少新鲜"血液"。个别事业单位受人事编制影响，新进干部职工较少，能发展为党员的早已经吸收为党员。也有个别单位对发展新党员不积极，思想政治教育工作不到位，导致个别单位发展党员数量较少，缺少新鲜"血液"。三是党组织管理不到位。个别单位反映，离退休党员和部门分散型单位受异地居住、工作等原因影响，较难集中参加组织生活；个别单位受转制影响，党员的党组织关系未及时理顺，使单位党组织难以管理服务到位等。四是落后党员难处理。个别事业单位有的党员思想落后于实际，在工作中不能够发挥先锋模范带头作用，有的甚至走在群众后面。如何疏通出口、纯洁党员队伍问题等，都应该引起足够重视。

（三）制度流于形式，党内监督难以到位

大多数局属事业单位有自己的经济实体和有形资产，有些还具有部分行政管理职能。在实行法人负责制的情况下，行政领导人处于单位的领导中心地位，对于单位的业务开拓、改革规划、人事、财务管理、内部机构设置等重大职权集于一身，党风廉政建设显得尤为重要。一是上级局党委的监督对下级事业单位监督难执行。作为市职能部门的各局党委，日常行政业务已经异常繁重，党委班子成员都兼任行政工作，加之党务工作人员严重缺乏。按照分工，局领导都负责分管几个直属事业单位，按要求应该做到既管业务又抓党建、既

抓事业单位领导班子又带队伍，事业单位一般驻地分散，业务工作和财务相对独立，党委（领导班子）对事业单位党风廉政建设情况深入不够、了解不多。党委对这些事业单位领导班子和领导干部的监督受到局限。在一定程度上给组织监督造成困难。二是党员对上级监督难开展。在事业单位中党务公开推进工作还远远不够，党的基层组织工作的重大问题，不能完全组织党员充分讨论或充分听取党员意见，党员经常性地参与基层党组织重大事项决策的机会不多。一些单位行政领导干部不执行行政工作向党组织和党员报告制度，一些重大事项不能做到征求职代会或者党员意见，党员知情权、选举权、参与权难以得到保障，信息不对称、缺少监督平台，使党员监督权更难行使。三是制度不落实、机制不完善造成监督不力。事业单位普遍建立了《党风廉政责任制》《党内监督制度》《领导干部述职述廉制度》等，还建立《领导干部廉政档案》，但是一些规章制度还没有得到很好的落实。一些具体的、约束性强的执行性制度还有待完善，如对于政务公开、财务公开，各级只是提倡，但较少有细致深入的检查；再如领导干部个人财产报告制度，但对领导干部任职前后审核制度还没有建立和实行。如近年市建设国土部门、卫生部门、财政部门出现的腐败案例，就造成了重大的经济损失和社会影响。

（四）缺乏机制保障，党的队伍自身建设存在一定困难

从调研情况看，主要存在以下问题：一是党务干部配备不够合理。根据上级制定的机构改革定编方案，目前机关党委只设组织人事科或者办公室（党政合署办公），工作人员 1～4 名不等。事业单位党务工作人员 1～2 名不等，基本不是专职工作人员。由于行政工作压力较大，抓党建工作的时间和精力不够，履行职责的压力相对更大一些。二是党务干部素质能力亟待提高。尽管大多数党务工作者责任心很强，但是面对新形势和事业单位人才较多，个别党务干部由于专业技能不突出，在知识分子中开展党建工作的力度不大、办法不多。三是党建经费没有明确的预算。目前，事业单位党建工作经费没有列入行政预算，党组织开展活动、开展党务工作缺乏资金支持。

应该说，增城市事业单位党建工作近年来有不少创新，取得了不少成绩，但也还存在许多薄弱环节。党的十八大报告强调指出："党的基层组织是团结

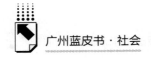

带领群众贯彻党的理论和路线方针政策、落实党的任务的战斗堡垒"，认真贯彻落实党的十八大精神，就必须进一步在思想上和行动上加强和改进事业单位党建工作。

三 对策与建议

不久前，中共中央办公厅印发了《关于在推进事业单位改革中加强和改进党的建设工作的意见》（以下简称《意见》）。《意见》明确提出了事业单位党建工作的目标任务和要求，是当前和今后一个时期开展工作的主要依据。据此，提出如下对策与建议。

（一）提高认识，以党建实效推动业务工作的顺利开展

长期以来，事业单位一直是促进社会发展和解决民生问题的中坚力量，是联系政府和人民群众的桥梁与纽带，在服务群众、维护社会稳定中扮演着重要的角色，是政府与群众之间的缓冲带、润滑剂，也是安全阀。开展事业单位党建工作，也是为了最大限度地维护人民群众的根本利益，加快推进和谐社会建设的进程。因此，作为事业单位，必须把党的建设工作与事业单位改革发展紧密结合起来，同步规划，同步推进，从思想上高度重视党建工作的重要性，紧紧抓住党建工作这一"龙头"不放松，按照"建一流班子、带一流队伍、创一流业绩、树一流形象"的工作要求，充分发挥党组织的政治核心作用，推动基层党建工作做到干部职工关心的热点上、放到作风的改进上、体现在各项业务工作的落实上，形成与业务工作相互渗透、相互促进的局面，坚持虚工实做，以党建实效推动业务工作的顺利开展。

（二）加强领导，推动事业单位党建工作的深入开展

1. 全面落实党建责任

《意见》明确指出，"实行党委领导下的行政领导人负责制的事业单位，党组织发挥领导核心作用。认真履行党章和有关规定明确的职责任务，按照把方向、议大事、管全局的要求，统一领导本单位工作"。根据这个精神，必须

落实以下几点。一是领导重视。局级党委应把直属事业单位党建工作纳入本部门党的建设总体布局，研究解决事业单位党建工作的重要问题。二是明确责任。明确各事业单位党组织主要负责人就是党建工作的第一责任人，认真履行职责，切实加强领导，定期研究和解决当前党建工作中遇到的困难和问题。三是落实责任。认真落实"一岗双责"，兼任行政"一把手"的领导，不仅要做好行政工作，也要抓好党建工作，同时，支持副书记和各委员按照分工抓好工作。交叉任职的领导要搞好协调配合，坚持"两手抓、两手都要硬"。

2. 加强工作指导

《意见》明确提出，"分类推进事业单位改革阶段性目标要求，对承担行政职能的事业单位和从事生产经营活动的事业单位，已转为行政机构或企业的，要分别按照机关党建工作和企业党建工作的要求，及时调整和优化党组织设置，理顺隶属关系，开展党组织活动，实现党建工作平稳过渡、有序衔接；已明确转为行政机构或企业但尚未调整到位的，以及明确予以撤销或调整的单位，在过渡期内要继续按照现有规定和要求抓好党建工作，确保党的工作不间断、党组织作用不削弱，党员先锋模范作用得到充分发挥"。根据这一要求，有必要从如下方面入手。一是整合资源、科学设置。一方面，对一些党员人数较多的直属事业单位，根据不同行业、不同类型、不同管理体制的特点和要求，进一步加强和改进党的建设工作，应该按照程序设立党组织，使党组织体系健全、设置合理、制度完善、机制灵活；另一方面，根据属地或属线管理谁更有效、谁更有利于开展党建工作的原则，切实解决一些下属单位党建工作归属问题。二是在改革中稳定党务工作机构。对那些合并、撤销的事业单位，应做好党务工作的转接、交接。三是及时督促和指导直属事业单位党建工作的开展。

3. 健全和完善重大机制

一方面应善于发挥党组织及其负责人在参与本单位重大问题决策上的作用，建立健全科学、民主的决策制度，为推动事业稳步、健康发展提供坚强保证；另一方面应建立健全确保党组织参与重大问题决策的制度，如具体需要建立事业单位重大问题决策前党政主要领导沟通制度、党委（支部）书记参加行政办公会制度等相关制度，为事业单位党组织和负责人参与本单位重大问题决策提供制度保证。

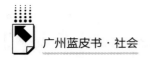

（三）加强党员队伍建设，不断增强组织活力

党员是党建活动的主体，因此，加强党的建设，必须首先加强党员队伍的建设，不断增强事业单位基层党组织创造力、凝聚力和战斗力。

1. 加强领导班子和干部队伍建设

一是着力选好"带头人"。选好配强事业单位领导班子，把那些政治坚定、业务过硬、敢抓善管、廉洁奉公、实绩突出、群众公认的优秀人才选拔进事业单位的领导班子中。二是配齐职数。根据《意见》"实行行政领导人负责制的事业单位，党组织书记和行政主要领导由同一人担任的，一般应配备一名专职副书记；党组织书记和行政主要领导分开任职的，党组织书记一般应兼任行政副职，党员行政主要领导人一般应进入党组织领导班子"这一规定，着力选好配强事业单位总支委、支委领导班子，特别是支委领导班子。三是加强管理。探索制定符合不同行业特点的事业单位领导人员管理办法和综合考核评价办法，明确要求，规范程序，改进方法，强化管理。结合事业单位特点，有针对性地开展领导人员在职岗位培训、任职培训和专业培训，不断提高领导班子成员的思想政治素质。

2. 加强党员队伍建设，不断提高他们做好公益服务能力水平

一是建立常规学习机制。以增强党性、提高素质为重点，加强和改进党员队伍教育管理，健全党员立足岗位创先争优长效机制，推动广大党员发挥先锋模范作用。切实加强党员经常性教育，针对党员实际，根据形势的变化开展经常性教育和集中性教育、理论学习和业务学习，建设高素质事业单位党员队伍。严格执行和落实"三会一课"制度，确保学习教育的时间、内容、人员等方面的落实，不断提高党员的政治理论水平和做好公益服务的业务能力水平。二是加强和改进思想政治工作。围绕推进事业单位改革，加强学习宣传和思想教育，有针对性地做好解疑释惑工作。三是认真做好发展党员工作。各事业单位党组织应严把"入口关"，切实把那些思想作风正、业务能力强的优秀人才集聚到党和国家事业中来。

（四）开拓创新，确保各项党建活动充满生机和活力

针对目前一些事业单位党建工作活动不够丰富，组织生活形式稍显单一，缺少创新和活力等现象，建议如下。一是创新形式，丰富组织生活。重点是结

合事业单位工作实际，扎实开展单位特色党建活动，激发党员干部的工作热情。二是创新内容，不断推进学习型党组织建设。发挥事业单位众多人才的优势，经常性开展党情、市情教育，或组织广大党员到本市或市外开展参观学习活动，既让党员了解了形势、市情，也提高了党员的思想政治觉悟。三是创新机制，发挥事业单位党员干部的先锋模范作用。紧密结合党政中心工作，制定党组织和党员激励机制，树立标杆建典型，激发党组织和党员的工作积极性，逐步形成学比赶超的良好氛围，增强党组织的凝聚力和战斗力。四是创新载体，形成党建工作合力。充分运用网络、手机等手段，推进事业单位党建工作信息化，构建开放互动的党组织活动平台。

（五）加强反腐倡廉建设，确保党员干部队伍清正廉洁

公益性一类事业单位的业务大多与人民群众的利益相关，稍有不谨慎，就很容易产生权钱交易、商业贿赂等腐败现象，因此，必须加强对事业单位领导人员的管理，扎实推进反腐倡廉建设。一是运用载体、开展教育。充分运用纪律教育月活动等载体，切实抓好理想信念教育、法纪政纪教育、廉洁自律教育。二是运用典型、警示教育。深化廉政文化进事业单位活动，运用正反典型进行典型示范教育和警示教育。三是完善制度。建立党组织廉政教育日制度，严格执行党风廉政建设责任制，引导事业单位党员干部自觉遵守廉洁自律的各项制度。四是加强监督。落实重大事项报告制度、述职述廉制度和定期通报工作制度，认真执行党规党纪，严格依法依纪查处党员违纪案件。五是实行公开承诺制度。对党员干部的承诺备案，时刻对照检查。如增城市国土房管局把党员干部的承诺公布在党建网上，让党员干部时刻警醒，这种方法值得各事业单位学习和借鉴。

（六）加强保障，确保党组织的自身发展

加强党务工作人员队伍建设，进一步提高党务工作者做好党建工作的水平，推动党务工作的不断发展。一是促进党务干部队伍专业化。专业稳定的党务干部队伍是加强和改进事业单位党建工作的基础，应着力改变目前增城市事业单位党务干部不专（基本上是兼职）、党建工作疲于应付的现状，使事业单位党建工作有人抓、有人管，推动党建工作不断上新水平。二是加强交流和培

训。为事业单位党务工作者的党务干部提供学习、考察、参观的机会，培养"专党务、懂业务"的党务干部，不断提高事业单位党务工作者做好党建工作的水平，保证事业单位党建工作顺利开展。三是充实党务工作队伍。通过党政干部轮岗交流，选派精兵强将，切实加强党务工作岗位。此外，根据《意见》"将党建工作经费列入事业单位年度经费预算"这一规定，建议把事业单位党组织的活动经费列入行政经费预算。

总之，不断加强和改进事业单位党的建设，是全面推进党的建设伟大工程的重要任务之一，也是切实转变事业单位工作作风、推动各项事业健康发展的重要保证。事业单位一定要以党的十八大精神为指导，认真总结经验，创新基层党建工作，夯实党执政的组织基础，自觉推动各项事业的发展。

（审稿：黄旭）

Research Report on the Work of Party Building of Public Institutions of Zengcheng Municipality of Guangzhou

The Research Group of the Communist Party School
of Zengcheng Municipality

Abstract：The organizations of the Party of primary level are essential parts of the Party. In recent years, the environments and tasks and their conditions of primary public institutions have taken significant changes. It is a new problem to those primary public institutions on their work of party building that how to meet the requirements of new tasks according to temporary situations and maintain effection of their core function of party organizations. Some detailed and practical suggestions and countermeasures are presented for improving the work of party organization of public institutions on party building.

Key Words：Public Institutions；Party Building；Primary Level

社会调研篇

Investigation

B.17

2012 年度广州市内公共交通服务及道路 状况市民评价民调报告

刘荣新　粟华英

摘　要：

　　本报告基于"2012 年广州市内公共交通服务状况市民评价" "2012 年广州市内道路状况市民评价"调查完成。公共交通服务评价部分着重从市民整体、不同出行方式人群等角度描述市民对市内公共交通服务的评价。道路状况评价部分从道路的建设维护、配套设施、通行能力等方面描述市民对市内道路状况的评价，以及对公交专用道效用的评价和期待。

关键词：

　　公共交通服务　道路状况　公交专用道　市民评价

　　广州社情民意研究中心于 2012 年 3 月进行了 "2012 年广州市内公共交通服务状况市民评价"民调。本调查抽样范围覆盖广州市 10 个行政区，访问量为 1000 位市民。民调围绕公交服务（包括公交车、地铁）的服务供给、服务质量、享用服务的成本、服务监管等方面设计了九项具体指标。报告着重从市民整体和不同出行方式人群等角度了解市民对市内公交服务的评价。结果显示，市民对公共交通服务整体好评。从不同出行方式来看，公交车服务多数指标评价有明显改善，地铁服务则整体下滑。市民对公共交通服务较好的评价更多体现了对公交车服务改善的肯定。

一 公共交通服务整体评价

1. 服务质量评价高，乘车线路、搭乘安全市民感受好

"行车安全""车上治安""车厢卫生"三项指标，受访市民满意度均达接近或超过六成的高水平；对"路线设置""转车换乘"，市民的满意感受也较高，在五成左右（见表 1）。在软件服务质量方面，市民总体评价好。

表 1 对服务质量相关指标的评价

单位：%

指标 \ 态度	满意	一般	不满意
行车安全	69	24	6
车厢卫生	66	24	8
车上治安	59	28	11
路线设置	53	36	8
转车换乘	46	34	15

需要注意的是，虽然"路线设置"的满意度依然过五成，但近五年来总体呈现下降，满意度自 2008 年下降了 10 个百分点（见图 1）。

2. 搭乘票价多数市民满意

对于目前的票价水平，市民的满意度高达 61%，其中明确表示"满意"的就超过四成（见图 2）。公交优惠措施的推行，切实为市民带来了实惠。

3. 服务供给仍欠缺，候车评价下降，挤车不满居高

市民对搭乘公共交通服务的"等候时间"满意度较 2011 年下降了 6 个百

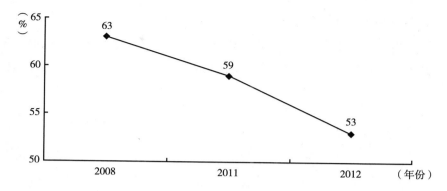

图1　对"路线设置"的历年满意度对比

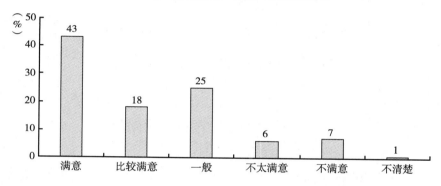

图2　受访市民对"票价水平"的评价

分点，首次跌至五成以下；而对"车内拥挤程度"的不满感受仍然突出，达到47%的高水平（见表2）。

表2　对候车、挤车的历年评价对比

单位：%

指标及年度　态度	满意度	一般	不满意度
等候时间			
2012 年	45	35	18
2011 年	51	25	22
2008 年	50	31	19
车内拥挤程度			
2012 年	22	29	47
2011 年	22	30	45
2008 年	31	33	35

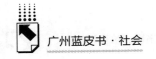

4. 监管效果市民评价较好

政府相关部门对公交服务的监管效果，市民的满意度为40%，远高于不满意度，相较于教育、医疗监管不到三成的满意水平，评价明显为高（见图3）。

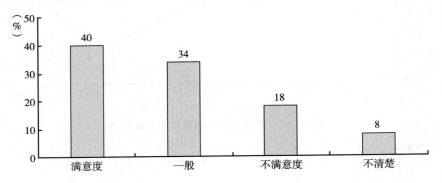

图3　受访市民对政府部门监管效果的评价

二　不同出行人群的评价对比

以下部分主要通过描述不同出行方式市民的评价特点，对比公交车服务、地铁服务的评价差异。其中出行方式仅以公交车为主的市民，简称"公交车族"，仅以地铁为主的，简称"地铁族"，公交车、地铁均是主要出行方式的，简称"换乘族"。

1. 整体评价对比：公交车改善，地铁下滑

公交车族、地铁族对公共交通服务的评价整体都较好，满意度基本超过五成。但与2011年相比，公交车族评价整体有不同程度的上升，而地铁族多数指标评价下滑，多项满意度下降10个百分点以上；两种人群的评价对比，由上年地铁族评价均高，变化为2012年地铁族半数指标评价落后（见表3）。

2. 供给量评价对比：公交车、地铁呈逆向变化

对"车内拥挤程度"的评价中，地铁族在2008年不满意度不到三成，但2011年以来明显恶化，不满意度2012年更飙升20个百分点，达61%，远高于公交车族20个百分点。相反，公交车族的不满意度2012年有所缓和，下降了7个百分点（见图4）。

表3 不同人群的历年满意度对比

单位：%

指标＼人群	公交车族		地铁族	
	2012 年	2011 年	2012 年	2011 年
路线设置	51	57	58	61
等候时间	44	33	50	80
转车换乘	51	—	43	—
车厢卫生	60	61	78	77
车内拥挤程度	28	22	18	24
车上治安	57	53	64	78
行车安全	74	57	69	79
票价水平	67	—	55	—

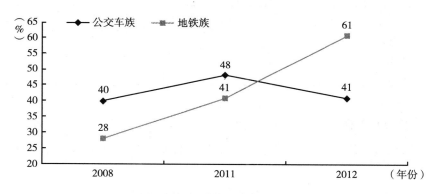

图4 对"车内拥挤程度"的历年不满意度对比

对"等候时间"的评价，地铁族满意度降至50%，较上年大幅下滑30个百分点；公交车族则显著上升11个百分点，为44%。二者差距明显缩小（见图5）。

3. 服务质量评价对比：地铁行车安全、转换乘显低

地铁族对"行车安全"满意度降至七成以下，下降了10个百分点；反之，公交车族满意度显著上升17个点，为74%。同样，地铁族对"转车换乘"的满意度也比公交车族低，在五成以下。地铁族仅在"车厢卫生""车上治安""路线设置"三项指标评价仍然领先（见表4）。

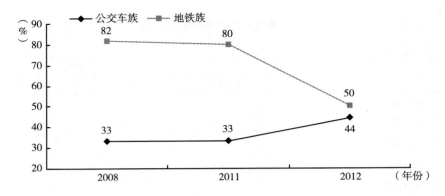

图5 对"等候时间"的历年满意度对比

表4 对服务质量相关指标的满意度对比

单位：%

人群类型\指标	行车安全	转车换乘	车厢卫生	路线设置	车上治安
公交车族	74	51	60	51	57
地铁族	69	43	78	58	64
换乘族	68	48	68	57	62

4. 票价水平评价对比：地铁显低

地铁族满意度为55%，较公交车族明显低了12个百分点（见表5）。

表5 对"票价水平"的评价对比

单位：%

人群类型\态度	满意度	一般	不满意度
公交车族	67	20	10
地铁族	55	29	16
换乘族	59	27	13

三　小结

对公共交通票价水平，广州市民给予好评，这在"涨"声一片的背景下尤为难得。公交车族与地铁族的评价，凸显公交车、地铁服务状况的变化。随着投放运力的加大、公交专用道的增设，市内公交车服务有实实在在的改善。与公交车资源投放越多、服务越好截然相反的是，地铁呈现投放线路越多、服务越降的情形。自 2010 年底多条周边地铁线路相继开通，在方便了外围市区和"珠三角"居民出行的同时，也大幅增加穿梭于市中心的乘客数量，增加中心线路的负荷，拥挤显增，故障频发，中心线路与周边线路的运力失衡，致使"心肌梗塞"已然显现。

（一）市民对市内道路状况以及公交专用道的评价

民调围绕道路的建设维护、配套设施、通行能力等方面设计了 7 项具体指标，了解市民对市内道路状况的评价。结果显示，道路平整、维护市民评价较好，人行道、照明、交通指示等配套设施满意水平也颇高。道路堵塞由集中转分散，呈现"大堵减少，小堵增加"的变化；此外公交专用道的推行惠及广大公交车族；二者使得市民对"道路通行能力"评价呈现好转。

1. 道路通行能力评价有好转，公交车族意见改善

调查显示，对"道路通行能力"这一道路核心事项，市民的评价呈现好转：不满意度比上年大幅下降 10 个百分点，低于满意度 10 个百分点，呈现正面评价（见图 6）。

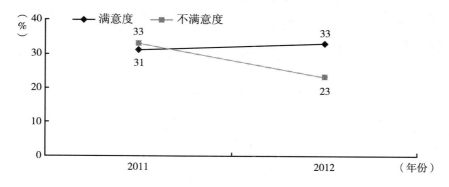

图6 对"道路通行能力"的评价对比

分群体看，公交车族、自驾车族的不满意度分别有 10 个和 6 个百分点的下降（见表6）。公交车族占所有市民近七成，其对"道路通行能力"的评价

221

好转直接拉动整体评价的好转，这与 2011 年底以来公交专用道的大力设置、推动有莫大关系。

表6 对"道路通行能力"不满意度对比

单位：%

群体 / 年度	2012 年	2011 年	相差
公交车族	22	32	10
自驾车族	36	42	6

2. 道路的平整、维护，市民评价较好

市民对"路面的平整"满意度达到 57% 的高位；对"道路的维修、保养"满意度也有 35%，高于不满意度 13 个百分点（见表7）。

表7 对道路平整、维护情况的评价

单位：%

指标 / 态度	满意度	一般	不满意度	不清楚
路面的平整	57	31	11	1
道路的维修、保养	35	39	22	4

3. 人行道、照明、交通指示等配套设施，市民满意水平高

对"人行道设置""交通指示""路灯照明设施"等配套设施事项，市民的满意度均在五成左右及以上的高位（见表8）。

表8 对道路配套设施的评价

单位：%

指标 / 态度	满意度	一般	不满意度	不清楚
人行道设置	49	30	20	1
交通指示	53	29	15	3
路灯照明设施	66	21	9	4

4. 道路拥堵向非高峰期、外围城区分散

从时间看，认为"高峰期有"道路堵塞的市民比上年大幅降低 11 个百分点至 40%，四年来首次低于 50%；但同时，认为"经常有"的增加 12 个百分点（见表9）。看来，道路堵塞向非高峰期分散。

表 9 对道路堵塞情况的评价

单位：%

年度 \ 态度	高峰期有	经常有	偶尔有	不清楚/难说
2012	40	47	10	3
2011	51	35	12	2
2008	52	39	8	1

从地区看，中心城区①、周边城区、外围城区市民认为"经常有"道路堵塞的比例均上升；其中越趋向郊区，上升的比例越高。可见道路堵塞也向外围城区分散（见表10）。

表 10 认为"经常有"道路堵塞的比例

单位：%

地区 \ 年度	2012 年	2011 年	相差（个百分点）
中心城区	46	36	10
周边城区	53	41	12
外围城区	43	29	14

道路堵塞在时间和地区上的分散，意味着市民感受的道路堵塞范围（时间、地区）在扩大，但程度在缓解，也即大堵减少，小堵增加。

综上所述，在市民看来：一方面，道路堵塞由集中向分散的转变，使得大堵减少，小堵增加；另一方面，公交专用道的大力推行、落实，使得广大的公交车族得到实惠。两方面共同导致市民对"道路通行能力"的评价出现好转。

（二）市民对公交专用道的评价

"公交优先"的重要体现在于"路权优先"。2011 年底以来，公交专用道

---

① 中心城区，包括越秀区、天河区、荔湾区、海珠区；周边城区，包括白云区、黄埔区；外围城区，包括番禺区、萝岗区、南沙区、花都区。

大规模、大力度地设置，为了解公交专用道效果的市民评价，民调围绕公交专用道的效用、期待等方面设计了六项指标进行调查。

结果显示，公交专用道设置后，对公交车族有明显缩短出行时间、缓解乘车拥挤的实际效果；更难能可贵的是，公交车族受益的同时，公交专用道并没对自驾车族造成明显挤压。鉴于此，公交车族、自驾车族对其积极作用及继续发展有相当共识。

1. 公交专用道设置各方市民均甚满意

市民对公交专用道设置的满意度过半，其中，与公交专用道设置密切相关的公交车族、自驾车族的满意度均甚高，分别达53%、46%（见表11）。

表11　公交专用道设置的满意度评价

单位：%

群体 \ 态度	满意度	一般	不满意度	不清楚
全体受访者	52	32	7	9
公交车族	53	33	6	8
自驾车族	46	31	10	13

对于公交专用道设置之后，"出行更加快捷""有助于改善交通秩序"的具体功效，75%以上的受访者及公交车族、自驾车族均表示"赞成"（见表12）。

表12　公交专用道效用的评价

单位：%

指标及群体 \ 态度	赞成	不赞成	难说
出行更加快捷			
全部受访者	75	12	13
公交车族	76	11	13
自驾车族	76	13	11
有助于改善交通秩序			
全部受访者	83	11	6
公交车族	85	9	6
自驾车族	75	19	6

2. 公交专用道具有缩短出行时间、缓解乘车拥挤的实际效果

其一，缩短出行时间。自 2011 年底开通公交专用道以来，公交车族表示其乘车出行花费的时间"缩短了"的有 35%（见图 7），折算起来约有 25% 的市民因此减少出行时间，受益面可观。

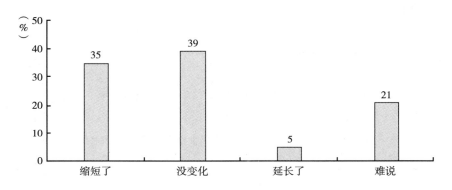

图 7　出行花费时间变化的评价

值得一提的是，对于公交专用道设置后行车时间的变化，自驾车族中 46% 的多数人表示"难说"，另有 24% 的人认为"缩短了"，仅 9% 的人认为"延长了"。可见道路资源重组并未出现非此即彼的状况，公交车族受益同时自驾车族并未明显受挤压。

其二，缓解乘车拥挤。2011 年，公交车族①对"车内拥挤程度"的不满意度在 48% 的高位上，2012 年大幅回落 7 个百分点，扭转了此前评价恶化的趋势（见图 8）。

3. 公交专用道的目标实现获肯定，"继续增加"成主流期待

对公交专用道设置后，"更多市民会搭乘公交车"的终极目标，各方意见也高度一致：70% 以上的受访者及公交车族、自驾车族表示"赞成"（见表 13）。

因而，54% 的多数市民期待"继续增加"公交专用道的设置；自驾车族期待"继续增加"的比例虽较公交车族少，但也占相对多数（35%）（见表 14）。

---

① 注：为使数据更为精确，该数为仅以公交车为主要出行方式的市民，不包括公交、地铁均为主要出行方式的市民。

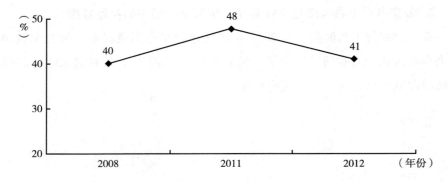

图8 对"车内拥挤程度"的不满意度对比

表13 公交专用道使"更多市民会搭乘公交车"的评价

单位：%

群体＼态度	赞成	不赞成	难说
全部受访者	78	14	8
公交车族	79	14	7
自驾车族	73	14	13

表14 对公交专用道设置的期待

单位：%

群体＼态度	继续增加	保持现状	减少	难说
全部受访者	54	29	6	11
公交车族	57	29	4	10
自驾车族	35	33	12	20

综上，广州现阶段大规模设置公交专用道，对公交车族有明显的缩短出行时间、缓解乘车拥挤的实效，且在多数公交车族受益的同时，并没有对自驾车族造成明显挤压。概言之，公交专用道投入小、见效快，设置过程的扰民明显较 BRT 少，且受益人群多，因而公交车族、自驾车族对其积极作用及继续发展有相当的共识。

（审稿：钟萍）

Survey Report on Residents' Evaluations of the Public Traffic Service and Road Conditions of Guangzhou in 2012

Liu Rongxin   Su Huaying

Abstract: This report is Based on the survey of "the evaluation of residents on the urban public traffic Services in Guangzhou in 2012" and "the evaluation of residents on the urban road conditions". On the part of residents' evaluation on public traffic, residents of the city as a whole, and people of different modes of transportation are emphasized. On the other part of residents' evaluation on road conditions, road construction and maintenance, supporting facilities, traffic capacity, and residents' evaluation and expectation to bus-only lanes are described.

Key Words: Public Traffic Service; Road Conditions; Bus-only Lanes; Evaluation of Residents

B.18
广州市民对疾病风险和"除四害"看法的民调报告

吴晓君

摘　要：

　　本报告基于广州市民对疾病风险和"除四害"的调研，描述市民对近年来怪病、流行病增多趋势的看法，对今后暴发新病种的预期，对政府防控工作的评价以及对"四害"状况的看法和"除四害"工作的评价。

关键词：

　　疾病风险　　"除四害"　　市民评价

距离"非典"暴发已近 10 年，这 10 年间广州先后出现了禽流感、猪流感、手足口病、恙虫病等传染病、怪病，2012 年还呈增多趋势。广州社情民意研究中心于 2012 年 7 月进行了相关民调，随机抽样电话访问了广州 1000 位市民，了解市民对疾病风险的看法，及对近年"四害"状况的看法。

调查结果显示，多数市民认同近年来怪病、传染病、流行病有增多趋势，并认为"环境污染"和"人口密度过大"是主要原因；市民预期未来会暴发新的怪病、传染病、流行病等；对政府的疾病防控工作市民评价尚可，且有信心政府会如实发布有关信息。对于"除四害"，多数市民认为近年蟑螂、蚊虫和老鼠均有增多，且较多人不满"除四害"工作。

一　对疾病风险的看法

1. 多数市民认同近年来怪病、传染病、流行病增多

民调显示，对"近年来禽流感、手足口病等怪病，传染病、流行病有增多趋势"的说法，51% 的市民持"认同"态度（见图 1）。

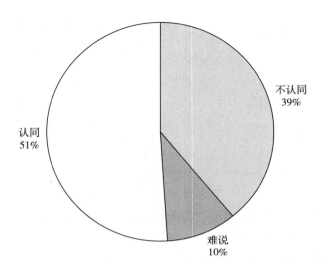

图1 对"近年来怪病、流行病等增多趋势"的看法

2. 市民普遍认为"环境污染"是怪病趋多的首因

多达80%的市民认为"环境污染"是怪病、传染病、流行病趋多的首要原因;其次是"人口密度过大",被选率为57%;"市容卫生差""身体素质下降"被选率较高,均在五成左右(见图2)。

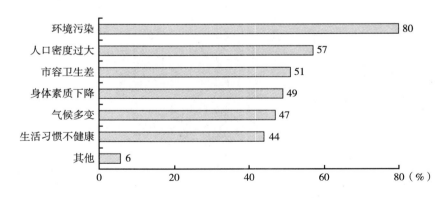

图2 怪病、传染病、流行病增多的主要原因(可多选)

3. 多数市民预期今后可能暴发新的怪病、传染病

对于今后新的怪病、传染病暴发,认为存在可能的受访者比例合计多达68%,其中,明确表态"很有可能"的就有25%,即四人之中就有一人(见图3)。

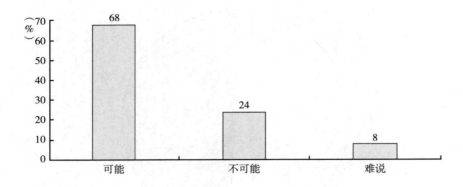

图3 对"预期今后新的怪病、传染病的暴发"的看法

4. 政府疾病防控工作市民评价尚可，疾病信息发布工作获民众认同

政府对怪病、传染病、流行病等防控工作，市民评价"一般"的多（占40%），满意为34%，不满意为22%（见图4）。

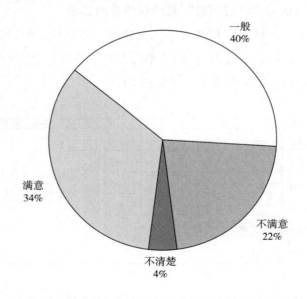

图4 受访者对传染病、流行病的政府防控工作的评价

对政府如实发布有关怪病、传染病、流行病等的信息，55%的市民表示"有信心"，高于"没有信心"的20个百分点（见图5）。

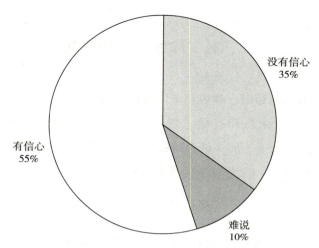

图 5   民众对政府如实发布疾病信息的信心

5. 青年人、高学历者对疾病风险的意见突出

　　分析显示，青年人对近年怪病、传染病、流行病增多的趋势及暴发可能的预期最高，且对政府的疾病防控工作不满意度高达34％，是唯一不满意度高于满意度的人群。学历层次上，高学历组的意见也较突出，对预期未来暴发新的怪病、传染病者更高达78％（见表1）。

表 1   不同群体对疾病风险的评价

单位：%

看法 人群	近年来怪病有增多趋势 认同	预期未来暴发新的怪病 可能性	对政府疾病防控工作的看法 满意度	不满意度
25 岁以下	54	75	36	17
26~30 岁	62	76	22	34
31~40 岁	55	70	33	20
41~50 岁	45	62	35	22
51~60 岁	42	57	35	22
60 岁以上	37	51	42	7
初中及以下	46	55	37	18
高中/中专/中职	52	64	37	18
大专/高职	51	78	27	23
本科及以上	54	78	31	27

二 对"除四害"的看法

1. 市民多数认为蟑螂、蚊虫和老鼠近年有增多

在蟑螂、蚊虫、老鼠和苍蝇"四害"中，受访市民认为仅苍蝇有减少，其余"三害"均有增多，其中认为蟑螂"增多了"的比例最高，达50%；其次是蚊虫，"增多了"的比例亦接近五成；另外，超过四成市民认为老鼠也"增多了"（见表2）。

表2　市民对近年广州"四害"状况看法

单位：%

指标 态度	增多了	减少了	没变化	难说
蟑螂	50	20	27	3
蚊虫	47	19	32	2
老鼠	41	25	29	5
苍蝇	21	42	34	3

2. 中心城区市民更感受蚊虫增多，外围城区则更感受老鼠增多

居住在中心城区的市民认为蚊虫"增多了"的比例近五成，认为"没变化"的比例也高于外围城区；反之，外围城区认为"减少了"的比例较中心城区多了6个百分点（见表3）。中心城区的市民对蚊虫增多感受更强烈。

表3　蚊虫状况不同城区市民看法

单位：%

城区类型 态度	增多了	减少了	没变化	难说
中心城区	48	18	32	2
周边城区	47	18	34	1
外围城区	45	24	29	2

调查显示，在增城区、从化区、花都区、南沙区等外围城区中，市民认为老鼠"增多了"的比例为46%，比中心城区多出8个百分点（见表4）。

表4　老鼠状况不同城区市民看法

单位：%

城区类型＼态度	增多了	减少了	没变化	难说
中心城区	38	26	30	6
周边城区	42	23	31	4
外围城区	46	28	21	5

3. 低收入者对"四害"增多感受最明显

对"四害"状况，低收入者认为"增多了"的比例明显高，尤以老鼠为甚，多达60%的低收入者认为老鼠增多了，而中高、高收入者仅为35%，两者相差25个百分点（见表5）。看来，生活居住环境的差异，使低收入者对"四害"感受更强。

表5　不同收入者认为四害"增多了"的比例

单位：%

人群类型＼态度	蚊虫	老鼠	蟑螂	苍蝇
低收入	54	60	55	29
中低收入	46	42	45	18
中等收入	46	36	50	18
中高、高收入	43	35	49	17

4. 市民不满"除四害"工作，中心城区市民、低收入者尤甚

33%的受访市民对"除四害"工作表示不满，即三人中就有一人，且高于满意度25%的水平。

进一步分析显示，中心城区市民不满达37%，较其他城区都要高；低收入者不满更突出，达50%的甚高水平，比中高、高收入者高出一倍（见表6）。

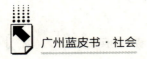

表6　市民对"除四害"工作评价

单位：%

态度 人群类型	满意度	一般	不满意度	不清楚
总体	25	39	33	3
低收入	15	33	50	2
中低收入	26	41	31	2
中等收入	23	40	35	2
中高、高收入	26	45	25	4
中心城区	24	37	37	2
周边城区	25	40	32	3
外围城区	28	38	30	4

（审稿：栾俪云）

Survey Report on Guangzhou Citizen' Views of Disease Risks and "Wiping out Four Pests"

Wu Xiaojun

Abstract：This report is Based on the polls of "Guangzhou citizen' views to disease risks" and "Guangzhou citizen' Views to wiping out four pests". On the part of views to disease risks, the citizen' views to increasing strange diseases and epidemic diseases, their prediction to new disease in late years, and their evaluations to the government efforts on prevention and control of diseases are mainly described. On the other part of "wiping out four pests", citizen' views to the status of four pests in recent years and to the work of "wiping out four pests" are mainly described.

Key Words：Disease Risks；"Wiping Out Four Pests"；Citizen's Evaluation

B.19
2012 年度社会治安状况广州
市民评价民调报告

摘 要：

本报告基于"2012 年度社会治安状况广州市民评价民意"调查，主要介绍公众对 2012 年社会治安状况、警方工作的评价。结果显示，将近四成的受访者对社会治安状况表示不同程度的满意，市民安全感稳定在九成左右的甚高水平；警方维护治安工作市民多满意，但水平有下降；对警方打击违法犯罪，市民主要期待在"入屋盗窃""公交车、地铁上扒窃""电话、短信诈骗"等。对诈骗现象，超过四成五的受访者认为近两年来诈骗现象有增多，且近五成受访者 2012 年遇过诈骗，方式以电话、短信诈骗为主，且上当受骗者不在少数。

关键词：

社会治安 市民评价 诈骗

广州社情民意研究中心于 2012 年 8 月进行了"2012 年度社会治安状况广州市民评价"民调，以分层随机抽样，电话访问了 1000 位广州市民。本报告介绍市民对社会治安状况的评价、对诈骗现象的看法，以及不同城区居民、不同人群的评价特点。

一 公众对 2012 年社会治安状况评价

1. 社会治安状况民众评价较好

对广州目前的治安状况，受访市民中持"满意""比较满意"评价的人有

38%，不满者仅 14%，还有 47% 的人认为"一般"。总的来看，市民对治安状况评价较好。自 2007 年以来，治安状况满意度持续增加，2010 年达到 41%，但 2012 年略有回落，较 2010 年减少了 3 个百分点（见图 1）。

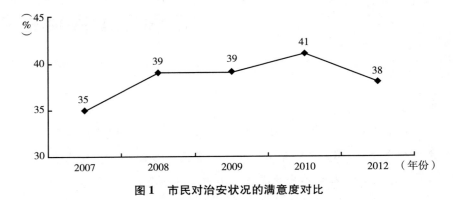

图 1　市民对治安状况的满意度对比

越秀区、荔湾区、天河区、海珠区等中心城区居民对治安状况最为满意，比例为 41%，多于周边城区和外围城区 5 个百分点（见表 1）。

表 1　不同城区居民对治安状况的评价

单位：%

城区 ＼ 态度	满意度	一般	不满意度
中心城区	41	44	15
周边城区	36	53	10
外围城区	36	44	19

从不同人群来看，收入越低的人群中满意治安状况的人越少。低收入组中满意者比例为 26%，而中高收入、高收入组持满意表态的人多至 41%，两组相差达 15 个百分点。在有遭遇过违法犯罪行为的市民（以下简称"亲历者"）中，满意者只有 24%，明显低于非亲历者 18 个百分点（见表 2）。

2. 市民安全感保持稳定，低收入、亲历者安全感相对显弱

在广州生活、工作，感到"安全""比较安全"的受访市民超过半数，达 56%；持"一般"表态的有 34%，具有安全感的人合计多达 90%。自 2008 年以来，市民的安全感均稳定在 90% 左右的甚高水平（见图 2）。

表 2　不同人群对治安状况的评价

单位：%

人群 ＼ 态度	满意度	一般	不满意度
低收入	26	50	23
中低收入	32	54	14
中等收入	39	47	13
中高、高收入	41	44	13
亲历者	24	50	24
非亲历者	42	46	11

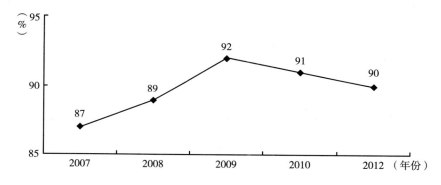

图 2　市民具安全感比例

在低收入者和亲历者中，具有安全感的比例为 81%、83%，较其他人群少 10 个百分点以上；而感到"不太安全""不安全"的仍有 15% 左右（见表 3）。看来，生活居住环境、相关经历的不同，使低收入者、亲历者对治安状况感受差，安全感比其他人群弱。

表 3　不同人群的安全感受

单位：%

人群 ＼ 态度	安全感	不安全感
低收入	81	16
中低收入	92	7
中等收入	92	7
中高、高收入	95	4
亲历者	83	15
非亲历者	93	6

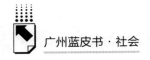

二 市民对警方维护治安工作的评价和期待

1. 警方维护治安工作市民多满意，但水平有下降

对广州警方维护治安的工作，半数市民表示"满意"或"比较满意"；但与 2010 年比较，满意度减少了 5 个百分点，为 2007 年以来最低（见图 3）。

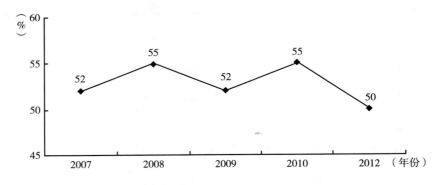

图3 市民对警方维护治安工作的满意度对比

对警方维护治安的具体工作，市民评价尚可，满意者均在 35% 左右；需注意的是，对违法犯罪行为最有威慑的"日常巡逻"和"对违法犯罪的打击力度"，不满的受访市民仍有 20% 左右，每五人中就有一人（见表 4）。不同人群中，遭遇过犯罪侵害的亲历者更为不满，水平高至三成左右。

表4 市民对警方维护治安具体工作的评价

单位：%

指标 \ 态度	满意度	一般	不满意度
警情信息的公开	36	42	14
日常巡逻	35	41	21
对违法犯罪的打击力度	35	38	19

对警方维护治安工作，白云区、番禺区、黄埔区、萝岗区等周边城区居民，持满意态度的比例略低，为 46%，比其他城区少 5 个百分点左右。同样"对违法犯罪的打击力度"，周边城区满意者也最少，比例为 32%（见表 5）。

表5　不同城区居民对治安维护工作的评价

单位：%

指标及城区　　态　度	满意度	一般	不满意度
警方维护治安的工作			
中心城区	50	37	11
周边城区	46	41	11
外围城区	53	32	12
对违法犯罪的打击力度			
中心城区	36	36	20
周边城区	32	43	19
外围城区	38	33	22

2. 对警方打击违法犯罪，市民期待主要有以下方面

希望警方重点打击"入屋盗窃"的比例最高，达67%。多年来，市民认为威胁最大的"抢劫"，2012年亦位列第三（见图4）。在不同年龄人群中，老年人希望打击"入屋盗窃"的意愿最强，比例高至82%。

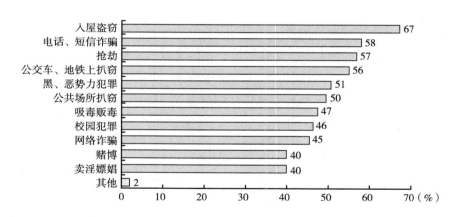

图4　市民希望警方重点打击的违法犯罪现象（多选）

其次是"电话、短信诈骗"，希望警方重点打击的市民比例为58%，仅低于"入屋盗窃"，与2006年（20%）相比翻了不止一番（见图5）。

市民希望重点打击"公交车、地铁上扒窃"的意愿与"电话、短信诈骗"、"抢劫"相差无几，比例为56%（见图4）。19～30岁的年轻人，最希

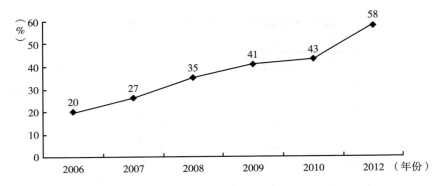

图5 历年来认为诈骗威胁最大、最需要打击的市民比例

望打击"公交车、地铁上扒窃",比例高至65%,与其他人群首选"入屋盗窃"截然不同。广州社情民意研究中心2010年民调中,市民亦反映上下班时段"盗窃""扒窃"尤以公交车、地铁上最常发生。

三 市民对诈骗问题的看法以及对警方工作的评价

1. 市民认为诈骗明显增多

广州社情民意研究中心历年数据显示,在市民认为最需要打击的犯罪类型中,诈骗在六年间由第六跃居第二且被选率从20%升至58%的甚高水平,2012年仅低于第一位的"入屋盗窃"9个百分点(见图6)。

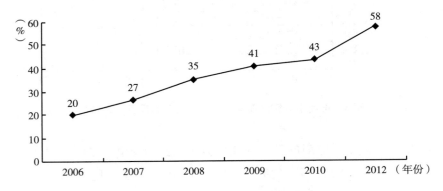

图6 历年来认为诈骗最需要重点打击市民比例(多选)

2012 年度调查也显示，46% 的多数受访市民认为近两年来诈骗现象"增多了"，而持"减少了"看法者仅 17%（见表 6）。

表 6   近两年来诈骗现象变化的感受

单位：%

人群\趋势	增多了	没有变化	减少了	不清楚
总体	46	27	17	10

2. 近五成受访者 2012 年遇过诈骗，类型以电话、短信诈骗为主

2012 年仅不足 8 个月，就有 48% 的受访市民遇到过诈骗，这表明诈骗犯罪极具广泛性。诈骗类型集中在"电话诈骗""短信诈骗"，比例分别达 77% 和 61%，网络诈骗也近两成（见表 7）。

表 7   遇到的诈骗类型

单位：%

人群\类型	电话诈骗	短信诈骗	网络诈骗	街头诈骗	商业诈骗
总体	77	61	19	14	6

尽管警方对提防诈骗有大量宣传，但遇到诈骗的市民中仍有 11% 的人上当受骗，这在 1200 多万名广州市民中不是一个小数；民调亦发现，上当者多为电话诈骗中招。

3. 民众对警方打击诈骗的工作评价尚可

对警方打击诈骗的工作，市民认为"满意""比较满意"的比例合计为 38%，明显超过相反意见者 24 个百分点，还有 42% 的人持"一般"态度。

进一步分析发现，遇到过诈骗的市民满意水平明显为低，而"有"上当经历的市民不满尤甚，表示"不太满意"或"不满意"的比例合计达 48%（见表 8）。

4. 年长者尤感诈骗增多，且更易上当

从年龄上看，年长者感受诈骗"增多了"的比例明显居高，超出年轻人 13 个百分点以上。而且，在遇到诈骗的市民中，老年人上当受骗者最多，为 16%（见表 9）。

表8 对警方打击诈骗的工作评价

单位：%

人群＼态度	满意/比较满意	一般	不满意/不太满意	不清楚
有没有遇到				
有	27	47	21	5
没有	48	38	9	5
有没有上当				
有	22	28	48	2
没有	28	49	17	6
总体	38	42	14	6

表9 不同年龄市民对诈骗现象的看法

单位：%

人群＼态度	诈骗现象			有没有上当	
	增多了	没有变化	减少了	有	没有
16～30岁	39	31	19	13	87
31～40岁	45	26	17	10	90
41～50岁	52	23	16	10	90
51～60岁	56	22	12	8	92
61～65岁	52	22	18	16	84

调查也显示，年长者遇到"电话诈骗"的比例极高，51岁以上的受访者达90%左右，高出年轻人近30个百分点；年轻人遇到"网络诈骗"的较多（见表10）。

表10 不同年龄市民遇到的诈骗类型

单位：%

人群＼类型	电话诈骗	短信诈骗	网络诈骗	街头诈骗	商业诈骗
16～30岁	60	59	27	18	6
31～40岁	82	67	25	10	5
41～50岁	83	66	13	15	10
51～60岁	89	52	8	9	3
61～65岁	91	53	3	13	6

5. 高学历者对打击诈骗的满意水平最低

本科及以上高学历者对警方打击诈骗工作持"满意""比较满意"态度的人只有29%，较初中及以下学历者少18个百分点（见表11）。

表 11　不同学历市民对警方打击诈骗的工作评价

单位：%

态度　人群	满意/比较满意	一般	不满意/不太满意	不清楚
初中及以下	47	39	7	7
高中/中专/中职	40	39	15	6
大专/高职	35	45	15	5
本科及以上	29	47	20	4

　　调查也发现，学历越高者"遇到"诈骗的比例越高，本科及以上学历市民表示遇到过诈骗的比例多达 56%，明显高于低学历者 18 个百分点，故而，亦仅 11% 的本科及以上学历者认为诈骗行为 2012 年"减少了"（见表 12）。

表 12　不同学历市民对诈骗的看法

单位：%

态度　人群	诈骗现象			有没有遇到	
	增多了	没有变化	减少了	有	没有
初中及以下	43	18	24	38	62
高中/中专/中职	48	25	18	44	56
大专/高职	44	30	16	55	45
本科及以上	46	35	11	56	44

（审稿：王朋）

Survey Report on Guangzhou Citizen' Evaluations of Public Security in 2012

Liu Rongxin　Wu Xiaojun

Abstract：This report is Based on the polls of "Guangzhou Citizen' views to the Public Security in 2012", mainly introducing public evaluation to the social security and work of polices in 2012. The results show that nearly 40% surveyed are satisfied with the public security in different degrees and the sense of security maintains above 90% , and the work of polices on maintain the social security which are believed downgrading are almost satisfied by citizens, and citizens expect the polices to crack down the unlawful and criminal behaviors on burglary, pick pocketing on buses and subways, fraud by phone and short massage etc. As for the phenomena of fraud, nearly 45% surveyed are believed that they are growing in recent two years, and nearly 50% surveyed have experienced fraud in 2012 major by means of telephones or short massages among whom the deceived are not in the minority.

Key Words: Public Security; Citizen's Evaluation; Fraud

B.20
广州十年发展市民评价民调报告

王文俊

摘　要：

广州社情民意研究中心于 2012 年 10 月开展的"广州十年发展市民评价"民调结果显示，68% 的受访市民对广州十年发展持"满意"或"比较满意"的评价，不满意者仅 5%，"有进步"和"越来越好"是市民的主流看法。对未来发展的期待，民意最希望改进医疗服务，改革医疗体制。

关键词：

广州　十年发展　民意调查

为了解民众对广州十年发展的看法，把握市民对未来发展的期待，广州社情民意研究中心于 2012 年 10 月开展"广州十年发展市民评价"民意调查。调查范围覆盖广州市十二个区（县级市），以分层随机抽样方式，通过电话访问了 1000 位不同年龄、不同性别、不同职业、不同收入、不同政治面貌的广州市民。

本项民调立足于受访者对社会状况和社会处境的观察性评价，设立六个方面共 32 项指标，包括经济发展、社会发展、文化发展、城建发展、生态发展、政治发展。

受访者的评价，分为"有进步"和"没有进步"两个基本类型；"有进步"以受访者选择"越来越好"作为评价句型，"没有进步"以受访者选择"没变化"或"越来越差"作为评价句型。

结果显示，城建发展和社会发展评价为好，生态发展的评价水平明显要低。评价最好的前五位指标分别为"城市建设""交通设施""公共交通服务""经济发展""市容卫生"。评价最差的为"缩小贫富差距""空气质量""河流河涌水质",受访市民认为"越来越差"者多达40%以上。

一 市民基本评价

1. 经济发展:总体经济进步显著,民生改善不足

在经济发展方面,民调围绕总体经济和基本民生设置了五项评价指标。总体经济的"经济发展""居民生活"两项指标,市民普遍认为十年发展有进步。对"经济发展"评价"越来越好"的人多达76%,对"居民生活"评价"越来越好"的人也多达63%。

基本民生的"居民收入""居民就业""居民住房"三项指标,受访市民多认为进步不足。其中,认为"居民收入""居民就业"没有进步者均逾50%,尤以"居民就业"为突出,认为"没有进步"的多达57%,明显超过"有进步"的26个百分点;而"居民住房"市民看法明显分化,认为"没有进步"的为48%,但认为"有进步"的也有46%,两者相差仅2个百分点(见表1)。

表1 经济发展受访者评价

单位:%

态度 领域及指标	有进步	没有进步			难说
	越来越好	没变化	越来越差	合计	
总体经济					
经济发展	76	11	9	20	4
居民生活	63	21	14	35	2
基本民生					
居民住房	46	27	21	48	6
居民收入	43	28	23	51	6
居民就业	31	30	27	57	12

2. 社会发展:社会服务越来越好,消费安全越来越差

在社会发展方面,民调围绕社会服务和民生安全设置了六项指标。社会服务的"公共交通服务""教育服务""医疗服务"三项指标，市民评价"有进步"的均过半数，且明显多于"没有进步"的 20 个百分点以上。其中尤以"公共交通服务"突出，多达 79% 的人认为"越来越好"。

民生安全是正常社会生活的基础，本次民调设置了"社会治安""社会保障""消费安全"三项指标。其中，市民认为"社会治安""社会保障"有进步者分别多达 63%、62%；相反，市民认为"消费安全"没有进步的人多达61%，其中明确表示"越来越差"的人就有 38%（见表2）。

表2　社会发展受访者评价

单位：%

领域及指标 ＼ 态度	有进步	没有进步			难说
	越来越好	没变化	越来越差	合计	
社会服务					
公共交通服务	79	12	8	20	1
医疗服务	61	21	12	33	6
教育服务	55	21	14	35	10
民生安全					
社会治安	63	19	15	34	3
社会保障	62	24	6	30	8
消费安全	37	23	38	61	2

3. 文化发展：公共文化服务越来越好

在文化发展方面，民调设置了"公共文化服务""城市文化遗产保护"两项指标，市民认为"公共文化服务"有进步的人多达 66%；对于"城市文化遗产保护"，市民认为有进步的人也达 47%（见表3）。

表3　文化发展受访者评价

单位：%

指标 ＼ 态度	有进步	没有进步			难说
	越来越好	没变化	越来越差	合计	
公共文化服务	66	21	4	25	9
城市文化遗产保护	47	18	19	37	16

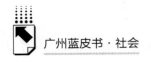
4. 城建发展：十年巨变，进步显著

对于广州十年来的城建发展，市民普遍给予好评，尤以"城市建设""交通设施"为甚，认为"越来越好"者在本项民调中高居前两位，达85%和83%；"市容卫生"居次，为71%；"市政设施""城市管理"在60%以上；"城市垃圾处理"居末，但认为有进步者也多达55%（见表4）。

表4　城建发展受访者评价

单位：%

指标＼态度	有进步	没有进步			难说
	越来越好	没变化	越来越差	合计	
城市建设	85	9	4	13	2
交通设施	83	10	5	15	2
市容卫生	71	19	8	27	2
市政设施	63	22	5	27	10
城市管理	60	22	9	31	9
城市垃圾处理	55	25	16	41	4

5. 生态发展：市民感受越来越差

调查设置的"空气质量""河流河涌水质""城市噪声治理"三项指标，认为没有进步的受访者比例均在60%以上的高位。在受访市民看来，"空气质量"倒退明显，多达54%的人认为"空气质量"十年来"越来越差"，比例在本次民调所有指标中最高；"河流河涌水质"居次，认为"越来越差"的人达42%，多于评价"越来越好"者10个百分点；认为"城市噪声治理"越来越差的人也不少，为32%（见表5）。

表5　生态发展受访者评价

单位：%

指标＼态度	有进步	没有进步			难说
	越来越好	没变化	越来越差	合计	
城市噪声治理	32	31	32	63	5
河流河涌水质	32	20	42	62	6
空气质量	27	17	54	71	2

6. 政治发展：稳中有进，贫富缩差显倒退

在政治发展方面，民调围绕公共政治和政府工作设置了八项指标，评价有进步者比例超过50%的一项也没有。公共政治的"公众参政议政""群众监督政府"市民认为有进步者的比例分别达44%、46%，多于没有进步者7个百分点。然而，对于"社会公平正义"和"保护民众正当权利"，市民认为评价有进步者均与没有进步者相差无几；而对于"缩小贫富差距"一项，多达43%的市民明确表态"越来越差"。

政府工作只有"政务公开"一项多数市民认为有进步，比例为48%；"政府办事效率""政府廉政建设"较多市民认为没有进步，尤以"政府廉政建设"突出，认为没有进步者多达44%，明显高于有进步者11个百分点。

在党的建设方面，"基层党组织建设"市民评价有进步与没有进步者均为34%；而"党员干部艰苦奋斗"的民众负面观感凸显，认为没有进步的人达48%（见表6）。

表6　政治发展受访者评价

单位：%

领域及指标＼态度	有进步	没有进步				难说
	越来越好	没变化	越来越差	合计		
公共政治						
群众监督政府	46	29	10	39		15
保护民众正当权利	44	32	13	45		11
公众参政议政	44	32	7	39		17
社会公平正义	41	30	16	46		13
缩小贫富差距	19	31	43	74		7
政府工作						
政务公开	48	26	10	36		16
政府办事效率	46	28	15	43		11
政府廉政建设	33	26	18	44		23
党的建设						
基层党组织建设	34	25	9	34		32
党员干部艰苦奋斗	23	24	24	48		29

总的来看，对于广州十年发展，认为有进步、"越来越好"是市民的主流看法。调查也显示，68%的市民对广州十年发展持"满意"或"比较满意"的评价，不满意者仅5%。

二 不同人群评价比较

（一）不同收入人群评价比较

分析显示，不同收入者对十年发展评价分歧显著。对32项指标高收入者普遍看好，低收入者全面看差；中等收入者的看法居中，但更偏向于低收入者。其中，有15项指标认为"越来越好"者的比例，高、低收入者评价相差超过20个百分点。更让人警醒的是，有10项指标呈现高收入者多认为有进步、低收入者多认为没有进步的评价对立，而这些分歧和对立又集中于基本民生、政治发展等重要领域。

1. 不同收入者对基本民生的评价存在严重对立

对"居民住房""居民就业""居民收入"，高收入者多数认为"越来越好"，而低收入者则截然相反，尤以"居民收入"为甚，低收入者中多达60%的人认为没有进步，而高收入者则多达71%的认为"越来越好"，高、低收入者之间极端的意见差异凸显社会分化之甚（见表7）。

表7 基本民生评价的对比

单位：%

指标及人群　　态度	有进步	没有进步		
	越来越好	没变化	越来越差	合计
居民住房				
低收入	38	28	27	55
中等收入	47	28	20	48
高收入	64	24	9	33
居民就业				
低收入	27	26	32	58
中等收入	30	31	27	58
高收入	51	29	10	39
居民收入				
低收入	32	31	29	60
中等收入	43	29	24	53
高收入	71	18	7	25

注：本表省略了"难说"选择比例，下同。

2. 政治领域重要事项不同收入者看法截然不同

对于"保护民众正当权利",高收入者多达60%的人认为"越来越好";截然相反的是,低收入者中有49%的多数人认为"没有进步"。

至于"社会公平正义",两者见解更显对立,多达52%的高收入者认为"越来越好";而低收入者认为"没有进步"的人就有54%。

在政府廉政建设方面,高收入者认为"越来越好"的人多达44%;反之,低收入者认为"没有进步"的人多达46%(见表8)。

表8 政治发展评价的对比

单位:%

指标及人群 \ 态度	有进步	没有进步			两者之差
	越来越好	没变化	越来越差	合计	
社会公平正义					
低收入	32	29	25	54	−22
中等收入	45	31	13	44	1
高收入	52	27	9	36	16
保护民众正当权利					
低收入	36	30	19	49	−13
中等收入	44	37	11	48	−4
高收入	60	30	2	32	28
政府廉政建设					
低收入	27	25	21	46	−19
中等收入	34	24	19	43	−9
高收入	44	26	15	41	3

3. 公交服务草根阶层多予好评

在本次民调设置的32项指标中,"公共交通服务"是唯一一项低收入者评价优于高收入者的指标。公共服务收费更便宜,是草根阶层分享经济发展成果重要的途径。相较于总有理由且十年里多次上调的各项公共服务收费,市委、市政府"惠民66条"通过票价打折降价的做法,十年间仅此一例(见表9)。

表9　公共交通服务的评价对比

单位：%

人群＼态度	有进步	没有进步	难说
低收入者	78	20	2
高收入者	74	22	4

三　对未来发展的期待

1. 民生事项：民众最为期待改善医疗服务和缩小收入差距

对最需要解决的民生事项的多项选择，"医疗服务"和"收入差距"高居首两位，被选率均达60%以上的高水平；其次是"物价调控""教育服务""生态环境"，被选率也在半数以上；居后的"道路交通"也有43%（见图1）。

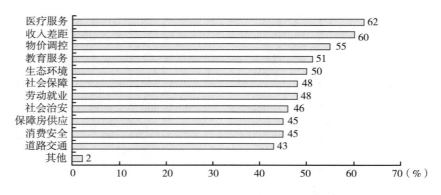

图1　市民认为最需要解决的民生事项（多选）

2. 体制改革的民众期待："医疗体制"改革高居榜首，"教育体制""收入分配制度"改革意愿凸显

受访市民认为最需要改革的体制，以"医疗体制""教育体制""收入分配制度"最为集中，明显多于其他选项。其中"医疗体制"高居榜首，被选率高达61%（见图2）。

需指出的是，无论是民生事项还是体制改革，医疗领域均居首位，且被选率达60%以上的高位，如此集中的民意发出的信号是明确和强烈的。

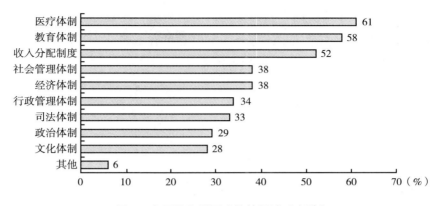

图2　市民认为需要改革的领域（多选）

四　结语

综合本次民调结果，值得关注的问题有以下方面。

——城市总体经济进步市民感受大，"小日子"实惠分享感受少。广州作为改革开放的策源地和前沿，十年发展成就斐然，市民满意度高达68%。经济发展的最终目的就是改善民生，就是要让市民分享到发展的成果。从民调来看，市民"小日子""小荷包"的感受明显落后于总体经济发展的感受，对住房、就业、收入均感进步不足。

——医疗领域的改革和发展，民意呼声强烈。市民对发展医疗服务，改革医疗体制的期待尤为凸显，集中度之甚，实属罕见。

随着我国第一波生育高峰造就的"50后"人群逐渐老去，社会将步入一波强势的老龄化高峰期。三年自然灾害、上山下乡、"文革"和改革年代等特殊经历，对"50后"人群身体健康埋下的各种隐患，将在未来十年集中爆发。可以预见的是，当洪水般的需求涌向医疗领域时，看病难、看病贵、看病烦将长期困扰广州，医疗问题势必继征地拆迁、环境保护之后，长时期成为公共热点和群体性事件热点。

——市民心里有杆秤。民调显示，低收入者认为"公共交通服务"十年发展"越来越好"者多达78%，是该群体唯一一项评价优于高收入者的指标。

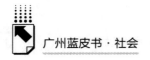
这与广州市委、市政府贯彻"富民优先，民生为重"的理念，落实"惠民66条"中的公交票价优惠政策密不可分。市民心里有本账，"小荷包"得实惠，"小日子"得改善，草根阶层自然知恩感恩。

（审稿：钟萍）

Survey Report on Residents' Evaluations of the Development of Guangzhou over the Decade

Wang Wenjun

Abstract：The polls of "residents' evaluations to the development of Guangzhou in this decade" made by the Public Opinion Research Centre of Guangzhou on October. 2012 have shown 68% interviewees are "satisfied" or "almost satisfied" to the development of Guangzhou in the last decade, only 5% are unsatisfied, therefore "making progress" and "more better than before" are the mainstream views. As for the expectation to future development, the opinions focus on to improve the medical services and reform medical system.

Key Words：Guangzhou；Development in the Last Decade；Polls

B.21
广州青年创业现状及对策分析
研究报告

涂敏霞　周理艺　孙　慧　丘异龄

摘　要：

　　青年创业是一项复杂的活动，它的成功离不开创业青年个体的素质、个人的努力程度，也离不开社会各界的支持。共青团是与青年关系最为密切的组织在促进青年创业方面有其独到的优势，无论是政府组织还是青年群体都对其寄予厚望。本报告在分析广州市青年创业现状的基础上，运用人力资本理论、社会资本理论以及信息不对称等理论，对造成这种现状的原因进行分析，认为作为主要服务于青年的组织，我们在探讨国家、社会、家庭层面的对策建议的同时，还应该从共青团的角度出发，探索共青团如何在促进青年创业中发挥作用与功能。

关键词：

　　青年　创业　共青团

一　研究背景

　　近年来，青年就业问题已经成为国家、社会和家庭极为关注的话题，也是青年最为关心的直接关乎其切身利益的问题。青年作为社会发展的新生力量，已经成为或即将成为我国劳动力的主体，他们是最具发展潜力的人力资源。可以说，任何国家、任何社会形态以及任何一个经济发展时期，青年的就业状况都直接决定其经济社会的发展水平与程度。但是，当前我国青年群体就业压力倍增、就业形势严峻，就业状况不容乐观，成为亟待解决的社会问题之一。为推进青年的就业，相关政府部门出台了一系列就业政策，以创业促进就业就是其中之一。实践证明，青年创业是解决青年就业难的重要而有效的途径。与此同时，我们应该看到，我国在青年创业方面的研究起步较晚，青年创业体系不完善，各项法律法规政策不健全，远远落后于时代发展要求。

青年就业创业关系社会和谐和经济发展的大局，做好青年创业工作是广州共青团落实中央、广东省委和广州市委决策的必然要求。因此，研究广州市青年的创业状况，全面了解广州市青年的创业意愿、创业动机、创业途径等，分析影响其创业的主要因素，提出促进广州市青年创业的政策建议具有重要的现实意义。

二 研究设计

本次问卷调查的抽样方法按照职业身份进行分层抽样，研究按照在校学生和社会青年两个群体分别抽取样本填答问卷，其中在校学生占50%，社会青年占50%，社会青年中包含各行各业的青年，具体的样本情况见表1。

本次调查共调查了733名广州青年，其年龄为17~35周岁，平均年龄为24.4周岁。

样本的性别构成平衡，男性青年占49.7%，女性青年占50.3%。青年的受教育程度主要是以大学本科和大专为主，大学本科占47.8%，大专的占31.9%。在婚育情况方面，本次调查的青年主要是以未婚未育的青年为主，其中从未结婚的青年占78.1%，已婚有配偶的青年占19.8%；未生育小孩的占84.7%（见表1）。

另外，被调查青年的职业身份广泛，涉及各行各业，其中以在校大学生（49.8%）、商业服务人员/企业文员（15.0%）、企业管理人员（7.8%）、科教文体卫或新闻工作者（5.7%）这几个职业身份为主，共占78.3%（见表2）。

表1　样本基本情况

单位：%

项目	选项	有效百分比
性别	男	49.7
	女	50.3
受教育程度	初中及以下	2.2
	高中、中专、中技、职高	6.0
	大专	31.9
	大学本科	47.8
	硕士	11.8
	博士	0.3
婚姻情况	从未结婚	78.1
	已婚有配偶	19.8
	离异未再婚	0.3
	离异再婚	0.8
	丧偶未再婚	0.0
	丧偶再婚	0.0
	其他	1.0
生育状况	没有生育小孩	84.7
	有一个小孩	13.1
	有两个小孩	1.9
	有三个及以上的小孩	0.3

表2　样本的职业身份

单位：个，%

职业身份	样本数	百分比
工人	35	4.8
公务员	27	3.7
商业服务人员/企业文员	110	15.0
在校大学生	365	49.8
企业管理人员	57	7.8
科教文体卫或新闻工作者（如教师、医生、社工等）	42	5.7
个体户、小商贩	10	1.4
农民、牧民或渔民	3	0.4
军人	6	0.8
自由职业人员	9	1.2
私营企业主	11	1.5
无业、待业、兼职散工	7	1.0
其他	41	5.6
缺失	10	1.4
合　计	733	100.0

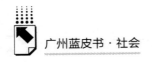

三　调查分析

（一）广州青年创业意愿及其影响因素分析

1. 广州青年对创业的认知与态度

从表3可以看到，广州青年对于创业的态度是比较积极的：有43.5%的青年"完全赞同创业"，48.6%的青年完全赞同"社会鼓励创业"。总体上来看，广州青年对创业的看法是比较理性、中立的，他们觉得创业与就业应该是平等的，并没有好与不好之分。调查发现，29.5%的青年完全赞同"创业是理想的事业选择"；27.2%的青年完全赞同"创业比就业更能体现个人价值"；19.8%的青年完全赞同"创业比就业对社会的贡献更大"。另外，广州青年也不认为打工会比创业好，完全赞同"打工比创业好"这一看法的青年只有7.3%。创业虽然有一定的好处，但是创业也面临着风险大、投入大等缺点。较大比例的广州青年认识到创业风险大的问题，从表3可以看到，有45.9%的青年完全赞同"创业风险大"这一看法。

表3　青年对创业的认知与态度

单位：%

	完全不赞同	有点不赞同	不知道、难说	有点赞同	完全赞同
赞成创业	2.1	5.3	12.5	36.6	43.5
创业是理想的事业选择	2.9	9.0	26.6	31.9	29.5
打工比创业好	16.6	28.4	37.2	10.5	7.3
创业风险大	1.7	2.9	11.7	37.9	45.9
社会应当鼓励创业	1.7	3.3	12.8	33.7	48.6
创业比就业更能体现个人价值	4.8	12.6	27.4	27.9	27.2
创业比就业对社会的贡献更大	8.0	15.2	34.6	22.4	19.8

2. 广州青年的创业意愿及其影响因素

从调查的结果来看，广州青年对创业的热情并不是十分高涨。如表4所示，不到30%的青年"完全赞同"自己对创业很感兴趣，36.7%的青年是对创业是比较感兴趣，20.8%的青年是"不知道、难说"。另外，只有16.3%的青年是经常关注创业信息的。总体来说，广州青年对于创业是抱着谨慎态度的。对于"一有机会，我就会去创业"这种看法，只有26.6%的青年是完全赞同的；而对于"创业需要谨慎对待"，则有58.2%的青年表示完全赞同。

表4　青年的创业意愿

单位：%

	完全不赞同	有点不赞同	不知道,难说	有点赞同	完全赞同
我对创业很感兴趣	4.2	8.9	20.8	36.7	29.4
我经常关注创业方面的信息	7.4	18.1	28.4	29.8	16.3
一有机会,我就会去创业	5.3	10.4	29.8	28.0	26.6
创业需要谨慎对待	1.7	2.1	7.5	30.5	58.2

　　对于未来是否有创业的打算，53.9%没有创业经历的青年表示未来有创业的打算，还有46.1%并没有这方面的打算（见图1）。

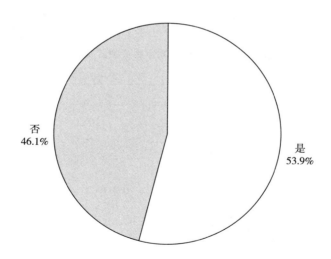

图1　没有创业经历的青年是否有创业打算（N＝612）

　　这些青年不打算创业的原因主要有启动资金短缺（56.7%）、自己的创业能力不足（43.3%）、担心创业失败（39.9%）、没有任何的工作经验和社会经验（38.8%）及创业没有社会保障（33.5%）。

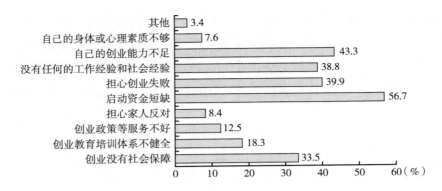

图2 青年不打算创业的原因（多项选择）

接下来我们将具体分析有哪些因素影响了广州青年的创业意愿。

首先是创业环境与青年创业意愿之间的关系。为了检验创业环境与青年的创业意愿是否有关系，我们采用了 Logistic 回归分析单因变量分析法。通过因子得分检验，结果发现（见表5），创业环境、创业扶持政策等因子与青年的创业意愿之间并没有显著的关系（各自变量 $p > 0.05$）。

表5 Logistic 回归分析单因变量分析结果

单位：%

	得分	df.	p
广州市政府是否有实行鼓励创业的政策	0.787	1	0.375
近年来广州的创业环境变化趋势	0.715	1	0.398
提供创业资金	0.402	1	0.526
提供创业指导、培训	0.039	1	0.843
提供创业场地	0.189	1	0.664
给予税收优惠	0.811	1	0.368
放宽审批程序	3.007	1	0.083
广州是否存在辅助团体和个人创业的社会组织	0.684	1	0.408

其次是家庭环境对青年创业意愿的影响。家庭环境，尤其是父母的影响，对青年的成长与未来发展有着重要的影响。因此，本次研究也介入了父母的受教育程度、职业身份、父母对子女创业的态度以及父母和家庭成员的创业经历等因素。

从表6的统计情况来看，被调查青年的父母的受教育程度是较低的，比例主要分布在"高中、中专、中技、职高"和"初中及以下"两个等级。而职业身份分布广泛，但是主要是集中在"工人""农民、牧民和渔民"和"个体户、小商贩"三个职业身份，三者比例之和接近50.0%。大部分青年认为父母对自己创业的态度还是比较支持的：12.5%的认为是非常支持；21.6%认为是比较支持；31.4%的选择是一般，总体来看，支持的比例高于反对的比例。

表6　父母的情况

单位：%

父母的受教育程度

学历情况	父亲	母亲
初中及以下	34.8	50.4
高中、中专、中技、职高	43.8	36.1
大专	10.8	7.5
大学本科	8.4	5.4
硕士	1.8	0.6
博士	0.4	0.1

父母的职业身份

职业	父亲	母亲
工人	23.0	19.0
公务员	9.4	4.4
商业服务人员/企业文员	4.4	4.6
在校大学生	0.3	0.4
企业管理人员	6.8	2.6
科教文体卫或新闻工作者	5.6	6.9
个体户、小商贩	14.1	11.3
农民、牧民或渔民	12.4	15.6
军人	1.1	0.1
自由职业人员	6.7	9.3
私营企业主	6.1	2.3
无业、待业、兼职散工	5.3	16.9
其他	4.7	6.6

父母对子女创业的态度

态度	占比
非常支持	12.5
比较支持	21.6
一般	31.4
不太支持	13.8
很不支持	2.5
不清楚	18.2

据统计，52.0%的青年的父母有过创业/经商的经历；72.6%的青年的家族成员有过创业/经商的经历；31.9%的青年曾在父母或其他家族成员创办的企业或生意中工作过（见表7）。

表7 家族内成员的创业情况

单位：%

	是	否
你的父母是否有过创业/经商的经历	52.0	48.0
你的父母以外的家族成员是否有过创业/经商的经历	72.6	27.4
你是否在父母或其他家族成员创办的企业或生意中工作过	31.9	68.1

为了检验家庭代际因素与青年的创业意愿是否有关系，研究同样采用了 Logistic 回归分析单因变量分析法，通过因子的得分检验发现（见表8），父母的受教育程度、父母的职业身份、父母或家族成员是否有创业经历等因子与青年的创业意愿并没有显著关系（p > 0.05）；而父母亲对子女创业的态度、是否在父母或其他家族成员创办的企业或生意中工作过这两个因子与青年创业意愿却有显著的关系（见表8）（p < 0.05）。

表8 Logistic 回归分析单因变量分析结果

	得分	df.	p
父亲的受教育程度	1.287	1	0.257
母亲的受教育程度	1.504	1	0.220
父亲的职业身份	3.692	1	0.055
母亲的职业身份	0.021	1	0.885
父母亲对子女创业的态度	34.691	1	0.000
父母是否有过创业/经商的经历	3.407	1	0.065
父母以外的其他家族成员是否有过创业/经商的经历	1.787	1	0.181
是否在父母或其他家族成员创办的企业或生意中工作过	10.870	1	0.001

最后，再来看一下广州青年创业意愿与其自身因素之间的关系。个人因素包括性别、受教育情况、婚育情况，还包括青年的年龄、工龄、家庭经济状况、健康状况、个人特质等方面。

从图3可见，广州青年的健康状况良好，但也有梯度变化：35.3%青年认为自己非常健康，50.6%的青年认为自己比较健康，12.5%认为自己一般，还有1.7%认为自己健康欠佳。

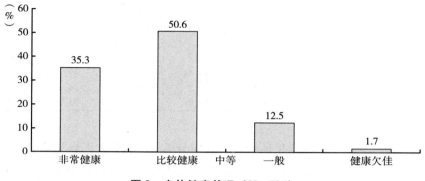

图3　身体健康状况（N = 726）

从广州青年的主观意识了解到，他们的家庭经济状况总体上处于中下层水平，主要分布在中等（36.0%）、中下（39.4%）和底层（21.4%）三个层次（见图4）。

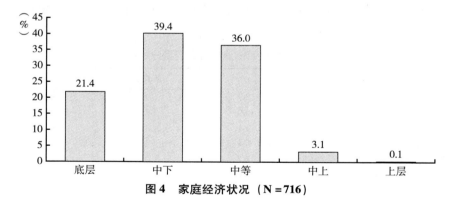

图4　家庭经济状况（N = 716）

在个人性格特征方面，广州青年表现良好。在"我具有合作精神""我很务实""我具有积极进取的精神""我乐观自信""我意志坚定"几个测量指标上，广州青年自评都是集中在"比较符合"或"非常符合"。而在"我具有冒险精神""我具有创新意识""我具有市场触觉"三个测量指标上，广州青年的自评是集中"一般"和"比较符合"上，相比前面的五个指标要低。这表明广州青年的冒险精神、创新意识、市场触觉相对较差（见表9）。

表9 个人性格特征

单位：%

	很不符合	不太符合	一般	比较符合	非常符合
我具有合作精神	5.8	2.2	15.2	47.7	29.2
我很务实	5.1	2.2	16.4	44.5	31.8
我具有积极进取的精神	4.7	3.0	20.1	42.5	29.7
我乐观自信	4.2	4.2	21.9	42.8	27.0
我意志坚定	4.1	5.7	24.8	42.3	23.1
我具有冒险精神	4.0	12.8	37.4	30.7	15.1
我具有创新意识	3.9	9.3	37.0	35.1	14.8
我具有市场触觉	5.5	15.7	39.3	28.8	10.7

我们继续采用 Logistic 回归分析单因变量分析法检验个人因素与青年的创业意愿之间的关系。结果表明，青年的性别、受教育程度、家庭经济水平、个人的冒险精神、创新意识和市场触觉等因素都与青年的创业意愿有显著关系（p < 0.05）。具体来说，男性比女性更具创业意愿；受教育水平越低、家庭经济状况越差的青年创业意愿越高；同时，越具有冒险精神、创新意识以及市场触觉的青年创业意愿也越高。青年健康状况、工龄、婚姻状况等则与其创业意愿关系不大（见表10）。

表10 Logistic 回归分析单因变量分析结果

	得分	df.	p
性别	21.287	1	0.000
出生年份	0.009	1	0.923
受教育程度	16.561	1	0.000
婚姻状况	0.304	1	0.581
生育状况	1.017	1	0.313
职业身份	3.692	1	0.055
家庭经济水平	4.421	1	0.036
我具有合作精神	0.132	1	0.717
我很务实	0.477	1	0.490
我具有积极进取精神	0.384	1	0.536
我乐观自信	2.064	1	0.151
我意志坚定	0.334	1	0.563
我具有冒险精神	8.958	1	0.003
我具有创新意识	13.545	1	0.000
我具有市场触觉	11.468	1	0.001
健康状况	1.787	1	0.181
工龄	0.222	1	0.637

通过分析，我们还发现，青年的创业经历与青年的创业意愿显著相关（见表11）（p≤0.05）：有过创业经历的青年对创业更加感兴趣，更加经常的关注创业方面的信息，并且更多地表明一有机会他们就会去创业。

表11　青年创业经历与创业意愿之间的关系

是否有创业经历	Coef.	Std. Err.	t	p＞t
一有机会,我就会去创业	−.0571755	.0101544	−5.63	0.000
我对创业很感兴趣	−.0442627	.0107194	−4.13	0.000
我经常关注创业方面的信息	−.0400341	.0100651	−3.98	0.000

为了更清晰地了解青年创业意愿的影响机制和影响因素，研究将以上 Logistic 回归分析单因变量分析结果中与青年创业意愿有显著关系的因子和一些重要因子与青年的创业意愿再进行一次 Logistic 回归分析。分析结果如表12所示。

表12　创业机制和影响因素对于创业意愿的 Logistic 回归分析法的分析结果

	Beta	SE	Odds Ratio	p
性别	−0.872	0.203	0.418	0.000
出生年份	−0.069	0.031	0.933	0.026
受教育程度	−0.468	0.137	0.626	0.001
生育情况	−0.823	0.287	0.439	0.004
职业身份	0.044	0.034	1.045	0.200
家庭经济状况	−0.260	0.128	0.771	0.042
合作精神	−0.020	0.155	0.980	0.898
务实	0.046	0.170	1.047	0.787
积极进取	−0.282	0.181	0.754	0.119
乐观自信	0.259	0.165	1.296	0.116
意志坚定	−0.298	0.171	0.742	0.081
冒险精神	0.113	0.144	1.119	0.434
创新意识	0.367	0.167	1.443	0.028
市场触觉	0.036	0.138	1.036	0.796
创业环境变化趋势	−0.195	0.131	0.823	0.138
父亲的职业身份	0.044	0.025	1.045	0.071
父母对子女创业的态度	−0.241	0.065	0.786	0.000
父母是否有创业/经商经历	−0.048	0.213	0.953	0.823
其他家族成员是否有创业/经商经历	−0.236	0.234	0.789	0.313
是否在父母或其他家族成员创办的企业或生意中工作过	−0.472	0.224	0.624	0.035
常量	143.031	62.072	1.310E62	0.021

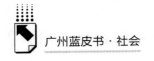

从该混合模型的 Beta 值和 p 值，我们发现：

性别对青年的创业意愿有显著的影响。在其他条件不变的情况下，男性青年的创业意愿比女性的创业意愿高。男女性别之间由于生理和其他方面的差异，可能会导致男女性别之间创业意愿的差异。

年龄对青年的创业意愿也有显著的影响。在其他条件不变的情况下，年龄越大的青年，其创业的意愿也会越大。一般来说。年龄大的青年比较稳重成熟，考虑问题也更加全面一些，同时，他们在资金、经验积累等方面比年龄小的青年更占优势，因此其创业意愿也显著高于年龄较小的青年。

青年的受教育程度对青年的创业意愿有显著的影响。在其他条件不变的情况下，受教育程度越低的青年有越强的创业意愿。这可能是因为受教育程度低的青年往往难以通过稳定的职业来谋生，因此他们有可能会通过自主创业的方式来维持生存和发展。

青年的生育情况对青年的创业意愿有显著的影响。在其他条件不变的情况下，没有生育小孩的青年的创业意愿更强，生育小孩数越少的青年有越强的创业意愿。一来，没有生育小孩，家庭负担小，青年可能有更大的资本去创业；二来，没有生育小孩，青年心理上更愿意去冒险，选择创业。

青年的家庭经济状况对青年的创业意愿有显著的影响。在其他条件不变的情况下，家庭经济状况越差的青年，他们的创业意愿就越强。因为他们希望通过创业去转变目前家庭的经济状况。

青年的创新意识对青年的创业意愿有显著的影响。在其他条件不变的情况下，越肯定自己有创新意识的青年，他们会有越强的创业意愿。因此，是否有创新意识对青年创业与否有显著影响。

父母对子女创业的态度对青年的创业意愿有显著影响。在其他条件不变的情况下，父母对子女创业的态度越是支持，青年表现出的创业意愿会越强烈。所以青年的创业离不开父母对他们的支持。

另外，在父母或其他家族成员创办的企业或生意中工作过的青年的创业意愿也比其他青年的创业意愿强烈。在家庭代际影响方面，通过对比发现，父母或家族其他成员创业/经商的经历对与青年的创业意愿并没有显著影响，只有青年在父母或其他家族成员创办的企业或生意中经历过的青年的创业意愿更强。

此外，不同职业身份的青年的创业意愿也有一定的差别。在几种有代表性的职业身份中，公务员青年有创业打算的比例相对较低，只有47.8%，企业管理人员和科教文体卫或新闻工作者青年有创业打算的比例相对较高，分别是64.4%和64.5%（见表13）。可见，公务员等由于职业比较稳定，并且收入水平比较高，其创业意愿相对较低，而工作流动较大而且综合素质较高的青年的创业意愿会较高。

表13　职业身份与创业打算的交互表

单位：%

	未来是否有创业打算		合计
	是	否	
公务员	47.8	52.2	100.0
商业服务人员/企业文员	53.9	46.1	100.0
在校大学生	50.8	49.2	100.0
企业管理人员	64.4	35.6	100.0
科教文体卫或新闻工作者	64.5	35.5	100.0

综上可见，青年创业意愿受多种因素的影响，既有自身内在因素的影响，也有家庭和社会环境等外在因素的影响。所以要想提高青年创业的热情，就要从转变青年创业观念、提高青年创业能力、完善创业环境等方面着手，从内在原因和外在因素去不断加以完善。

3. 广州青年的创业动机及其影响因素

调查结果发现，不论是否有过创业经历，广州青年的创业动机最主要的是把握自己的命运，决定自己的生活；其次是追求个人财富积累；再次是取得一定的成就，证明自己的能力；然后是做自己喜欢的事情（见表14）。总的来说，广州青年的创业动机主要是规划自己的人生，证明自己的能力，实现自己的价值，是一种精神的需求，同时也追求物质财富，更多的是一种发自内心的兴趣和追求，而较少是因为生活所迫或者打发时间和潮流驱使。

表 14　您创业的初始动机是什么？（限选三项）

单位：%

	没有创业经历的青年	有过创业经历的青年
追求个人财富积累	55.6	50.0
把握自己的命运，决定自己的生活	68.1	54.2
取得一定的成就，证明自己的能力	46.8	47.9
养家糊口	15.6	14.6
做自己喜欢的事情	40.7	39.6
打发时间，充实生活	3.5	0.0
赢得别人尊重	8.5	8.3
羡慕成功的创业者	5.9	10.4
不满意现在的工作环境	8.5	8.3
潮流	1.7	2.1
其他	0.9	0.0

　　一般来说，创业动机也受到多种因素的影响，会随年龄、性别、教育程度等的不同而有所差异。但是通过统计分析，我们发现性别对创业动机影响并不显著，在没有创业经历的青年当中，不管是男性还是女性，他们想要选择创业的初始动机排名前三的都是把握自己的命运，决定自己的生活（男，66.07%；女，70.59%）；追求个人财富积累（男，58.04%；女，51.96%）；取得一定的成就，证明自己的能力（男，49.11%；女，44.61%）。而在有过创业经历的青年中，男女之间的创业动机存在细微的差别。男性排名前三的创业动机是把握自己的命运，决定自己的生活（53.33%）；追求个人财富积累（48.89%）；取得一定的成就（44.44%）。而女性排名前三的动机是追求个人财富积累（50%）；把握自己的命运，决定自己生活（36.36%）；取得一定的成就，证明自己的能力（36.36%）。但这种差别并不显著。年龄、教育程度、婚姻状况、生育情况、经济状况等对青年的创业动机也没有显著影响，排名前三的均是把握自己的命运，决定自己的生活；追求个人财富积累；取得一定的成就，证明自己的能力。

（二）广州青年创业的途径

1. 广州青年创业选择的行业

成功的创业需要创业者花费较长的时间进行规划，选择哪个行业着手准备便是其中重要的一环。本次调查共调查了 733 名广州青年，其中绝大部分（90.2%）青年是没有创业经历的，只有 9.8% 的青年有创业经历。在已有创业经历的青年当中，较大比例的青年会集中在销售行业（27.3%）、餐饮行业（18.2%）和 IT 等高科技行业（15.9%）。在没有创业经历但计划创业的青年中，有 23.3% 的青年还没有规划自己将要选择创业的行业，在对行业的选择上，餐饮行业和销售行业依然占据较大的比例，分别是 19.3% 和 15.0%；IT 等高科技行业和金融行业选择的青年相对较少，只有 6.4% 和 2.4%。总体来说，广州青年创业相对会选择进入门槛较低的行业开始创业，而专业性较强、门槛较高的行业，如金融行业，则较少人选择（见表 15）。

表 15　你打算选择什么行业创业？

单位：%

	是否有创业经历	
	有	没有
IT 等高科技行业	15.9	6.4
商务咨询	4.5	5.9
餐饮行业	18.2	19.3
金融行业	0.0	2.4
销售行业	27.3	15.0
教育培训	6.8	5.1
农、林、牧、渔、水利业	4.5	4.0
加工生产行业	2.3	7.8
文化娱乐	9.1	8.6
还不知道,到时候看情况	—	23.3
其他	11.4	1.6
合　　计	100.0	100.0

对于行业的选择，没有过创业经历的人，他们对行业的选择多是出于自己的兴趣爱好（44.2%），其次是市场的需要（23.2%）。而对于有过创业经历的人来说，他们认为对于行业的选择应该从多种因素去分析，既要有兴趣爱好也要符合市场需求，还需要选择自己熟悉的行业。总体来看，有过创业经历的

人对行业的选择考虑会更加全面，表现出一种更加理性的态度，所以他们选择的答案离散化程度比没有过创业经历的青年大。

表16　选择该行业的原因

单位：%

	是否有创业经历	
	有	没有
兴趣爱好	28.9	44.2
专业或专长	13.3	18.3
市场的需要	28.9	23.2
对该行业熟悉	24.4	13.8
其他	4.4	0.4
总　计	100.0	100.0

在对行业的了解上，有过创业经历的青年对他们选择的行业的了解会比没有过创业经历的人更加充分。在"对该行业知识有了充分了解"的调查上，有创业经历的青年在创业前对行业有过了解的是48.9%，而没有创业经历的青年对行业有过了解的比例是23.3%；在"基本没有任何准备"的调查上，有过创业经历的青年在创业前没有任何准备就创业的比例是23.4%，没有创业经历的青年没有任何准备的占到39.5%（见表17）。从这个结果来看，有过创业经历的青年在创业前会对会该行业做一定的了解，为自己创业做一些准备；但是有不少还没有创业而又打算创业的青年是没有任何准备的，见步行步，未有详尽的规划。

表17　对该行业的了解

单位：%

	是否有创业经历	
	有	没有
对该行业知识有了充分了解	48.9	23.3
曾参加过该行业所需技能培训	10.6	11.7
自己以往的职业经历与创业的行业相关	17.0	25.6
基本没有任何准备	23.4	39.5
总　计	100.0	100.0

2. 广州青年创业的方式及资金来源

青年创业方式有多种，有个人创业，也有家族创业、合伙创业。创业者会根据资金、形势、创业规模、经验等主客观条件去选择自己的创业方式。从调查情况来看（见表 18），对于没有过创业经历的人来说，超过半数（59.0%）的人会选择合伙创业，远高于个人创业（28.6%）。对于没有创业经历的青年来说，合伙创业在一定程度上弥补他们在创业的过程中经验和个人素质的不足，也可解决资金上的短缺，更好地保障他们创业的成功。而有过创业经历的青年的创业条件比没有创业经历的青年准备得更加充分，因此他们会有较大比例（56.3%）是个人创业，还有 41.7% 是合伙创业。可见，经历的不同，青年选择的创业方式也会有所不同（见表 18）。

表 18　创业的方式

单位：%

	是否有创业经历	
	有	没有
个人创业	56.3	28.6
家族创业	2.1	4.7
合伙创业	41.7	59.0
参与创业	0.0	7.5
其他	0.0	0.3
总　计	100.0	100.0

除了创业方式之外，创业资金也是青年创业不得不考虑的问题。在没有创业经历但是有计划未来要创业的青年中，他们计划的资金渠道是广泛的，27.9% 是家人出资，24.3% 是个人出资，19.2% 是向银行贷款。而实际上，正在或有过创业的青年，62.2% 是个人出资的，15.6% 是来自家人，13.3% 是来自朋友和熟人，向银行贷款的只有 4.4%，利用创业专项资金的只有 2.2%（见表 19）。从两组数据对比，我们可以得出，在创业资金上，青年渴望可以得到更多的社会支持，如银行。但是实际上，很多青年创业资金是自己出资的或者是来自熟人，而社会支持却显得微弱。

表19　创业资金来源

单位：%

	是否有创业经历	
	有	没有
个人出资	62.2	24.3
家人	15.6	27.9
朋友、熟人	13.3	11.8
银行贷款	4.4	19.2
创业专业资金	2.2	5.4
政府政策贷款	0.0	7.1
风险投资	2.2	3.1
其他	0.0	1.1
总　计	100.0	100.0

（三）广州青年创业机制状况

1. 广州青年对于创业政策的了解情况

近年来，就业形势日益严峻，为了更好地解决就业难的问题，国家鼓励青年尤其是大学生去创业。国家和地方也出台了相应的创业政策帮助青年创业，如高校毕业生免交工商部门收取的个体工商户注册费等。虽然国家和地方出台了创业政策，但是青年是否知道这些创业政策呢？调查结果显示，43.2%的青年知道广州有实行鼓励创业的政策，7.7%认为没有，还有49.2%的青年表示并不清楚广州是否有鼓励创业的政策（见图5）。

在对广州市政府对青年创业扶持的措施方面，如提供创业资金、提供创业指导、给予税收优惠、放宽审批程序等，多数青年表示是不清楚的（见表20）。

同样，对于广州是否有扶持团体或个人创业的社会组织，73.9%的青年表示不清楚，只有18.3%的青年表示知道有这样的组织（见图6）。

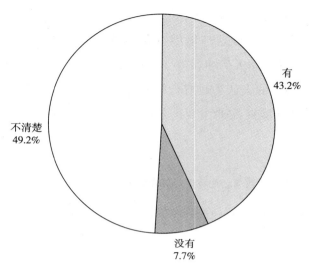

图 5 广州市政府是否有实行鼓励创业的政策 （N = 730）

表 20 广州市政府对青年创业是否有以下支持

单位：%

	有	没有	不清楚
提供创业资金	35.5	16.3	48.2
提供创业指导、培训	47.4	11.6	41.1
提供创业场地	23.2	18.5	58.3
给予税收优惠	35.3	16.1	48.6
放宽审批程序	24.8	13.8	61.4

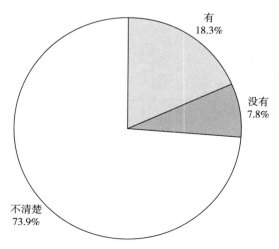

图 6 广州是否存在辅助团体或个人创业的社会组织 （N = 727）

2. 广州青年所处的创业环境

广州青年认为当前创业环境中存在的最主要问题是：企业营运成本较高（46.1%）、审批办事手续烦琐（38.4%）、政策法规不配套（37.3%）；此外，还有29.4%的人认为政府行政管理效能低下，分别有20.9%的人认为目前广州创业环境存在的主要问题是社会对创业的认同感不高以及社会信用度低。

表21 当前创业环境中存在的最主要问题（限选3项）

单位：%

选项	百分比
社会对创业的认同感不高	20.9
政策法规不配套	37.3
政府行政管理效能低下	29.4
行政管理部门不依法行政	13.8
企业营运成本较高	46.1
审批办事手续烦琐	38.4
司法不公,有法不依	15.7
基层执法人员素质低,作风差	19.6
产业配套能力薄弱	17.7
人才资源缺乏	13.5
社会信用度低	20.9
交通运输不便	1.2
其他	1.6

面对目前的创业环境，青年人希望政府从多方面入手改善青年创业环境，比如放宽贷款政策（67.2%）、给予税收优惠（62.1%）、拓宽融资渠道（50.8%）、放宽新企业的审批及简化审批的程序（42.5%）、开设创业教育培训（41.1%）（见表22）。从结果来看，放宽贷款政策、给予税收优惠、拓宽融资渠道有助于缓解创业营运成本较高的问题，放宽新企业的审批及简化审批的程序可以解决审批办事手续烦琐问题。

表22　希望政府从那方面改善青年创业环境（限选3项）

单位：%

选项	百分比
放宽贷款政策	67.2
拓宽融资渠道	50.8
给予税收优惠	62.1
舆论支持	10.0
放宽新企业的审批及简化审批的程序	42.5
开设创业教育培训	41.1
其他	1.4

对于广州创业环境的变化趋势，57.2%的青年认为广州的创业环境有所改善，但仍不令人满意；有25.6%的青年认为没什么变化，有6.9%的青年认为有变坏的趋势，有10.3%的认为有明显改善（见图7）。总的来说，在青年的意识中，广州的创业环境还需要改善。

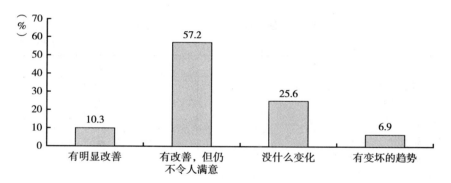

图7　广州创业环境的变化趋势（N=720）

3. 广州青年创业面临的困难及影响其成功的主要因素

创业是存在风险的，创业者时刻面临着创业失败的结果。在对有创业经历的青年所作的调查中，有40.9%的青年创业失败，6.8%的青年创业目前处于衰退状态，很难继续维系（见图8）。这表明目前青年创业存在较大风险，失败率较高。

那么，这些青年在创业过程中遇到的困难主要有哪些呢？从表23可以看出，青年创业中遇到的最大困难时启动资金短缺（45.3%），其次是社会经验

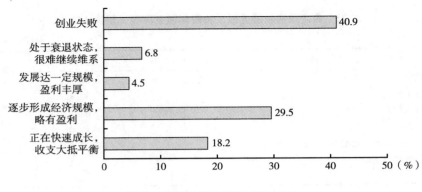

图8 当前的创业情况（N = 44）

不足（35.9%），再次，是管理经验不够，此外，还有部分青年认为没有合适场地、市场形势不好、缺少畅通的信息渠道以及缺少人脉关系等是其创业过程中遇到的主要困难，具体情况如表23所示。

表23 创业过程中遇到的最大困难

单位：%

最大困难	百分比
启动资金短缺	45.3
没有合适场地	26.6
没有合作伙伴	7.8
缺少畅通的信息渠道	23.4
亲友的反对	6.3
身体承受能力不够	3.1
压力大	15.6
管理经验不够	29.7
市场形势不好	23.4
社会经验不足	35.9
缺少人脉关系	23.4

在创业失败的青年当中，27.3%的青年是因为投资方向选择错误而失败，16.2%的人是因为市场竞争激烈失败，13.4%的青年是由于资金周转问题而创业失败，此外，分别有10.8%的创业青年失败原因是经营管理不善和人脉关系不够（见表24）。

表 24　青年创业失败的主要原因

单位：%

创业失败的主要原因	百分比
投资方向选择错误	27.3
资金周转问题	13.4
经营管理不善	10.8
市场竞争激烈,竞争对手过于强大	16.2
心理状况的原因	8.1
人脉关系不够	10.8
创业环境不好	5.4
受社会经济状况影响	2.6
其他	5.4

　　从上面的分析我们可以发现，目前广州青年创业面临的困难以及导致其创业失败的因素主要有资金不足、社会经验不足、管理经验不够以及人脉关系不够等。

　　那么在青年的心目中，又有哪些因素可以帮助他们创业成功呢？从表 25 可以看出不论是否有过创业经历，受访者都认为正确的投资方向是影响创业成功的重要因素。有趣的是，广州青年认为社会经济发展状况这个大环境不是影响创业成功的主要因素。另外，没有创业经历的青年更加在意是否有充足的创业资金，而有过创业经历的青年会认为足够的社会经验和管理经验对创业成功更有影响。

表 25　影响创业成功的最主要因素

单位：%

	是否有创业经历	
	有	没有
充足的创业资金	11.6	28.4
正确的投资方向	34.9	31.0
足够的社会经验和管理经验	25.6	13.2
政府和社会的扶持	2.3	0.7
足够的人脉关系	11.6	10.3
亲友的支持	0.0	0.7
创业者有良好的身体和心理素质	7.0	3.4
创业者具备创业能力	7.0	12.1
社会经济发展状况良好	0.0	0.0
其他	0.0	0.0
总　计	100.0	100.0

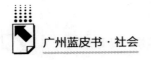

四　广州市青年创业存在的问题与原因分析

创业作为一种就业形式,不但可以创造收入,还能创造就业岗位。不管是从创业动机还是创业效果看,青年创业活动都比较具有生命力。近年来,在相关政策措施的扶持下,我国青年创业确实呈现态势良好、活力明显、活动规范等特点,但同时我们应该看到青年创业活动仍旧面临着不少问题和困难,比如资源不足、能力较低和环境不良等问题。这些问题主要体现在创业资金缺乏、知识欠缺和社会经验不足几个方面。本课题研究亦表明广州青年在创业过程中面临着上述困难与问题。在本节我们将对这些问题与困难进行归纳总结,分析造成这些问题与困难的原因。通过对调查问卷进行分析,我们发现目前广州青年创业中主要存在如下问题与困难。

(一)创业意愿低,创业观念比较保守

调查结果显示,广州青年的创业热情并不高,接近一半的没有过创业经历的受访者没有创业的打算;88.7%的青年认为创业需要谨慎对待。造成这一现状的原因主要是由于创业风险大、创业失败率高等,数据显示,83.8%的青年认为创业风险大,47.7%的青年创业失败或正处于衰退状况。这些潜在的风险使得青年的创业动机不够强烈,安于现状,缺乏创业意识。

(二)创业资金缺乏、融资渠道单一

创业资金是青年创业的必备要素,充足的资金保障是青年创业成功的前提条件。可以说创业资金是创业得以开展的重要基石。没有创业资金,再好的创意也难以转化为现实的生产力。但目前青年创业启动资金短缺仍然是青年创业初期面临的一个重要的问题。在前文中我们已经提到,创业者主要是依靠自身和亲友的社会网络来筹集创业资金的,像银行贷款、民间信贷、创业专项资金等社会资金支持不足。我们应该意识到来源于个人和亲友的创业启动金数量往往是有限的,不能持续保证充足的创业资金;另外我们也应该注意到,即使金融机构为了贯彻国家的政策,能够为青年创业者提供贷款,贷款基本上也都是

小额贷款，这对青年创业来说无异于杯水车薪；并且，从创业资金贷款的条件来看，贷款条件的苛刻令很多青年创业者望而却步。

（三）创业知识缺乏，社会经验不足

近些年来，我国经济的持续高速发展为青年提供的创业机会日益增多，但是由于缺乏较强的创业能力和必要的创业知识，很多青年不能迅速抓住机会发展，当机会来临时手足无措，坐失良机。而创业恰恰需要先把握创业机会，寻找合适的创业项目。创业知识的缺乏和创业能力的不足使得青年常常面临这样的困惑：有满腔的创业热情，却不知道从何处入手，不知道该做什么项目。他们对创业机会的选择和把握缺乏科学和理性的分析。已有的调查表明，一些选择创业的青年人既不了解管理知识、财税知识、法律法规，也不了解市场经济的一般规律，更不了解国家的相关扶持政策，就盲目选择创业，从而在创业过程中步履维艰，埋下创业失败的隐患，也有更多青年慑于风险压力而不敢涉入创业活动。我们的调查也表明，广州青年对于广州市的创业政策、对青年创业扶持的措施等都是不清楚的，并且他们对于创业没有详尽的规划，选择创业往往就是凭着一时的冲动，真正深入其中时，什么都不懂，两眼一片茫然，因而失败也就在所难免了。事实证明，那些有详细创业规划、对政府相关政策比较了解、对市场触觉较为敏感的青年，创业成功的几率较大。

在这里，我们可以借用经济学领域中信息不对称理论进行分析。信息不对称理论是指在市场经济活动中，各类人员对有关信息的了解是有差异的；掌握信息比较充分的人员，往往处于比较有利的地位，而信息贫乏的人员，则处于比较不利的地位。该理论指出了信息对市场经济的重要影响。随着新经济时代的到来，信息在市场经济中所发挥的作用比过去任何时候都更加突出，并将发挥更加不可估量的作用。具体到青年创业研究中，我们发现，及时获得相关信息、信息量丰富的青年比那些信息了解不足、盲目创业的青年更容易成功。可以说，谁先了解了市场信息，谁就抢占了创业先机；谁先了解了相关政策，谁就拥有了创业的坚强后盾。

另外，社会经验不足也是青年不愿创业或创业失败的主要原因之一。一般来说，青年人缺少工作经历和社会阅历，缺乏创业所需要的开拓市场和管理企业的经验。在创办和经营企业的过程中，无法建立一套合理、有效率的制度，在生产、人事、财务及销售等各方面的管理上极易出现漏洞和失误。如此，他们适应社会尚且需要一个过程，而面对纷繁复杂的社会独立创业，更是难以应对。

（四）青年创业素质较低，创业教育培训不足

青年创业素质是青年人力资本的一种体现，人力资本较强的人创业素质一般较高，创业成功的几率也相对较大。人力资本理论认为，人力资本是人类向自身进行投资而形成的知识和技能，是人力质量的提高。劳动者的劳动能力由于人力投资的差别将呈现异质性；投入于人的教育与培训、保健以及劳动力流动等的资本对解决增长有着不可替代的作用，现代经济增长很大程度上依赖于人力资本质量的提高。这一理论同样适用于对青年创业状况的研究。青年的创业状况由于人力资本的不同呈现出异质性，人力资本高的人掌握市场信息、国家政策的能力比较强，在面对危机状况时的应变、处理能力也较好，创业成功的几率也较大。因此，一般来说，在其他条件一样的情况下，人力资本越高的人，其创业的意愿应该是越高的。但是，本研究却呈现出一种相反的状况：人力资本越高的人，其创业意愿反而越低。或许我们可以这样理解：受教育程度低的青年往往难以通过稳定的职业来谋生，因此他们更倾向于通过自主创业的方式来更好地维持生存和发展；而那些人力资本较高的人可以找到一份薪水不错的工作，因此也就安于现状，不想冒险创业。这样，造成的一种境况就是创业青年的人力资本不足，创业素质较低。本报告中，较多青年选择门槛较低的行业开始创业就是其人力资本不足的一种反映。

创业者创业素质较低的另一个解释是创业教育培训的不足。青年人因为经验积累不足，技能水平相对较低。特别是面临就业的青年，由于没有经过相关的职业培训，面对市场上有技能要求的职位束手无策。可以说教育和培训是创业活动得以开展的必要条件，也是创业者将潜在商业机会变为现实的基础。一般而言，受到良好教育和高技能的创业培训是创业取得成功的必要保证。但是就目前来看，我国学校创业教育匮乏，甚至很多高校根本就没有开设相关课程；而且就算为了应对国家政策，增开了一些课程，这些课程也是不够深入

的，具有较浓的应试教育色彩，实用性不够。如此，使得社会承担了大部分的创业教育培训功能，但实际效果并不理想。社会培训机构实施的创业培训，以创业的理论教育居多，针对青年创业特点的实训项目和技能培训却较少，尤其是缺乏针对已经创业的青年培训课程，根本难以满足青年创业者的实际需求。因此，青年对这些培训课程的兴趣并不高。在这种情况下，创业青年人力资本的不足也就成了广州青年创业中的一个硬伤。

（五）青年创业组织化程度低，社会资本不足

在传统观念中，创业是一种个体或家庭行为，是一种单打独斗，最多是创业团队的团队行为。然而，随着信息社会的来临和科学技术的发展，我们发现这种"各自为政""画地为牢"的发展思维，严重阻碍了创新和成功。这样的发展思维不利于社会资本的增加，从而不利于信息的获取，最终影响创业成功。这里所说的社会资本是相对于经济资本和人力资本的概念，它是指社会主体（包括个人、群体、社会甚至国家）间紧密联系的状态及其特征，其表现形式有社会网络、规范、信任、权威、行动的共识以及社会道德等方面。社会资本存在于社会结构之中，是无形的，它通过人与人之间的合作进而提高社会的效率和社会整合度。英国的卡森从社会资本的角度，提出创业者之所以拥有高于其他人的判断力，是因为他们取得信息的渠道和能力优于别人。具有强联系的社会资本越丰富，创业成功的可能性也越大。亚力山德罗·波茨也强调："通过社会资本，行为者能够直接获得经济资源（补充性贷款，投资窍门，保护性市场）；他们能够通过与专家或者有知识的个人接触提高自己的文化资本（即具体的文化资本）；或者他们能够与授予有价值的信任状的机构建立密切联系（制度化的文化资本）。"在这里，社会资本的重要性主要是通过其在获取信息的便利性上显示出来的。分析数据显示出，广州青年认为影响创业的最重要的因素是正确的投资方向，这表面上看来与青年自身的人力资本有关，取决于他们获取信息的渠道和能力，取决于他们的市场触觉；但从本质上看，这些渠道和触觉都建立在拥有丰富的社会资本之上。分析数据显示，大部分广州青年对广州市的创业政策、财政扶持措施等信息了解严重不足。这在一定程度上体现出这些青年获取信息能力的不足，体现出其社会资本的不足。

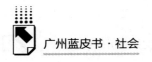

（六）政府公共服务不足，政策执行不力

一般来说，政府的政策扶持对青年创业是有较大影响的，但我们的数据分析显示二者之间不存在显著相关。以下数据或许可以解释这个问题。在前面的分析中，我们也提到，近几年就业形势日趋严峻，为了更好地解决就业难问题，国家鼓励青年尤其是大学生创业。各级政府也出台了相应的创业政策帮助青年创业等。比如，为解决青年创业者小额贷款难的问题，广州出台多项惠及青年创业的创业政策，其中最令人关注的是在全国率先试行的"信贷＋保险"联合信贷模式的小额贷款政策。由广州团市委、农村商业银行广州分行、中国人寿保险公司广州分公司共同签订的《广州市城乡青年创业小额贷款合作项目协议书》大胆创新青年创业小额贷款的担保方式，运用联合增信方式，解决青年创业启动资金难题，降低青年创业贷款风险，最终提高青年初次创业的成功率，等等。但是，广州市青年对于这些政策根本就不了解。这一方面体现了青年创业知识和对政策了解的不足，但更大程度上体现的是政府公共服务能力的不足以及政策执行的不力。

对于创业政策的了解，从本质上说是公民的一种权利而非义务，政府应该通过各种渠道主动地向青年宣传相关的创业政策，而不是将政策制定出来以后就束之高阁，对于政策的执行与否以及落实效果置之不问。否则，久而久之这些政策就成了一纸空文。此外，就创业环境来说，广州青年认为当前创业环境中存在的最主要问题是审批办事手续烦琐、政策法规不配套等，并且希望政府放宽贷款政策、给予税收优惠、拓宽融资渠道等。这些都在一定程度上表明政府公共服务不足，政策执行不力。

（七）创业风险大，社会保障体系不完善

创业是存在一定风险的，创业者需要随时做好创业失败的准备。在我们针对广州市青年进行的调查中，有83.8%的人表示创业风险较大；而在那些没有创业计划的青年中，39.9%的人是因为担心创业失败而不敢创业，33.5%的人是认为创业没有社会保障而不打算创业。创业风险大、担心创业失败，归根到底都是因为社会保障体系的不健全造成的。随着我国经济体制的转型，社会

保障体系也进行了相应转型，但总体来说，成就很大，问题不少。学者钟洪亮认为，多年来在社会保障制度的建构中始终停留于贴补丁式的保障制度，制度不统一，待遇不一致，形成了不同地区、不同行业、城乡之间差异的碎片化状态，如公务员、事业单位、城镇企业、农民等都拥有各不相同的社会保障制度。这种"碎片化"的制度安排，使得大部分的青年惧怕创业的风险，转而期望找寻一份稳定的工作。对于大多数家长来说，他们也不希望孩子冒险创业，而是希望他们找一份体面、稳定的工作，并且最好"吃皇粮"，享受体制内的福利待遇。家长对于创业的态度势必影响青年的创业行为。我们的数据分析结果表明，父母对子女创业的态度与青年的创业意愿显著相关，在其他条件不变的情况下，父母对子女创业的态度越支持，青年表现出的创业意愿越强烈。因此，如若没有国家完善的社会保障体系作为坚强后盾，创业带来的风险会削弱青年自身的创业意识与激情，并进一步恶化整体创业环境。最终，也就制约了青年创业的发展。

五　促进广州市青年创业的对策建议

（一）政府要充分履行其在青年创业中的主导推动职责，进一步完善青年创业服务体系

第一，健全青年创业政策，推动政策贯彻执行。促进创业，政策是前提，制度是保证。因此促进青年创业需要进一步完善各类创业扶持政策，实现服务资源共享，发挥政策的实效。具体来说，有以下几点：①政府在制定与青年创业相关的法律政策时，要广泛听取广大青年群体的意见，根据客观实际，制定出符合青年特点、满足青年需要、真正保障青年创业者权利的创业政策；②配合"三打两建"工作，各级党政要规范青年创业的市场秩序，及时对不合时宜的政策、法规进行修订完善，清理各种乱收费现象，建立公开、透明、民主、健康的市场环境，提高政府的执法能力，提升政府创业服务的品质，为青年创业活动铺平道路、扫除障碍；③政府要执行好具体的促进青年创业的政策，如推广小额信贷政策，给予青年创业税费减免、社保补贴，提供租金低廉

的场地等，优先采购创业青年的产品或服务等。

第二，激发青年创业意愿，降低青年创业风险。就激发创业意愿而言，国家政府要创新激励青年创业的形式。不同创业者的需求不同，因此所需的激励形式也不尽相同，为了更好地达到激励效果，应建立多元化的激励形式，在人、财、物方面给予不同的奖励，以达到应有的激励效果。另外，要提高激励的数额，现有的激励措施中，大多数采取发放资金的方式，由于资金数额过小，根本达不到激励的目的。因此，在制定激励资金数额时，要进行充分的调查论证，给予适度奖励，以确保激励达到应有的效果；要统一激励的标准，无论在评判成功的标准上、奖励的范围上以及奖励的手段上，都进行量化。这不仅体现了激励的公平，更能实现激励的效率。

就降低青年创业风险而言，各级政府要积极优化创业环境，完善社会保障体系。首先，要建立救济制度，确保青年创业救济的合法性和合理性，保证青年的权益得到充分完整的实现。其次，突出政府在促进青年创业工作中的主导地位，全面整合各部门创业相关优惠政策；整合各类资源，加强部门合作。比如，人保部门、社保部门、民政部门等采取互相沟通、协商救济的方式，或为青年创业失败者提供救济保障金、或提供重新就业的机会、或根据现实情况帮助青年进行二次创业，减少青年创业失败的后顾之忧。最后，搭建一个针对青年创业需求的综合性信息服务平台，为创业青年提供经常性的信息、技术、市场等方面的服务，在保证不断对各类信息资源进行深度开发的基础上，推进信息资源共享。

（二）引导社会资源形成帮扶创业合力，营造良好的创业氛围

第一，就家庭层面来看，前文分析指出，家长对子女创业的态度与子女的创业意愿之间存在显著影响。可以说，家庭是促进青年创业、帮扶青年创业成功的重要机制之一。因此，家长应当给予子女必要的引导和指导，营造一种鼓励子女创业、健康向上的家庭文化氛围，当孩子就业创业遇到暂时挫折和困难的时候，家长应当给予体谅和支持，鼓励他们从头再来。

第二，就学校层面来看，应该大力开展创业教育培训，增强青年创业能

力。帮助青年进行创业，从思想上转变青年人的创业观念、给予资金支持固然重要，但更要从实际入手，帮助他们掌握创业的知识和技能，为青年提供创业的有效帮助，使得对青年创业的扶持模式由"输血"转化为"造血"，努力提高青年的人力资本。学校作为人才培养之地，在创业教育培训方面大有用武之地。我们建议：①在大学和中职学校开展创业教育，逐步形成健全的职业指导课程体系，引导学生形成客观、理性的创业观念，为制订一个切实可行的创业规划打好基础。②针对青年特点，进行多样化的专项培训，从而增强培训的有效性和实用性。比如，针对青年群体思维活跃、个性迥然的特点，我们就要丰富培训教学方式，借助互动教学、案例分析、角色扮演、现身说法等方式提高培训的趣味性和吸引力；丰富培训内容和手段，开展网络远程教育，发挥现代培训技术的优势，等等。③积极为青年提供相关的产业发展趋势与市场动态，帮助青年了解政府有关青年创业方面的扶持政策，并对青年创业者进行必要的经营管理知识的培训等。

第三，从社会层面来看，要在全社会真正树立起尊重劳动、尊重创造的理念，可以通过整合各种资源，形成促进创业的一系列宣传活动，如开展青年创业大赛、举办创业精品展等，在全社会营造鼓励青年创业、支持青年创业、帮助青年创业的良好社会氛围和舆论环境，鼓励更多青年更新观念，大胆尝试。

第四，充分发挥共青团枢纽型社会组织优势，促进青年创业。

（三）对共青团着手推进青年创业的建议

第一，积极争取资金支持，拓宽融资渠道。共青团可以利用其枢纽型社会组织具有的组织优势，整合各类社会资源，广泛吸纳社会资源，以此建立社会化的青年创业基金管理模式，建立公益性和商业性有机融合的青年创业支持体系，满足不同层次的青年创业的需求，如将青年创业的商业贷款和青年创业的小额贷款有机结合等。具体而言，一要推动青年创业小额贷款工作，进一步落实和巩固共青团同金融机构（如国家开发银行、银监会、中国邮政储蓄银行、农村信用社）的合作。二要积极创新担保方式，广泛动员社会力量参与，争取政府政策和资源支持，探索青年小额贷款风险分担机制。三要加强对创业基金的管理，设立专门性的青年创业基金会，将获得的资源向基层倾斜。四要积极争取社会力量的支持，加强对关心和支持青年创业的成功人士、社会责任感强烈的知名企业家以及具有捐赠和支持可能的机构、团体进行宣传，动员其支持青年创业基金的发展。

第二，广泛开展创业教育培训，提升青年创业能力。充分发挥共青团组织的优势，联系、动员其他组织资源参与到促进青年创业工作中，努力形成全社会促进青年创业的合力，建立教育部门、共青团组织、青年创业组织等联动的创业培训模式，实现教育资源、组织资源、社会资源的整合；发挥共青团的社会影响力，加强青年创业培训基地建设，与高校、科研机构和企业合作，建立"青年创业孵化基地"，以高新技术的快速转化带动青年创业；主动帮助青年寻找一些小型项目，争取工商、税务、银行、科研等政府有关部门的支持，从政策、资金、技术等方面对青年进行创业咨询辅导，并协同有关方面为青年创业者提供有利的创业环境，协助创业者事业的顺利发展。除此之外，团组织还可以引导建立地区性的青年自组织性质的、互济性的创业者社会组织，如创业沙龙或者相关信息网站，以实现信息、资源共享，避免盲目创业与重复创业。

第三，促进青年创业组织化，增加青年社会资本。社会资本在青年创业中的重要性在前文已经说明，那么，作为共青团组织，我们如何来提升其社会资本呢？首先，发挥共青团枢纽型社会组织整合、服务、引领的功能，组织青年进行青年创业的组织化交流，帮助青年建立组织网络，共同分享信息、互相激发创意，从而在市场竞争中获得优胜权，并在此过程中积累社会资本。比如，我们可以组织大型创业活动沙龙，邀请创业成功的企业家分享成功经验，准备创业的或创业失败的青年也可以向他们咨询创业过程中遇到的一些困难与疑惑；交流目前的市场情况、国家政策等信息资源；等等。其次，针对青年社会经验缺乏、社会资本不足这一事实，共青团要加快建立信息服务平台，整合分析大量的信息资源，多渠道全方位地提供有效信息，比如通过报纸、杂志、广播、电视等传统媒介以及手机媒体、网络等新媒介，宣传党中央的号召以及政府出台的关于青年创业的相关政策，发挥共青团作为信息传播桥梁的功能。

参考文献

李耀珠：《我国青年群体创业态势研究》，《北京青年政治学院学报》2006 年第 4 期。

祝春兰：《上海青年创业建设的研究》，《当代青年研究》2007 年第 11 期。

李耀珠：《我国青年创业态势及成功创业对策研究》，《中国青年研究》2007 年第 6 期，第 33～36 页。

郗杰英、胡献忠：《当代青年创业与社会的制度安排》，《中国青年研究》2008 年第 1 期，第 25 页。

王洪灿：《我国农村青年创业小额贷款问题研究》，湖南农业大学经济学院，2010。

胡春华：《马鞍山市青年创业的现状分析及对策》，合肥工业大学硕士学位论文，2010 年 6 月。

李耀珠：《我国青年创业态势及成功创业对策研究》，《中国青年研究》2007 年第 6 期。

王义明：《中国青年创业的组织化趋势分析》，《中国青年研究》2011 年第 12 期。

李惠斌、杨雪冬：《社会资本与社会发展》，社会科学文献出版社，2000。

钟洪亮：《从碎片化到一体化：回应性治理的民生实践》，《南华大学学报》2008 年第 4 期。

（审稿：蒋余浩）

Research Report on the Status of Youth Starting Own Ventures and Related Suggestions

Tu Minxia, et al

Abstract： To start their own ventures are no easy tasks for youth, the success of which cannot take apart from their own abilities, efforts, and supports from society. The Communist Youth League is an organization that has a close relationship with youth and has advantages in promoting them to start their own ventures. Governments and the youth both have high hopes for the Communist Youth League. After an analysis of present status of the youth starting ventures by application of

human capital theory, social capital theory, and the theory of information asymmetry, this paper believes that since the Communist Youth League is an organization major serving for the youth, its function and effect in promoting youth to start their own ventures should be explored at the same time of finding countermeasures and suggestions form the aspects of nation, society and family.

Key Words: Youth; to Start Own Venture; the Communist Youth League

B.22
广州市智力密集型产业就业现状与对策建议

钟丽英　罗明忠　马见效　郑勇　邹菁　刘伟贤

摘　要：

2012 年，广州市第十次党代会围绕全面建设国家中心城市和"率先转型升级、建设幸福广州"的目标任务，对城市发展理念和新型城市化发展提出了明确要求，概括起来是"12338"的战略部署，其中，坚持低碳经济、智慧城市、幸福生活的城市发展理念，推动战略性基础设施、战略性主导产业、战略性发展平台建设实现"三个重大突破"，全力实施产业提升、努力走出一条经济低碳、城市智慧、社会文明、生态优美、城乡一体、生活幸福的新型城市化发展道路等规划部署尤为引人瞩目。智力密集型产业作为战略性主导产业中的重要构成，其在吸纳劳动就业方面的现状、特点、问题以及趋势，引起了广州市人力资源和社会保障部门的关注，并积极寻求推进广州市智力密集型产业人力资源供需适配的对策。

关键词：

智力密集型产业　就业　人力资源

一　专题调研的背景与总体开展情况

（一）专题调研背景

2012 年，广州市第十次党代会提出了"12338"战略部署，时任广州市市长的万庆良同志提出，未来五年广州要围绕全面建设国家中心城市和"率先转型升级、建设幸福广州"的目标任务，大力推进国际商贸中心和世界文化名城建设两个战略重点，坚持低碳经济、智慧城市、幸福生活"三位一体"的城市发展理念，推动战略性基础设施、战略性主导产业、战略性发展平台建设实现"三个重大突破"，全力实施产业提升、科技创新、城乡一体、生态环保、文化引领、人才集聚、民生幸福和党建创新"八大工程"，努力走出一条经济低碳、城市智慧、社会文明、生态优美、城乡一体、生活幸福的新型城市化发展道路，推动城市发展全面加快转入科学发展的轨道。

为贯彻落实广州市委、市政府"12338"战略部署，探索在新型城市化道路下，进一步促进广州绿色就业发展，为推进"幸福广州、智慧广州"建设提供人力资源支持，广州市人力资源社会保障局联合华南农业大学经济管理学院开展了"广州市智力密集型产业就业现状与对策"的专题调研活动。

智力密集型（Knowledge-intensive）产业，也称为知识密集型产业或人力资本密集型产业，它是以智力资源的占有、配置，以科学技术为主的知识的生产、分配和使用（消费）为最主要因素所形成的产业（企业、单位），当前在经济活动中以高新技术产业（企业、单位）为代表，分为知识密集型制造业和知识密集型服务业。与传统企业相比，智力密集型企业具有人力资本作用突出、人力资本地位提高、企业对于人力资本的控制更加复杂、智力密集型企业的治理难度更大等显著特征。

本调研报告以广州市六大战略性新兴产业为主要调研对象，重点了解广州市智力密集型产业吸纳劳动就业的就业现状、特点，问题，寻求推进广州市智力密集型产业人力资源供需适配的对策，供党委政府决策参考。

（二）专题调研工作总体开展情况

1. 样本的选取及研究方式

本次问卷调查采用分层抽样方式进行，根据市发改委、市经贸委提供的广州市六大战略性新兴产业企业目录，从越秀区（11家）、荔湾区（17家）、海珠区（12家）、天河区（23家）、白云区（20家）、黄浦区（8家）、萝岗区（28家）、南沙区（7家）、番禺区（23家）、花都区（20家）、增城市（6家）以及从化市（6家）按战略性新兴产业的不同行业选出181家企业，加上

10 个科技园①中以上企业之外另选 10 家企业共 160 家企业，总计 341 家企业，进行分层抽样问卷调查。问卷由广州市人力资源和社会保障局就业促进处、广州市人力资源市场中心以及各区（市）人力资源和社会保障局逐一发放到各被抽样企业，请各企业单独填写好问卷后回收，共收回有效问卷 155 份。

2. 会同国家人力资源和社会保障部、省人力资源和社会保障厅联合调研组开展座谈

与此同时，课题组会同国家人力资源和社会保障部、省人力资源和社会保障厅联合调研组，还召集了广州市发展与改革委员会、广州市经济贸易委员会、广州市国有资产管理委员会、广州市国家税务局、广州市地方税务局以及广州市统计局等相关部门的领导和专家参加座谈会，就广州市智力密集型产业的发展现状及其就业状况进行座谈。另外，课题组还专程到广州市经济技术开发区实地考察了两家智力密集型企业，了解企业在人力资源配置和开发方面的做法与经验。

二 广州市智力密集型产业的就业与员工开发状况分析

根据问卷调查结果，通过比较发现，智力密集型产业在就业结构、就业吸纳能力、就业岗位需求、员工招聘、员工培训与开发等方面呈现出以下特点。

（一）智力密集型企业员工队伍素质结构更优

调查问卷结果显示，2009 年、2010 年及 2011 年三年，在广州市六大战略性新兴产业中，新一代信息技术企业员工中具有本科学历的比重最高，平均达 51.2%，其次为新能源汽车、时尚创意和新材料与高端制造类企业，分别为 45.4%、40.3% 和 39.9%，六大战略性新兴产业平均比重为 36.7%。

---

① 园区包括：越秀区黄花岗科技园（越秀区）、广州 TIT 创意园（海珠区）、太古仓文化旅游艺术创意区（海珠区）、广佛数字创意园（荔湾区）、五行科技创意园（荔湾区）、广州市中小企业创新科技园（荔湾区）、1850 创意园（荔湾区）、红砖厂创意艺术区（天河区）、广州天河软件园（天河区）、天河科技园（天河区）、白云区民营科技园（白云区）、羊城创意产业园（黄埔区）、番禺节能科技园（番禺区）、南沙区南沙资讯科技园（南沙区）、广州科学城、广州国际生物岛（萝岗区）。

根据《2012 年上半年度广州市人力资源市场供求信息调查分析报告》中，对 600 家定点观察企业的数据显示，600 家定点企业中在岗职工初中以下学历占 36.8%，高中、中专、技工学历占 41.6%，大专学历占 13.8%，本科及以上学历占 7.9%。600 家定点企业中在岗职工的普工、技工（含初级、中级、高级，技师，高级技师）、专业技术及管理人员的比例为 62.5:22.0:15.5。与 600 家定点企业职工队伍结构相比，智力密集型产业企业本科及以上学历员工占比高 28.8 个百分点，拥有中级以上技能比重高 0.6 个百分点。

（二）广州市的战略性新兴产业就业吸纳能力较强

一是每万元固定资产平均吸纳就业人数较高。从固定资产—就业比来看，新能源汽车行业三年来每万元固定资产平均吸纳就业人数为 40 人，最多为 68 人，最少为 7 人；其次，新材料与高端制造业行业三年来每万元固定资产平均吸纳就业人数平均为 30 人，最多为 111 人，最少为 3 人；最后是生物与健康产业行业，平均为 20 人，最多为 49 人，最少为 1 人。与广州其他产业相比，六大战略性新兴产业的就业吸纳能力依然较为突出。

表 1　广州市六大战略性新兴产业样本企业固定资产—就业比

单位：人

	固定资产万元就业人数		
	平均	最多	最少
新一代信息技术	9	62	1
生物与健康产业	20	49	1
新材料与高端制造业	30	111	3
时尚创意	12	23	1
新能源与节能环保	7	16	1
新能源汽车	40	68	7
其他	8	19	2
总体平均	18	50	3

二是就业弹性更大。据调研发现，广州市六大战略性新兴产业的就业弹性总体较高，达 0.76，其中新能源汽车行业最高，达 1.6，说明广州新能源汽车的就业吸纳能力最强。这个结果与固定资产—就业比的分析结果是一致的。此

外，新一代信息技术行业的就业弹性也较高，达 0.8，说明以软件业为主的广州新一代信息技术就业吸纳能力也很强。

（三）智力密集型企业员工培训投入更大

广州市六大战略性新兴产业企业总体较为重视新员工培训，在 155 个样本企业中，有 119 个企业明确表示有对新员工进行培训的安排，最少的年培训时间是 0.25 天，最多的是 90 天，平均为 3.1424 天（见表 2）。至于年人均培训费用，样本企业最多的是 30000.00 元，平均为 2241.14 元。在培训方式的选择上，样本企业主要是以在职培训和企业内部培训为主，然后才是委托培训机构培训和半脱产培训。从师资来源看，从高到低依次是：企业内部培训师、到专业培训机构聘请、从其他企业聘请、到高校聘请、从国外聘请及其他。

表 2　样本企业新员工培训的时间

单位：天

	样本数	最小值	最大值	平均值	标准差
新员工培训时间	119	0.20	90.00	3.1424	8.46434

（四）超过八成智力密集型企业认为员工招聘不存在较大困难

结果显示，83.8% 的样本企业认为招聘新员工"较容易"或"很容易"，只有 16.2% 的样本企业认为招聘新员工"较难"或"很难"。而定点观察企业的调查数据则只有 38.5% 的样本企业反映员工招聘"容易"和"很容易"。究其原因，选择招聘"容易""较容易"和"很容易"的企业，按照选择频次从高到低依次为：企业形象好、工作环境好、企业待遇高、企业需要的人力资源市场供应充足、专业要求不严。认为招聘"较难"或"很难"的原因，从高到低依次为：企业需要的人力资源市场供应不足、专业要求严、企业待遇低等，还有些企业认为是由于"企业所在地交通不便、地理位置较偏"，"高技能人才，比如技师，高级技师短缺"，等等，尤其以"交通不便"居多。可见，影响智力密集型企业招聘的最主要的因素是少数岗位对专业要求独特，以及受企业地理位置较为偏僻的影响。

三 广州市智力密集型企业的人力资源及其服务需求分析

以智力密集型企业对高校毕业生的满意度状况为重点了解其对员工素质的满意度，即人力资源供求的匹配程度，主要从技能/能力、知识、价值观与态度、其他外在特质等四个方面加以调查与考察，以5分为满分请样本企业给各选项评分。结果发现：

1. 岗位开发和设置

总体而言，根据问卷调查和实地考察结果显示，企业自主开发和设置独特的职位或岗位的较少，在155个受调查的企业中，只有12家（占7.7%）样本企业回答自主开发和设置独特的职位或岗位，这些职位或岗位的名称分别是：产品工程师、首席技术总裁、投资关系经理、综合管理员、汽轮机设计；安装调试、软件开发工程师、电镀、剪切、灯光设计师、对日软件工程师、对日项目经理、自动化软件测试开发工程师、总经办、投标办、法务办、网络工程部。

2. 广州市战略新兴企业对广州市高校毕业生就业技能和能力总体较为满意

样本企业对高校毕业生的技能/能力总体评价都在3.2分以上。具体满意度较高且排在前三位的是：熟练操作办公软件、学习能力以及社会活动、人际能力。

3. 广州市战略新兴企业对广州市高校毕业生的知识水平基本满意，但对"国外学习经历、跨学科复合型知识"期望提升

样本企业对高校毕业生的知识方面的满意度虽然都达到了及格水平，但在"国外学习经历""跨学科复合型的知识"两个选项上，得分低于3.2分，只能说勉强合格，可见，高校毕业生必须强化自身的跨学科复合知识，以满足企业用人中对综合性人才的需求。

4. 对高校毕业生价值观和态度的满意度较高

样本企业对高校毕业生的"团队精神"给予了4.0507分的较高分数。

5. 企业希望政府帮助降低企业的用工成本、优化人力资源环境、加强校企对接力度

不少企业希望政府采取有效措施降低企业的用工成本，降低员工尤其是外来务工人员在广州的生活成本，增强企业的竞争力，提升广州对人才的吸引力。例如，进一步扩大廉租房、保障房的建设，并对在企业有稳定就业的外来务工人员开放；切实帮助外来务工人员解决子女入学、医疗等困难，进一步放宽对企业需要的学历不高的技能人才的入户门槛，尤其对于地处从化、增城、南沙等相对偏远地区的企业，更应该给予更加宽松的人才入户的优惠和支持；采取有效措施降低人力资源中介费用，切实降低企业员工招聘成本。

样本企业普遍希望政府能推出更多鼓励高校毕业生跨地域就业的引进人才优惠政策；推出更多鼓励企业吸纳人才的税收优惠政策、优质人才培育的奖励激励政策；对企业用于员工人力资本投资的培训支出给予一定支持；简化技术人员职称评审程序；等等。

在推动校企合作上，受访企业普遍希望政府部门加强推动校企合作，共建长期实习基地，对配合安排毕业生实习企业给予一定优惠政策；健全实习与见习的政策，帮助高校毕业生做好角色转变，使理论知识能逐步转化实践的动手能力。

在改善区域性人力资源服务上，样本企业普遍希望政府相关部门能搭建公共网上就业平台，为智力密集型企业提供免费就业对接服务；构建人才交流平台，定期举办有利于促进就业、培养人才的免费人才交流活动；建立校企合作与信息交流平台，为人力资源供求对接创造更加便捷的条件；提供企业薪酬情况报告，供用人单位了解同类企业、不同职位、学历等人员的薪酬情况；建设并提供公益性的职业培训平台，为企业员工培训和开发提供指导与帮助，同时为高技能、高素质、高知识人才的专项培训提供支持。

四 促进智力密集型企业人力资源适配的对策思考

基本的思路：以智促智，以智引智，以智养智，以智生智。一方面，通过智力密集型产业的发展，吸引、吸纳知识型员工的进入，为知识型员工的人力资本增值提供平台和机会，形成知识型员工的集聚效应，从而培养更多的具有丰富人力资本的具有相当技能水平的知识型员工；另一方面，通过知识型员工

的培养和引进，特别是高端领军人才的引进，为智力密集型产业的发展提供人力资源支撑和引领，推动智力密集型产业向更高、更远发展。

（一）搭桥梁：为高教改革创造条件

政府的重要职责就是为高校与企业之间搭建起沟通与合作的桥梁，首先，为高校与企业搭建起信息沟通的桥梁，既让企业了解高校毕业生的供给信息，又让高校了解企业对毕业生的需求信息，可以考虑对本地生源高校毕业生实行就业登记实名制，并将高校毕业生就业指导中心与人力资源部门的就业服务机构在业务上实现实时对接；其次，为高校学生实习与见习教学环节的实施与企业牵手牵线搭桥，并提供支持，以有效方式激励企业为高校学生实习与见习提供岗位和机会，比如，对于为高校毕业生提供实习或见习岗位的企业，由财政从就业促进专项经费中给予一定的补贴；最后，创造条件，鼓励高校与企业合作开办定向培养班，甚至在某些特定的专业可以实行"招生即招工"，让企业从新生入学甚至是招生开始就参与进来，共同确定培养计划、培养手段和培养模式，在推进高等教育改革的同时，打造符合企业发展要求的忠诚的员工。

（二）抓培训：为人力开发提供支持

适应智力密集型产业发展的特点，抓员工培训和开发，关键是建立以政府为指导，以企业为主体的员工培训体系，政府公共部门主要负责提供通用技能培训，专用技能培训则交由企业完成，让企业唱主角。政府的重要任务是为员工的培训提供经费支持和信息发布，也可以在公共实训平台中规划出一定的资源为企业自主开发培训模块的实施提供支持，进一步为智力密集型产业的专门性的培训提供支持。

（三）建平台：为人才配置疏通渠道

一是校园招聘平台。进一步搭建企业进入校园招聘的平台，畅通校企联系的渠道。二是网上招聘平台。要求由政府相关部门确认的机构建立具有公信力的网上招聘平台，推进人力资源供需的匹配。三是企业交流平台。为智力密集型企业之间的人力资源管理经验交流搭建平台，便于企业建立具有特色的知识型员工管理体系。四是信息发布平台。对区域内的人力资源供需状况、同类企业的人力资源的薪酬和福利状况、相关职位的工作分析等相关信息提供具有权威的信息发布，为企业制定人力资源方略提供参考和依据。

（四）优环境：为人才成长准备氛围

一要优化宏观环境。重点是建设良好的社会环境，如法制环境、政策环境、文化环境、舆论环境、医疗卫生、教育环境、知识产权保护环境以及交通环境等。对急需的具有一定专业技术的人员和业务骨干开通"企业骨干入户绿色通道"，突破现行政策限制，支持企业选才用才。

二要优化微观环境。重点是建设良好的组织氛围和企业文化，要把"以人为本"落到实处，要倡导包容、友好氛围，要切实降低个人生活成本，进一步落实基本公共服务均等化，从而提高在本地、本企业工作的比较收益。

三要优化配套的生活工作环境。鉴于不少智力密集型产业企业地处南沙、萝岗、增城和从化等新区产业园，需要政府采取有效措施，引导优质中小学教育、医疗卫生、住房及交通等方面资源向这些产业园区配置，提升园区对人才的吸引力，解决产业发展所需人才的后顾之忧。

（五）重产业：为人才集聚夯实基础

产业的发展既需要人才的支持，也可以为人才的成长和集聚提供平台和动力，尤其是在产业集群知识外溢效应的影响下，产业的发展本身可以为人才的成长和人力资本增长带来正效应，进一步在产业和人才之间形成聚合效应，达到共同促进与共同发展。对于广州市来说，目前的关键是切实落实广州市战略性新兴产业发展规划，并且促进战略性新兴产业产业集群的发展，进而促进人才的集聚。鼓励并支持在产业园区内建设校企合作的行业性教育与培训学院，实现产学研融合，产业发展与人才集聚相互促进。

（审稿：蒋余浩）

Research Report on the Current Employment Situation in Knowledge-intensive Industry in Guangzhou

Zhong Liying, et al

Abstract: In 2012, the 10th Party Congress of Guangzhou has clearly stated the requirements for urban developing idea and New-type Urbanization, which are summarized as the strategy of "12338", all with the goals of comprehensively building National central City and "to take a lead in transformation and upgrading to build happy Guangzhou". Among all these arrangements, it is to maintain the urban developing ideas of low-carbon economy, intelligent city, happy lives, and to promote the constructions of strategic infrastructure, strategic leading industry, strategic development platform to realize "three major breakthrough", and to carry out industrial upgrading, and to try to walk a way of low-carbon economy, intelligent city, civilization of society, graceful environment, integration of urban and rural areas, happy lives that attracts people's attention. The Department of Human Resources and Social Security of Guangzhou has paid much attention on knowledge-intensive industry which is the most important part of strategic leading industry on its status of employment, characteristics, problems and trends, and has vigorously explored the countermeasures of balance on the supply and demand of human resource in the knowledge-intensive industry in Guangzhou.

Key Words: Knowledge-Intensive Industry; Employment; Human Resource

中国皮书网

发布皮书研创资讯，传播皮书精彩内容
引领皮书出版潮流，打造皮书服务平台

栏目设置：

- ☐ 资讯：皮书动态、皮书观点、皮书数据、 皮书报道、皮书新书发布会、电子期刊
- ☐ 标准：皮书评价、皮书研究、皮书规范、皮书专家、编撰团队
- ☐ 服务：最新皮书、皮书书目、重点推荐、在线购书
- ☐ 链接：皮书数据库、皮书博客、皮书微博、出版社首页、在线书城
- ☐ 搜索：资讯、图书、研究动态
- ☐ 互动：皮书论坛

www.pishu.cn

中国皮书网依托皮书系列"权威、前沿、原创"的优质内容资源，通过文字、图片、音频、视频等多种元素，在皮书研创者、使用者之间搭建了一个成果展示、资源共享的互动平台。

自2005年12月正式上线以来，中国皮书网的IP访问量、PV浏览量与日俱增，受到海内外研究者、公务人员、商务人士以及专业读者的广泛关注。

2008年10月，中国皮书网获得"最具商业价值网站"称号。

2011年全国新闻出版网站年会上，中国皮书网被授予"2011最具商业价值网站"荣誉称号。

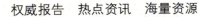

权威报告　热点资讯　海量资源

当代中国与世界发展的高端智库平台

皮书数据库 www.pishu.com.cn

　　皮书数据库是专业的人文社会科学综合学术资源总库，以大型连续性图书——皮书系列为基础，整合国内外相关资讯构建而成。包含七大子库，涵盖两百多个主题，囊括了近十几年间中国与世界经济社会发展报告，覆盖经济、社会、政治、文化、教育、国际问题等多个领域。

　　皮书数据库以篇章为基本单位，方便用户对皮书内容的阅读需求。用户可进行全文检索，也可对文献题目、内容提要、作者名称、作者单位、关键字等基本信息进行检索，还可对检索到的篇章再作二次筛选，进行在线阅读或下载阅读。智能多维度导航，可使用户根据自己熟知的分类标准进行分类导航筛选，使查找和检索更高效、便捷。

　　权威的研究报告，独特的调研数据，前沿的热点资讯，皮书数据库已发展成为国内最具影响力的关于中国与世界现实问题研究的成果库和资讯库。

皮书俱乐部会员服务指南

1. 谁能成为皮书俱乐部会员？

- 皮书作者自动成为皮书俱乐部会员；
- 购买皮书产品（纸质图书、电子书、皮书数据库充值卡）的个人用户。

2. 会员可享受的增值服务：

- 免费获赠该纸质图书的电子书；
- 免费获赠皮书数据库100元充值卡；
- 免费定期获赠皮书电子期刊；
- 优先参与各类皮书学术活动；
- 优先享受皮书产品的最新优惠。

3. 如何享受皮书俱乐部会员服务？

（1）如何免费获得整本电子书？

　　购买纸质图书后，将购书信息特别是书后附赠的卡号和密码通过邮件形式发送到 pishu@188.com，我们将验证您的信息，通过验证并成功注册后即可获得该本皮书的电子书。

（2）如何获赠皮书数据库100元充值卡？

　　第1步：刮开附赠卡的密码涂层（左下）；

　　第2步：登录皮书数据库网站（www.pishu.com.cn），注册成为皮书数据库用户，注册时请提供您的真实信息，以便您获得皮书俱乐部会员服务；

　　第3步：注册成功后登录，点击进入"会员中心"；

　　第4步：点击"在线充值"，输入正确的卡号和密码即可使用。

社会科学文献出版社　皮书系列

卡号：9423423302140642

密码：

（本卡为图书内容的一部分，不购书刮卡，视为盗书）

皮书俱乐部会员可享受社会科学文献出版社其他相关免费增值服务

您有任何疑问，均可拨打服务电话：010-59367227　QQ:1924151860

欢迎登录社会科学文献出版社官网(www.ssap.com.cn)和中国皮书网（www.pishu.cn）了解更多信息

社会科学文献出版社

皮书系列

    "皮书"起源于十七、十八世纪的英国，主要指官方或社会组织正式发表的重要文件或报告，多以"白皮书"命名。在中国，"皮书"这一概念被社会广泛接受，并被成功运作、发展成为一种全新的出版形态，则源于中国社会科学院社会科学文献出版社。

    皮书是对中国与世界发展状况和热点问题进行年度监测，以专家和学术的视角，针对某一领域或区域现状与发展态势展开分析和预测，具备权威性、前沿性、原创性、实证性、时效性等特点的连续性公开出版物，由一系列权威研究报告组成。皮书系列是社会科学文献出版社编辑出版的蓝皮书、绿皮书、黄皮书等的统称。

    皮书系列的作者以中国社会科学院、著名高校、地方社会科学院的研究人员为主，多为国内一流研究机构的权威专家学者，他们的看法和观点代表了学界对中国与世界的现实和未来最高水平的解读与分析。

    自 20 世纪 90 年代末推出以经济蓝皮书为开端的皮书系列以来，至今已出版皮书近 800 部，内容涵盖经济、社会、政法、文化传媒、行业、地方发展、国际形势等领域。皮书系列已成为社会科学文献出版社的著名图书品牌和中国社会科学院的知名学术品牌。

    皮书系列在数字出版和国际出版方面成就斐然。皮书数据库被评为"2008~2009 年度数字出版知名品牌"；经济蓝皮书、社会蓝皮书等十几种皮书每年还由国外知名学术出版机构出版英文版、俄文版、韩文版和日文版，面向全球发行。

    2011 年，皮书系列正式列入"十二五"国家重点出版规划项目；2012 年，部分重点皮书列入中国社会科学院承担的国家哲学社会科学创新工程项目；一年一度的皮书年会升格由中国社会科学院主办。

法 律 声 明